SENDAI DESIGN LEAGUE- 2021

卒業設計日本一決定戦
Official Book

CONTENTS

Cover, pp1-3, 8-30: Photos by Izuru Echigoya.
＊本書の出展作品の作品名は、登録時のものから出展時のものに変更した。

大会趣旨

厳 爽
Shuang Yan
（仙台建築都市学生会議
アドバイザリーボード*¹）

困難な状況下でも、この場を維持する重要性──埋もれた原石を見出すプラットフォーム

実物審査、対面審査、オンライン審査のハイブリッド形式で開催

かつて、卒業設計の講評会は各学校単位で行なわれ、全国の建築系の学生の卒業設計が一堂に集まって評価される「せんだいデザインリーグ 卒業設計日本一決定戦」（以下、SDL）のようなプラットフォームはなかった。建築の専門誌『近代建築』（近代建築刊）への掲載や日本建築学会主催の『全国大学・高専卒業設計』展への出展など、全国規模での露出機会をもてるのは、学校の推薦を得た作品に限られていた。つまり、学内で評価されない作品は、そのまま埋没していたのである。

2002年、せんだいメディアテーク（以下、smt）を舞台に、仙台建築都市学生会議（以下、学生会議）*²の企画運営により、SDLの母型となる「仙台建築アワード2002」が開催された。その翌年に開催された「卒業設計日本一決定戦＠sendai」では、学生自ら、誰でも応募できることによって担保される「公平性」、審査プロセスの透明性によって担保される「公開性」、建築デザインの聖地である会場（smt）での開催と、世界的に活躍する審査員による評価を得られることから生まれる「求心性」を大会コンセプトとして掲げた。

以来、SDLは「せんだい」の愛称で全国の建築系の学生に親しまれ、「日本一」の栄冠をめざすための祭典であり続け、そして2021年の今年、19回めを迎えた。昨年は開催直前の新型コロナウイルス（COVID-19）の感染拡大により、「SDL: Re-2020」として、急遽、オンライン方式に切り替えての開催となった。昨年のノウハウをもとに、今年は実物審査（パネル、ポートフォリオ、模型）、対面審査、オンライン審査のハイブリッド形式での開催となったが、「いかなる困難な状況においても、この場を維持していく」ことが新たなコンセプトとして加わったと言えよう。

エポックメイキングとなった歴代受賞作

これまで、SDLではいくつものエポックメイキングな作品が評価され、その後の卒業設計のトレンドを牽引してきた。

SDL2008に出展された、「卒業設計」を「私」に見立てて、自分と向き合った斧澤未知子案『私、私の家、教会、または牢獄』（日本二）はその典型である。小さな文字で覆い尽くされた図面、実際にコンクリートを打って製作した模型、手紙を朗読するようなプレゼンテーションは、当時の建築系の学生に衝撃を

与えたに違いない。

卒業設計に対して常に問われている普遍性と公共性については、3.11東日本大震災から1年後に開催されたSDL2012で「日本一」を勝ち取った今泉絵里花案『神々の遊舞』が、地域住民へのていねいな聞き取りに基づいてまとめ上げられた点で高く評価された。未曾有の大震災の直後に、その被災地で開催されたこともあり、入賞6作品中3作品が震災をテーマとしたものだった。ファイナル審査では、建築の存在意味が問われ、真摯な議論が展開した。

彫刻家の審査参加で、さらに多彩になった評価軸

学内での評価と異なり、SDLという舞台では、設計に取り組んできたプロセスは見えない。プロセスの結果として作者から提出されたパネル、ポートフォリオ、模型だけが唯一の評価対象である。その一方、建築家だけでなく、構造家、デザイナー、アーティストなど幅広い分野の審査員がそろうなど、建築に対する多様な評価軸を重視していることは、SDLの特徴の1つであろう。今年は、初の彫刻家、小田原のどか氏が審査員に加わった。

また、一般的に問われるテーマ性や空間構成力について言えば、100選(予選通過作品)になった作品はすべて、十分に高い完成度に達している。年々、洗練された出展作品が増加している中で、何かを「伝えたい」という強い思いと、それに見合った力強い表現がなければ、審査員に「ファイナルでもっと話を聞きたい」と思わせることはできないのだ。

建築に「正解」はない。「日本一」も絶対的なものではない。作品自体が多少荒削りであっても、建築のボキャブラリー(表現言語)が、やや不十分であっても、作品に対する「情熱」や建築への「向き合い方」について自分の言葉で力説することにより「日本一」を勝ち取った場面を数々見てきた。その意味において、SDLは建築家の原石を見出すプラットフォームであり続ける。

編註
*1 仙台建築都市学生会議アドバイザリーボード：仙台建築都市学生会議と定期的に情報交換を行なう。また、仙台建築都市学生会議の関係する企画事業の運営に関して必要なアドバイスを行なう。UCLAの阿部仁史教授、秋田公立美術大学の小杉栄次郎教授、神戸大学大学院の槻橋修准教授、近畿大学の堀口徹准教授、東北大学大学院の五十嵐太郎教授、石田壽一教授、小野田泰明教授、佃悠准教授、本江正茂教授(宮城大学教授)、東北学院大学の櫻井一弥教授、恒松良純准教授、東北芸術工科大学の竹内昌義教授、西澤高男准教授、馬場正尊教授、東北工業大学の福屋粧子准教授、宮城大学の中田千彦教授、友渕貴之助教、宮城学院女子大学の厳爽教授、山形大学の濱定史助教、建築家の齋藤和哉から構成される。
*2 仙台建築都市学生会議：SDLをせんだいメディアテークと共催し、運営する学生団体。

時代の変化と建築——3.11東日本大震災の直前、SDL2011から10年ぶりの審査

乾 久美子

＊文中の（　）内の3桁数字は出展作品のID番号。
＊文中の出展作品名はサブタイトルを省略。

10年ぶりの審査

10年ぶりに参加した。SDL2021公式パンフレットにも書いたが、前回の参加は2011年。東日本大震災の発災数日前の大会であった。その後も大きな災害が続き、郊外や地方都市の衰退、さらには地球環境などが日常的に話題にあがるようになり、みんなが社会について考えざるを得ない状況だ。「せんだいデザインリーグ　卒業日本一決定戦」（SDL）も10年前は、方法論や表現の問題を中心とした出展作品が多かったように記憶しているが、今は明らかに違う。ほとんどの作品が、何かしらの形で社会にアクセスしようと努力している。この10年で時代が大きく変わったのだなということを、あらためて感じた。

リサーチとデザインの精緻化

時代の変化は他からも感じた。テーマに対する学生のアプローチの精緻さが、以前に比べて格段に高くなっている点である。地域や周辺のリサーチを綿密に行ない、その結果を活かしながら設計する作品群がそうだ。

リサーチと設計の間に生まれるギャップを埋め、それらの間に有機的で意義のある関係が結ばれている作品を多く見つけた。ファイナリスト10選からだと、日本三になった宮西案『繕いを、編む』(350)、特別賞の中野案『まちの内的秩序を描く』(089)、竹村案『商店街における公共的余白』(012)、工藤案『道草譚』(346)などである。特に宮西案『繕いを、編む』(350)は人々の手による「繕い」という空間づくりの手法に着目しながら、デリケートな介入によって「計画」を立ち上げようとするもので、現代におけるデザインのあり方を問う批評性をもっていた。

作品の批評性について

批評性と言えば、日本二の成定案『香港逆移植』(353)や特別賞の北垣案『所有と脚色』(114)が際立っていた。特に、成定案『香港逆移植』(353)は、他国の歴史を、その歴史と関係のない国の若者がシンパシー（共感）を覚えつつ、その国の人々のためにモニュメントを設計するという複雑な手続きが特徴的な作品だ。メタレベル（高次）の工夫が張り巡らされており、作者の建築の作品性に対する強い自覚や、成熟した思考には驚くべきものがあった。北垣案『所有と脚色』(114)は、友人の家にあるリアルな物品を起点としながらも、周辺地域のまちづくりまで議論できる広がりをもっており、建築のスタートの仕方に対して独創的な視点をもち合わせていた。

生産からケアへ、新しい住宅のあり方

日本一に輝いたのは、家族の不仲を題材にした不思議な作品である。その森永案『私の人生（家）』(352)では、家族史を振り返りつつ、その時々の不和をやわらげたかもしれないパーツを設計し続けた痕跡が提出されている。近代以降、住宅は労働者の活力の再生産の場と、建設を通した経済活動の1要素という、二重の意味で生産に従属するものとして位置づけられてきたが、そうした住宅の意味を問い直しつつ、一種の治療の場であることを明確に宣言しているようだ。これは近代批判として鋭い。また、この作品が作者本人にとって心理セラピーの一端を担っていそうなことや、この作品を通して家族が互いを客観的に議論し合える、つまりオープン・ダイアローグ*¹の可能性がありそうなことなど、この計画そのものがケア（治療）の役割を果たしそうなことにも興味を覚える。審査員側が設計としての価値を正しく理解できたわけではないだろうが、他の作品に比較して、私たちがこれから考えるべきテーマが最も多様な次元で現れていると感じた。やや乱暴な判断だったかもしれないし、作者の意図を超えているかもしれないが、最も今日的で批評的な作品として日本一と評価した。

コロナ禍において

今年は新型コロナウイルス（COVID-19）の感染拡大防止の観点から、観客を入れず、オンラインでの参加も可能というハイブリッド型での開催であった。事務局を務めた学生やサポート役のアドバイザリーボード*²の苦労は大変なものであったと思うが、国内での感染の拡大が数字的には落ち着いている時期だったからか、会場は悲壮感が漂うわけでもなく、1つのイベントをつくり上げる静かな熱気に包まれていた。

残念なことを1つ挙げるとすれば、会場の退出制限が厳しく規制されていたことから、議論を深める時間が足りなかったことである。もう少し時間があれば、コロナ禍が作品に及ぼした影響や、環境に関わる作品などのトピックにも触れたかった。

編註
*1　オープン・ダイアローグ：精神疾患を抱える人が、医者や家族との対話を繰り返すことで、症状の緩和をめざす療法。
*2　アドバイザリーボード：本書5ページ編註1参照。

FINALIST 日本一 F

352

森永 あみ
Ami Morinaga

芝浦工業大学
建築学部
建築学科

私の人生(家)—— 心理モデルとしての住宅と、その遡及的改修のセルフセラピー

家には思い出が積層する。出来事とともに変わり続ける家族の関係性にリンクした空間をつくり続ける家。そんな家があったら、人は今後の
人生を豊かにできるだろう。過去と向き合い、過去の私の人生を再編していく。

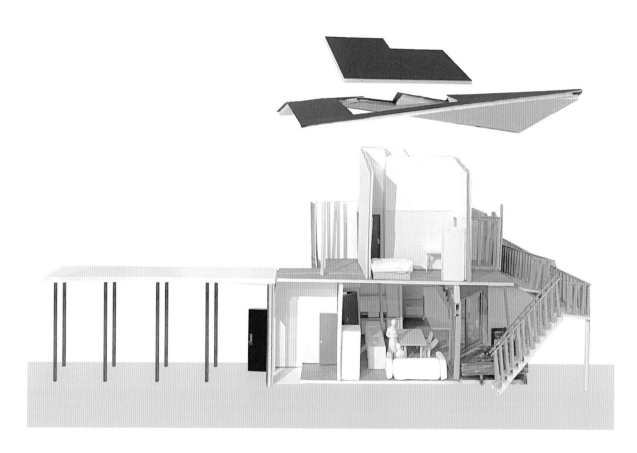

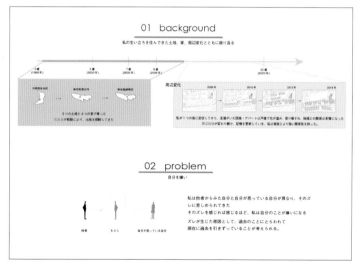

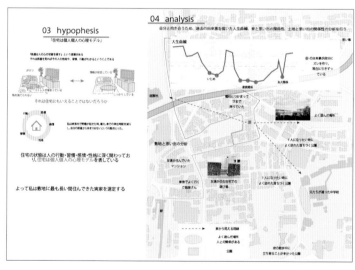

審査講評

治療としての設計行為

自らの家族の不仲を題材にするという、今まで出合ったことのない作品である。これまでの家族史を振り返りながら、それぞれの時期ごとに、「こうなっていれば、互いの関係がもう少しましになっていたはずだ」と、作者なりに考えた建築的部位が提案されている。

審査において「巨大な箱庭療法なのではないか」という指摘に頷いた。ただし、そこに表れた心理状態を診断し、治療する主体が設定されているわけでもなく、何処にも帰着することのない独り言のような作品に提案性は無いように見えた。

しかし、そもそも設計は要求に対する回答といった一方的な関係で生まれるのではなく、オープン・ダイアローグ[*1]のように、設計者から建て主や使い手への治療的介入という側面がある。また、建て主や使い手の意見を聞き、客観的なダイアローグを続けることで、設計者もまた変化していくようなダイナミックなプロセスである。そうしたプロセスの始まり(おそらくここでは家族の融和と、それに伴う住宅の改変)はすでに現れ始めており、設計とはダイアローグに他ならないという、メタな(高次の)提案というか宣言を読み取りたくなるのだ。この問題作を設計した本人がどこまで自覚して作業したのかはわからない。しかし、今までにない建築のありようを示唆しつつある貴重な取組みだと感じる。

(乾 久美子)

編註
*1 オープン・ダイアローグ：本書7ページ編註1参照。

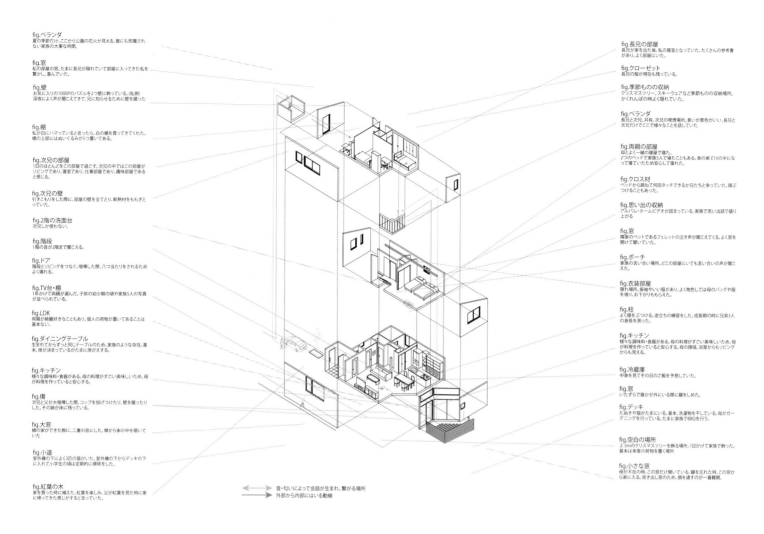

fig.ベランダ
夏の季節だけ、ここから公園の花火が見える。誰にも邪魔されない家族の大事な時間。

fig.窓
私の部屋の窓、たまに長兄が隠れていて部屋に入ってきた私を驚かし、喜んでいた。

fig.壁
お気に入りの1000Pのパズルを2つ壁に飾っている。(私側)
深夜によく声が聞こえてきて、兄に知らせるために壁を蹴った

fig.棚
私が白にハマっていると言ったら、白の棚を買ってきてくれた。棚の上部にぬいぐるみが5つ置いてある。

fig.次兄の部屋
1日のほとんどをこの部屋で過ごす。次兄の中ではこの部屋がリビングであり、寝室であり、仕事部屋であり、趣味部屋であると感じる。

fig.次兄の壁
引きこもりをした際に、部屋の壁を全てとり、断熱材をもぎとっていた。

fig.2階の洗面台
次兄しか使わない。

fig.階段
1階の音が2階まで聞こえる。

fig.ドア
階段とリビングをつなぐ。喧嘩した際、八つ当たりをされるためよく壊れる。

fig.TV台・棚
1年かけて両親が選んだ。子供の幼少期の頃や家族5人の写真が並べられている。

fig.LDK
両親が綺麗好きなこともあり、個人の荷物が置いてあることは基本ない。

fig.ダイニングテーブル
生まれてからずっと同じテーブルのため、家族のような存在。基本、席が決まっているがたまに席がする。

fig.キッチン
様々な調味料・食器がある。母の料理がすごい美味しいため、母が料理を作っていると安心する。

fig.傷
次兄と父が大喧嘩した際、コップを投げつけたり、壁を蹴ったりした。その跡が床に残っている。

fig.大窓
隣の家ができた際に、二重の窓にした。窓から家の中を覗いていた

fig.小道
室外機の下によく3匹の猫が隠れていた。室外機の下に入れて小学生の頃は定期的に掃除をした。

fig.紅葉の木
家を買った時に植えた。紅葉を楽しみ、父が紅葉を見た時に家に帰ってきた感じがすると言っていた。

fig.長兄の部屋
長兄が家を出た後、私の寝室となっていた。たくさんの参考書があり、よく部屋にいた。

fig.クローゼット
長兄の物が現在も残っている。

fig.季節ものの収納
クリスマスツリーや、スキーウェアなど季節ものの収納場所。かくれんぼうの時よく隠れていた。

fig.ベランダ
長兄と次兄、共有、次兄の喫煙場所、臭いが景色がいい。長兄と次兄だけでここで様々なことを話していた

fig.両親の部屋
母とよく一緒の寝室で寝た。
2つのベッドで家族5人で寝たこともある。昔の家で川の字になって寝てたため安心して寝れた。

fig.クロス材
ベッドから跳ねて何回タッチできるか兄たちと争っていた。頭ぶつけることもあった。

fig.思い出の収納
アルバム・ホームビデオが詰まっている。家族で思い出話で盛り上がる

fig.窓
隣家のペットであるフェレットの泣き声が聞こえてくる。よく窓を開けて聞いていた。

fig.ポーチ
家族の言い合い場所。どこの部屋にいても言い合いの声が聞こえていた。

fig.衣装部屋
隠れたり、掻き割れいい服があり、よく物色しては母のバッグや服を借り、お下がりももらえた。

fig.柱
よく頭をぶつける。逆立ちの練習をした。成長期の時に兄弟3人の身長を測った。

fig.キッチン
様々な調味料・食器がある。母の料理がすごい美味しいため、母が料理を作っていると安心する。母の領域。浴室からもリビングからも見える。

fig.冷蔵庫
中身を見てその日のご飯を予想していた。

fig.窓
いたずらで誰かが外にいる際に鍵をしめた。

fig.デッキ
たぬきや猫がたまにいる。基本、洗濯物を干している。母がガーデニングを行っている。たまに家族でBBQを行う。

fig.空白の場所
2.5mのクリスマスツリーを飾る場所。1日かけて家族で飾った。基本は来客の荷物を置く場所

fig.小さな窓
母が不在の時、この窓だけ開けている。鍵を忘れた時、この窓から家に入る。突き出し窓のため、頭を通すのが一番難関。

⟷　音・匂いによって会話が生まれ、繋がる場所
⟶　外部から内部にはいる動線

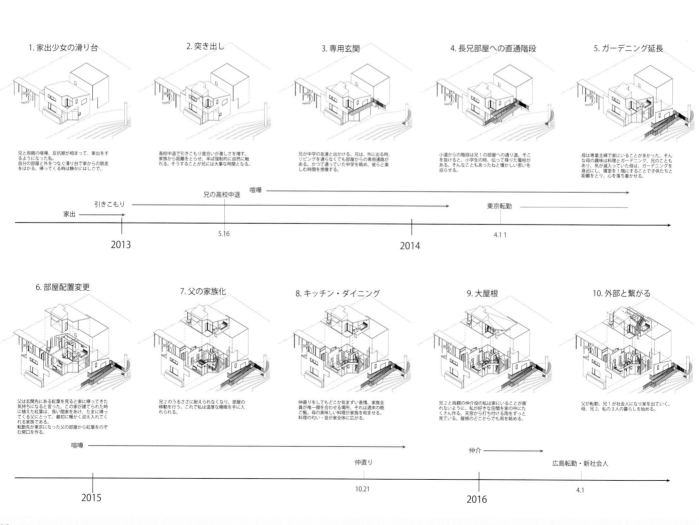

1. 家出少女の滑り台
兄と両親の喧嘩、反抗期が相まって、家出をするようになった私。
自分の部屋と外をつなぐ滑り台で家からの脱走をはかる。帰ってくる時は静かに戻しで。

2. 突き出し
高校中退で引きこもり度合いが激しさを増す。家族から距離をとらせ、半ば強制的に自然に触れる。そうすることが兄には大事な時間となる。

3. 専用玄関
兄が中学の友達と出かける。兄は、外に出る時、リビングを通らなくても部屋からの専用通路がある。かつて通っていた中学を眺め、彼らと楽しむ時間を想像する。

4. 長兄部屋への直通階段
小道からの階段は兄1の部屋への通り道。そこを抜けると、小学生の時、伝って降りた電柱がある。そんなこともあったねと懐かしい思いを巡らせる。

5. ガーデニング延長
母は専業主婦で家にいることが多かった。そんな母の様子を感じられるように、私が好きな空間を家の中にたくさん作る。ガーデニングを身近にし、寝室を1階にすることで子供たちと距離をとり、心を落ち着かせる。

喧嘩 →
引きこもり →
兄の高校中退 →
東京転勤 →
家出 →

5.16　　　　　　　　　　4.11

2013　　　　　　　　　2014

6. 部屋配置変更
父は玄関にある紅葉を見ると家に帰ってきた気持ちになると言った。この家が建てられた時に植えた紅葉は、長い間歳をあけ、たまに帰ってくる父にとって、最初に暖かく迎えてくれる家族。
転勤先の東京になった父の部屋から紅葉をのぞく開口を作る。

7. 父の家族化
兄2のうるささに耐えられなくなり、部屋の移動を行う。これで私は温厚な棚割を手に入れられる。

8. キッチン・ダイニング
仲直りをしてもどこか気まずい表情。家族全員が唯一一緒に合わせる場所、それは週末の晩ご飯。母の美味しい料理が家族を和ませる。天窓から打ち付ける雨を見ている。料理の匂い・音が家全体に広がる。

9. 大屋根
兄2と両親の仲介役の私は家にいることが疲れないように、私が好きな空間を家の中にたくさん作る。天窓から打ち付ける雨をずっと見ている。屋根のどこからでも雨を眺める。

10. 外部と繋がる
父が転勤、兄1が社会人になり家を出ていく。母、兄2、私の3人の暮らしを始める。

喧嘩 →
仲直り
仲介 →
広島転勤・新社会人

10.21　　　　　　　　4.1

2015　　　　　　　　　2016

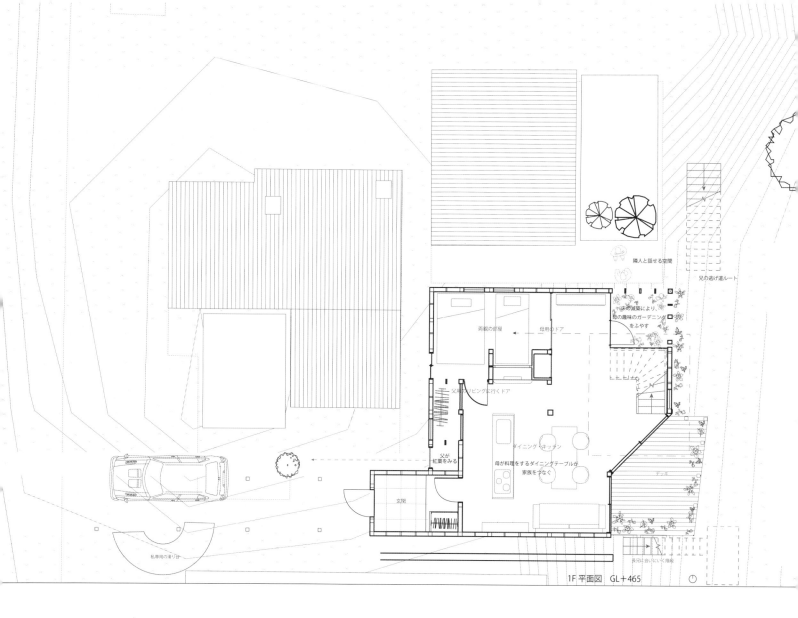

隣人と話せる空間

兄の逃げ道ルート

床の減築により、母の趣味のガーデニングをふやす

両親の部屋　　母用のドア

父がリビングに行くドア

父が紅葉をみる

ダイニングキッチン

母が料理をするダイニングテーブルが家族をつなぐ

デッキ

玄関

私専用の滑り台

長兄は会いにい火階段

1F 平面図　GL＋465

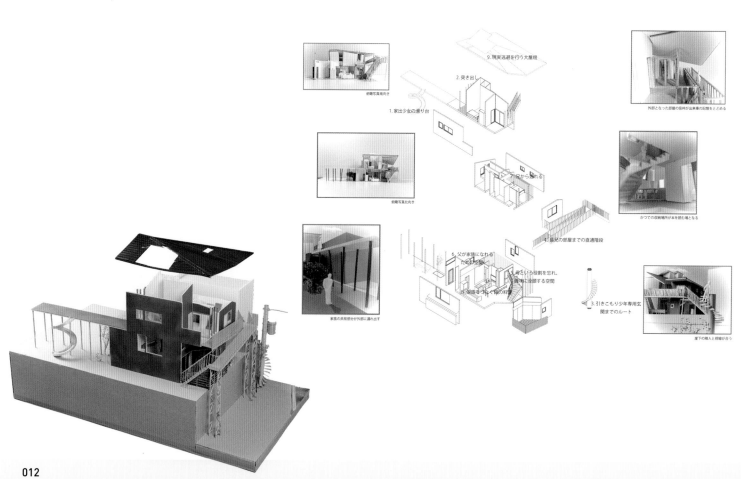

9. 現実逃避を行う大屋根

2. 突き出し

1. 家出少女の滑り台

外部となった部屋の窓枠が出来事の記憶をとどめる

かつての収納場所が本を読む場となる

6. 父が家族になれるため必要空間

3. 引きこもり少年専用玄関までのルート

家族の共有部分が外部に漏れ出す

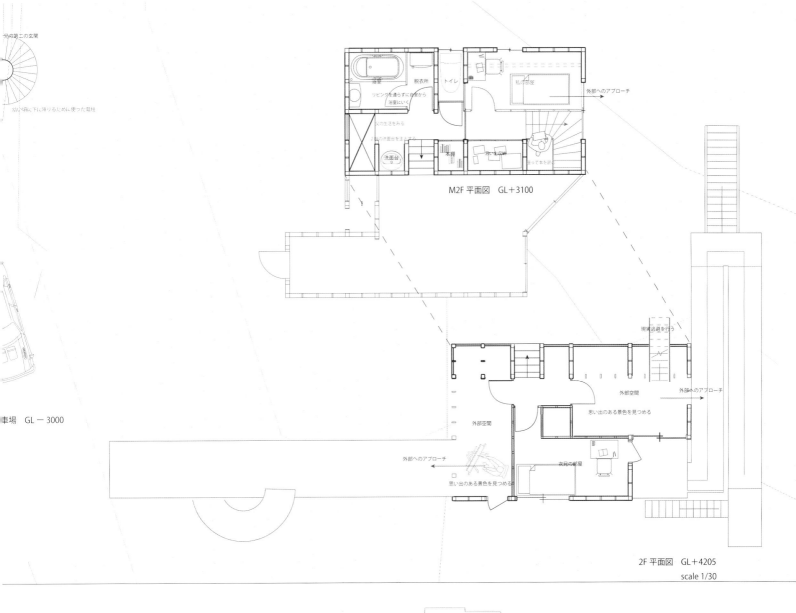

兄の第二の玄関

幼い頃に下に降りるために使った電柱

車場　GL－3000

M2F 平面図　GL＋3100

浴室
脱衣所
トイレ
私の部屋
外部へのアプローチ
リビングを通らずに自室から浴室にいく
犬の生活をみる
洗面台
本棚
座って本を読む

現実逃避を行う
外部空間
外部空間
外部へのアプローチ
思い出のある景色を見つめる
外部へのアプローチ
思い出のある景色を見つめる
次兄の部屋

2F 平面図　GL＋4205

scale 1/30

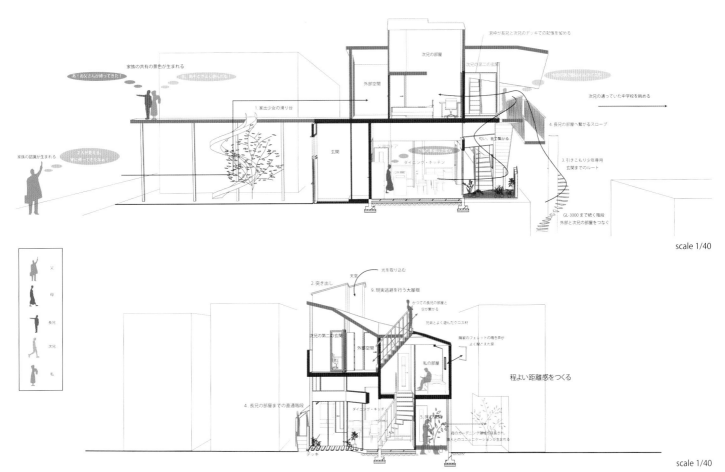

家族の共有の景色が生まれる
あ！お父さんが帰ってきた！
家族の認識が生まれる

次兄の部屋
次兄の第二の玄関
外部空間
1. 家出少女の滑り台
玄関
ダイニング・キッチン
姉妹が長兄と次兄のデッキでの記憶を眺める
次兄の通っていた中学校を眺める
4. 長兄の部屋へ繋がるスロープ
3. 引きこもり少年専用玄関までのルート
GL-3000 まで続く階段
外部と次兄の部屋をつなぐ

父
母
長兄
次兄
私

scale 1/40

光を取り込む
天窓
2. 突き出し
9. 現実逃避を行う大屋根
かつての長兄の部屋と空が繋がる
兄弟とよく遊んだクヌギ村
私の部屋
陽家のフェレットの鳴き声がよく聞こえた窓
兄兄の第二の玄関
外部空間
程よい距離感をつくる
4. 長兄の部屋までの直通階段
ダイニング・キッチン
デッキ

scale 1/40

F FINALIST 日本二

353

成定 由香沙
Yukasa Narisada

明治大学
理工学部
建築学科

香港逆移植 —— 映画的手法による香港集団的記憶の保存

香港をつくり上げたイギリス、中国(中華人民共和国)の2国に「2019年-2020年香港民主化デモ」の記憶を建築として残す。互いの不在を感じさせながら、敷地の文脈から立ち上がった機能とかたちの中に、映画的な体験として香港、そしてその記憶が劇的に挿入される。

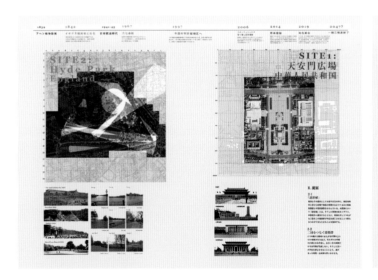

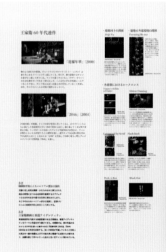

審査講評

記念碑のあり方を問う

香港という都市の形成に深く関与した国、中国(中華人民共和国)とイギリスの2つの敷地に、香港の記憶を保存する10の建築群をデザインした。記念碑と言えば記念碑なのだが、それぞれに用途を持ち、直接、香港の建築を引用するわけではなく、映画的手法を介して注意深く抽象化されたシーンが脳裏をかすめる。それが「香港逆移植」の意図だ。
なぜ建築群が赤色なのか尋ねたところ、「親中派の青色でも反政府派の黄色でもない」と説明してくれたが、赤はイギリスにとっても(衛兵の制服やバス)、中国にとっても(国旗や共産党)意味のある色である。目を刺さんばかりの鮮やかな色でありながら、両国の街並みにおいてはありふれた色でもある。体制や反体制に与するのではなく、風景に紛れ込みながらも、見る人が見れば記憶を揺さぶる装置となる。複数の敷地、複数の建物、仮設的、使用可能など、これまでの記念碑のあり方そのものを問う提案として興味深い。

(吉村 靖孝)

FINALIST

日本三

350

宮西 夏里武
Karibu Miyanishi

信州大学
工学部
建築学科

繕いを、編む —— 千曲川水害後1年目の街の修復風景の集積による失われた児童館の再建

千曲川水害(2019年台風19号による被害)から1年が経過した長野市長沼地区の修復風景を観察し、分析、再構築することで、復興とともに児童館の欠片が街に立ち上がっていく。街に点在する火の見櫓は調理室や音楽室に、体育館は遊戯室へと姿を変える。

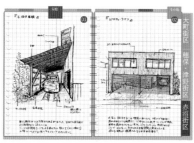

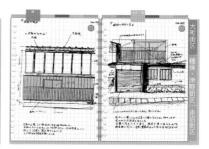

■ 赤沼の「繕い」の収集　　　　■ 穂保の「繕い」の収集　　　　■ 大町の「繕い」の収集

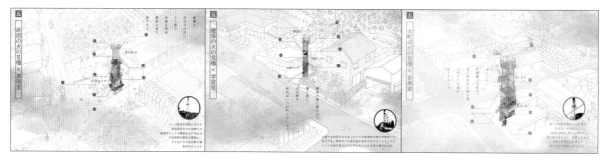

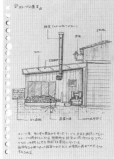

審査講評　「繕い」を内包する建築への期待

千曲川水害(2019年台風19号による被害)を受けた長野市長沼区における「火の見櫓」を修復しながら、被災した児童館を復旧していく試み。被災地では多くのものが失われると同時に、大量のがれきが発生し、人々の居場所がなくなる。このがれきを利用し、失われた「子供の居場所」をつくっていく。

復興の時期に応じて実践可能な仕組みを提案し、「繕い」と呼ばれる身体的なスケールでの子供のための空間を、垂直に伸び、街のどこからでも見える「火の見櫓」にまとわせることで、被災直後の地域住民に希望をもたらす風景を創出している。その風景は、被災後の東北での七夕祭を想起させ、復興のシンボルになるのではないかと思えた。

ただし、繕うだけでは最終的な児童館の再建は不可能である。いかに建築に「繕い」を取り込むことができるのか、その前提となる建築をつくる論理が再建案には必要である。「繕い」を内包する建築を示唆できていれば、さらに評価できただろう。

(岡野 道子)

六

津野の火の見櫓・長沼体育館 × 児童館本館

ここには外部では賄いきれない遊戯室をはじめとする内部空間を設計提案する。まず、構造材としての転用が不可能である交流センター及び消防分団詰所を解体し、解体ごみを埋め立てることで、小さな堤防として機能する丘陵の基盤土壌を形成する。次に公園跡に現存している長沼体育館を一部解体し、転用可能な鋼材を抽出・再構築することで、水害の記憶を残した強固な躯体を構築する。さらに躯体を補強するように、RCのスラブを貫入することで内部空間を分節し、潜在空間を生み出す。

平面計画　一階部分は建具で仕切られるピロティ空間とし、地域住民も利用できる集会ホールとホワイエを設ける。

手法 －『繕う』ことと建築－

どのように建築するか

『繕い』には住民の生きるための希望が反映される。スケッチを行いながら住民たちの修繕がどう建築に置き替えられるかということを模索した。再生したい空間をイメージし、トライアンドエラーを繰り返しながら『繕い』を組み合わせ、空間化するという行為を続けた。

・水害後一年目の修復風景より　→　・設計手法への転換・

失われた空間シーン　―　『繕い』の発生

『繕い』の道具＝軽トラ＝リンゴ農家

リンゴ農家が住民の半数以上を占める長沼地区にとって軽トラックは、どの家庭にもある常備品だ。住民たちが修繕に用いた二次災害ごみや解体資材は住民が自らトラックに積み、児童館へ集積させる。住民自らで立ち上げる児童館が生まれる。

『繕い』のサイクル

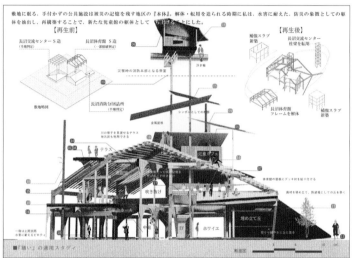

敷地に眠る、手付かずの公共施設は被災の記憶を残す地区の『本体』。解体・転用を迫られる時期に私は、水害に耐えた、防災の象徴としての躯体を抽出し、再構築することで、新たな児童館の躯体として使い続けることにした。

【再生前】　　　　　　　　　　　　　　　　　　　【再生後】

■『繕い』の過程スタディ

FINALIST 特別賞

F

089

中野 紗希
Saki Nakano

立命館大学
理工学部
建築都市デザイン
学科

まちの内的秩序を描く ── 意図せずできた魅力的な空間から導く住まいの提案

どこか魅力を感じさせる、自然発生的にできた空間に私がひかれるのには、何か理由があるのだろうか。魅力的な街並みを観察し、街の中の隠れた秩序を学ぶことで得たルールを用いて、新たな心地良い居住空間を提案する。

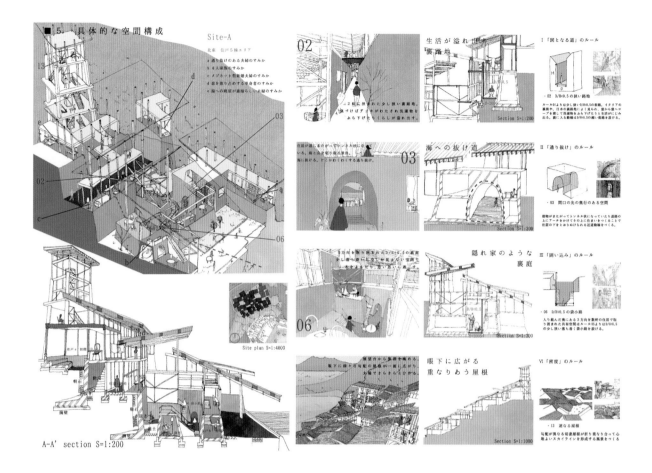

■ 5. 具体的な空間構成

Site-A

A-A' section S=1:200

Site plan S=1:4000

生活が溢れ出す
裏路地

海への抜け道

隠れ家のような
裏庭

眼下に広がる
重なりあう屋根

I「図となる道」のルール

II「通り抜け」のルール

III「囲い込み」のルール

VI「密度」のルール

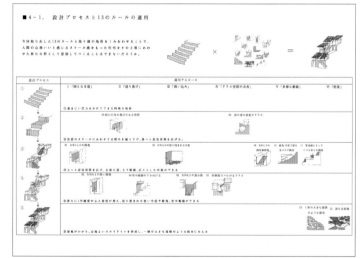

■ 4-1. 設計プロセスと13のルールの適用

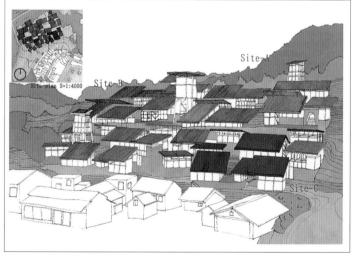

Site plan S=1:4000

Site-A

Site-B

Site-C

審査講評 **建築理論の検証という新しいアプローチの萌芽**

建築家、芦原義信の著書『街並みの美学』（岩波書店刊、2001年）で扱われた「外的秩序の街／内的秩序の街」という二分法への素直な感動と、その実証的な研究に取り組んだ作品である。理論を自分自身のこととして実感していくために、世界中の集落に置き換えて検証し、空間論として具体的に検証していく。この検証過程が実によくまとまっている。理論の検証過程の質が高いので、作品として展開している部分が相対的に物足りなく感じる。作者が特に着目するのは、アプローチ空間（建物に至る道空間）である。「外的秩序の街」＝計画された街と、「内的秩序の街」＝自然発生の街、の差異が特に道空間に現れてくるという作者の気づきをさらに進め、計画された街を自然発生の街に育てていくような改造計画として展開していけば、研究とも作品とも言えない新しい創作の境地を切り開くことができたのではなかろうか。

この作品のように建築理論を実証研究するような取組みの卒業設計が増え、新しい卒業設計の文化として成熟していってほしいと私は思っている。その萌芽を感じた作品である。

（藤原 徹平）

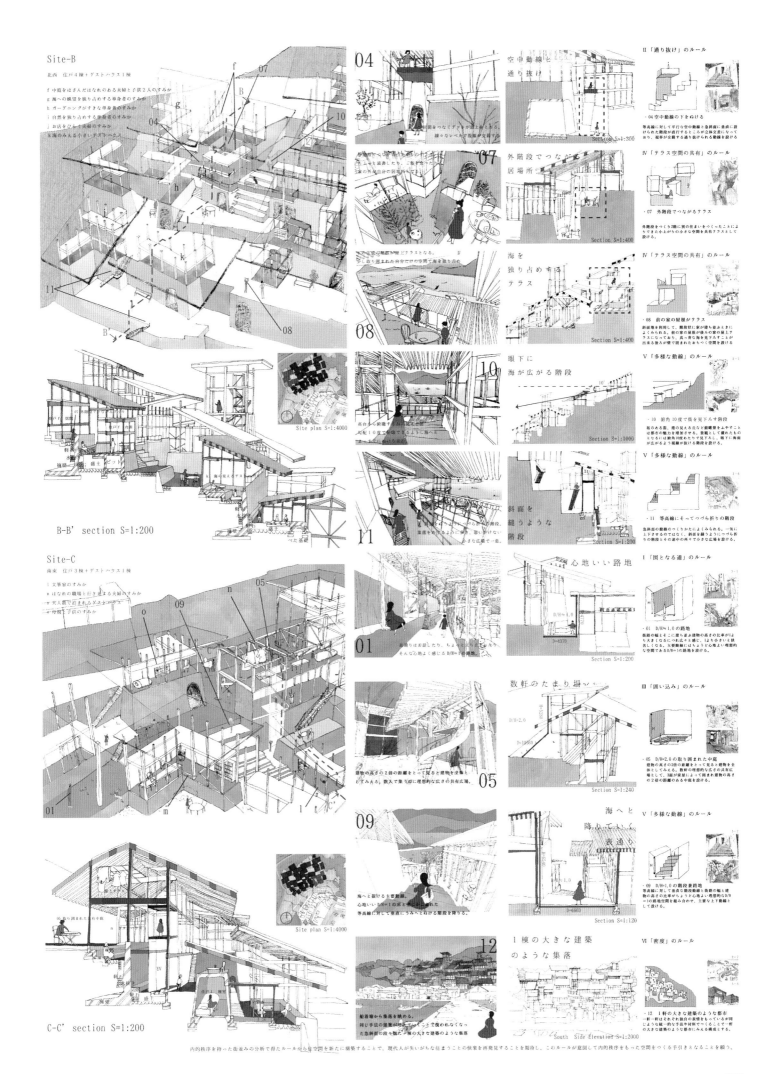

Site-B
北西 住戸4棟＋ゲストハウス1棟

f 中庭をはさんだはなれのある夫婦と子供2人のすみか
g 海への眺望を独り占めする単身者のすみか
h ガーデニングが好きな単身者のすみか
i 自然を独り占めする単身者のすみか
j お店を営む夫婦のすみか
k 海のみえる小さいゲストテラス

B-B' section S=1:200

Site-C
南東 住戸3棟＋ゲストハウス1棟

l 文筆家のすみか
m はなれの職場と行き来する夫婦のすみか
n 大人数で囲まれるゲストテラス
o 母親と子供のすみか

C-C' section S=1:200

Site plan S=1:4000

04
空中動線と
通り抜け

Section S=1:300

07
外階段でつながる
居場所

Section S=1:400

08
海を
独り占めする
テラス

Section S=1:400

10
眼下に
海が広がる階段

Section S=1:1000

11
斜面を
縫うような
階段

Section S=1:200

01
心地いい路地

Section S=1:200

05
数軒のたまり場

Section S=1:240

09
海へと
降りていく
表通り

Section S=1:120

12
1棟の大きな建築
のような集落

South Side Elevation S=1:2000

II 「通り抜け」のルール
・04 空中動線の下をぬける

IV 「テラス空間の共有」のルール
・07 外階段でつながるテラス

IV 「テラス空間の共有」のルール
・08 前の家の屋根がテラス

V 「多様な動線」のルール
・10 斜角10度で街を見下ろす階段

V 「多様な動線」のルール
・11 等高線にそってつづら折りの階段

I 「図となる道」のルール
・01 D/H＝1.0の路地

III 「囲い込み」のルール
・05 D/H＝2.0の取り囲まれた中庭

V 「多様な動線」のルール
・09 D/H＝1.0の階段兼路地

VI 「密度」のルール
・12 1軒の大きな建築のような都市

FINALIST 特別賞 F

114

北垣 直輝
Naoki Kitagaki

京都大学
工学部
建築学科

所有と脚色

画一化した現在の住宅を変革するため、住み手の所有物に注目した。自身の必要から確保した住民の所有物を先に配置し、それをもとに暮らしの基盤を形成していくと、より自由で明るい場を獲得できるのではないか。

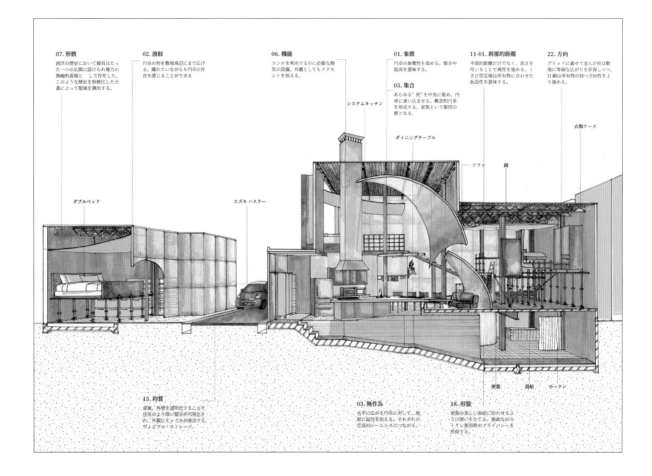

07. 形徴
西洋の歴史において寝具はたった一つの広間に設けられる権力の換喩的表現として存在した。このような歴史を形態化した天蓋によって聖域を演出する。

02. 波紋
円卓の形を敷地周辺にまで広げる。離れていながらも円点の存在を感じることができる。

06. 機能
コンロを利用するのに必要な換気の設備。外観としてもアクセントを加える。

01. 象徴
円卓の象徴性を高める。集合や混成を意味する。

05. 集合
あらゆる"机"を中央に集め、円卓に食い込ませる。概念的円卓を形成する。家族という集団の要となる。

11-01. 刹那的距離
平面的距離だけでなく、高さを用いることで象徴性を強める。くさび型足場材を組み合わせた仮設性を意味する。

22. 方向
グリッドに沿って並んだ柱は敷地に等価な広がりを担保しつつ、円卓は所有物の持つ方向性をより強める。

システムキッチン　ダイニングテーブル　ソファ　鏡　衣類ケース　ダブルベッド　スズキ ハスラー　便器　浴船　カーテン

15. 均質
寝室、外壁を透明化することで住民のより深い部分が可視化され、外部にえ（？）みが表出する。サ（？）ジブル・ストレージ

03. 無作為
水平に広がる円卓に対して、地面に起伏を加える。それぞれの生活のシームレスにつながる。

18. 形態
便器の美しい曲面に合わせるように囲いをたてる。機素ながらトイレ使用時のプライバシーを担保する。

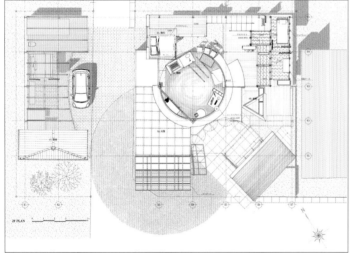

2F PLAN

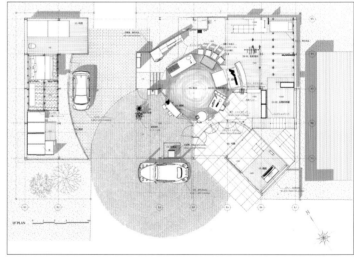

1F PLAN

審査講評　軽やかな手つきで所有を肯定

この作品の出発点は「現在の住宅を顧みる」。つまり、「マイホーム」をかたちづくる「建築」を反省的にとらえ直すこと。この観点は、日本一となった森永案『私の人生（家）』(352)とも共通するものだ。とは言え、北垣さんのユニークな点は、多くの日本人が高度経済成長期に所有することを駆り立てられた「マイホーム」、そこにある所有という欲望を肯定する、ということではないか。

所有とは自分のモノとして持つことを意味するが、北垣さんが着目する所有とは、個人が専有するのではなく、たとえば、何代にもわたって乗り継がれている自動車「Volkswagen Beetle」のように、他者の手に渡される可能性を有している。モノだけではなく記憶もつながること、そのような場所の提案として、「円卓」というモチーフが示される。その場をともに囲み、角の(立た)ない円卓が、個人住宅とそこにある所有の欲望を、外部へと開いていく。ここにある軽やかさとユーモアに、北垣さんの作家性を感じた。

加えて、ポートフォリオで目を引いたのは、現在の住宅建築における「悲惨さ」、そして「遊牧民」としての建築、という視点だ。総じて、場に固定された建築と、それをめぐる欲望をどのように更新していくのか。そのような気概に満ちた提案であったととらえている。あえて「弱点」を挙げるとするならば、なぜ2021年の今、これを提案する必要があるのか。その点に説得力があれば、より高い評価を得られたのではないだろうか。

（小田原 のどか）

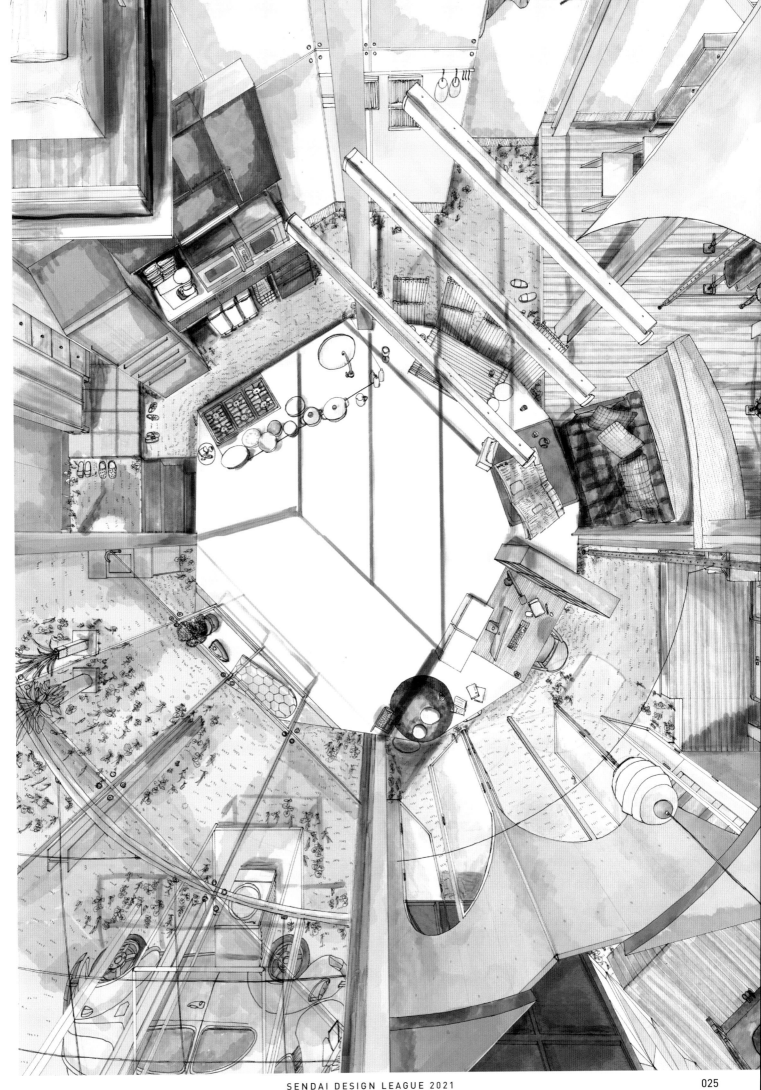

012

竹村 寿樹
Toshiki Takemura

千葉工業大学
創造工学部
建築学科

商店街における公共的余白

本設計は過密な都市の余白としての公共空間（＝公共的余白）の可能性に着目した都市の代謝手法の提案であり、その実践として旧来型の商業空間である商店街に、公共的余白を持った4つの建築の挿入を提案する。

出張図書館

多目的ホール

複合集合住宅

銭湯

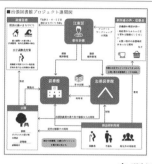

出張図書館

プロジェクト1　行政の延長的プログラムによる公共的余白の提案

「江東区立砂町図書館」は砂町銀座商店街の直ぐ近くにある図書館である。商店街からは店の建物が壁となりその存在に気づくことは無かったが、最近その一部の建物が取り壊されたことで、商店街から図書館へと視線が抜けるようになった。

本プロジェクトはその空地を活用し、図書館の本の一部が商店街へと出張してこられるための「公共的余白」の提案である。

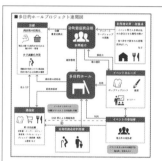

多目的ホール

プロジェクト2　振興組合主導プログラムによる公共的余白の提案

商店街の中心地に位置しているこの空地は、賑わいのど真ん中に居ながらもその未利用的な土地形状が原因で開発を待つ受地の状態にある。

本プロジェクトはその空地に建てる仮設的な多目的ホールである。地元アーティストの個展、レクチャーやポップアップストアなどのイベントを通して、地元内外から商店街に新しい客を集客する「フレキシブルな公共的余白」である。

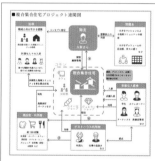

複合集合住宅

プロジェクト3　民間プログラムにおける公共的余白の提案①

敷地の細分化をリセットするために整備された大きな敷地には通常、床面積が最大化されたアパートやマンションが建設される。このような建物は、より多くの入居者を得ることができるための最終形の建物に近い一方で、そこに入居する人々は周辺のコンテクストから切り離されてしまう。

本プロジェクトは、商店街周辺の住宅がどのような形で代謝されていくべきへの批判であり、住戸間及び敷地外の人々との狭間に「公共的余白」を持つ複合集合住宅の提案である。

銭湯

プロジェクト4　民間プログラムにおける公共的余白の提案②

各家庭にお風呂がある現代において、銭湯はただ湯につかれるだけではない新しい価値の提供が求められている。

本プロジェクトでは、銭湯の持つ「地域コミュニティの形成能力」と、湯上がりにくつろげるロビーの「居場所としての価値」などに着目し、民間プログラムにおける「公共的余白」を持つ建築のプロトタイプとして、商店街の体験を拡張する新しい銭湯のあり方を模索した。

審査講評　**小さなゆとり空間の群れという存在の発見**

商業空間をpublic margins（都市の公領域のゆとり）として再定義できるのではないか、という視点は本当にすばらしいと感じた。プロジェクトの対象に選んだ東京の砂町銀座商店街に対するリサーチの質と量も圧巻。作者が見出したものは、商店街の歴史によって育まれた、一連の連鎖する小さなゆとり空間の群れである。これは、地域の習慣がつくってきた、有形化された街の宝である。不燃化特区に制定されたことによって再開発が進み、この街からpublic marginsが消失するかもしれないという危機に対して、作者は複数の敷地での公共的なプログラムの場を企画する。

だが、ここからが弱い。有形化された街の宝を、新しく作る建築の空間的アイディア・ソースとして使ってしまった。もしも、小さなゆとり空間の群れがテーマであるならば、小さなゆとり空間の群れをていねいに不燃化していったり、群れであることを活かして敷地を越えたプログラムを考えてみるなど、独創的なアプローチをもっと見てみたかった。

（藤原 徹平）

046

鈴木 裕香
Yuka Suzuki

明治大学
理工学部
建築学科

トリビュート建築——建築的遺伝子の街への散種と生きられた美術館

文化的価値のある建築の遺伝子を受け継ぐ新しい建築を創れないだろうか。保存問題が露呈した宮城県美術館を題材に、トリビュート建築を提案。この建築を街の中に分散配置することで、建築と美術を街や日常に溶かすことをめざす。

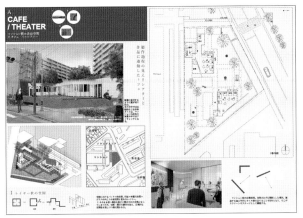

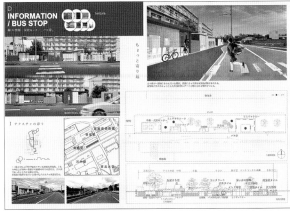

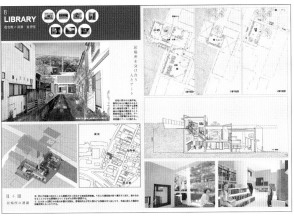

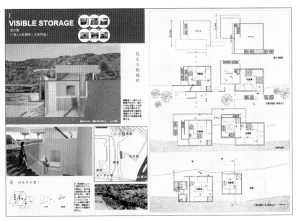

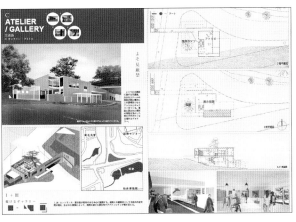

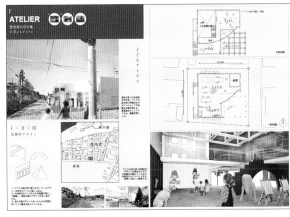

審査講評

トリビュートという開放

1981年に竣工した建築家、前川國男による宮城県美術館は、長いアプローチと回廊、大きな中庭を有し、日本のモダニズム建築の特徴を色濃く残す。この作品は、2020年に移転と新築の提案で話題を呼んだ同館の構成要素をていねいにひもとき、創造的に解体し再構成した上で、街中に点在させようというものだ。

私の疑問は2つ。1つは、同館においてすでに行なわれている「トリビュート」への言及がないのはなぜか。すなわち、1990年に併設された佐藤忠良記念館である。設計は大宇根・江平建築事務所。大宇根は前川國男設計事務所に務め、本館の設計に深く携わった人物だ。佐藤忠良記念館の設計は、前川建築へのトリビュートとしての側面がある。この「前例」を踏まえてもよかったのではないか。

もう1つは、展示と収蔵、教育普及の要素だけでなく、研究と知識が集約される場所としての美術館に肉薄した視点を見たい、というもの。鈴木さんの提案は建築のみならず、「美術館という制度」を解体するものでもある。だからこそ、そのような視点からの提案がなされるべきではなかったか。

同館で私は10代の時に作品展示を行ない、また数年前には講座を開くなど、思い出がたくさんある。前述のような疑問はあるものの、鈴木さんの真摯な姿勢と意欲的な視点によって、同館が文字通り「開かれて」いくことは実に喜ばしい。今後の活動を楽しみにしている。

(小田原 のどか)

FINALIST

181

斎藤 拓
Taku Saito

佐藤 雅宏
Masahiro Sato

高橋 亮太
Ryota Takahashi

早稲田大学
創造理工学部
建築学科

縁環形態考 ——環筑波山文化圏の再編計画

郊外の周縁を越えた山麓の集落群の存続のため、新しい地域形態「縁環」を提案する。茨城県の環筑波山文化圏の3集落を対象に、農生産物の拠点施設と、地域統合を象徴する建築を設計し、各集落群が自律することをめざす。

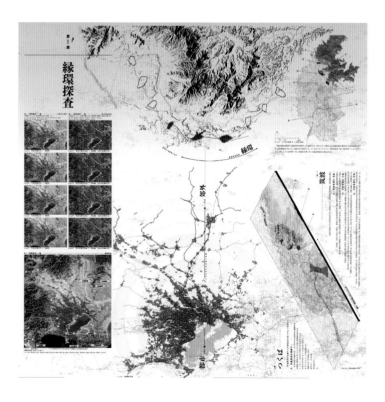

審査講評　山麓集落に見出された未来への可能性

首都圏の郊外に続く山麓と平地の境界部に連なる集落群を、明解な調査手法によって見出し、これらを「縁環集落」と位置づけ、地域独自の文化とともに集落が存続していく手法を提案している。設計対象となった集落は、茨城県の筑波山麓の3集落で、高齢化、人口減少の問題を抱えている。本提案では、農業のIoT[*1]化も行ないつつ、集落ごとに生産、加工、育苗、販売などを分担する施設、つくばの研究所と連携する「統合建築」と呼ばれる研究所の他、修験道の会所なども含んだ施設を配置している。綿密な調査に基づいて検討され、提案内容の密度が高い地域計画である。
「3拠点」の各建築は、木造の必要最小限のささやかな規模設定で、それぞれの機能に応じてコンパクトにまとまっている。研究所あるいは工場として機能上は問題ないのだが、それ故、この建築を使う人がくつろいだり、集まって生き生きと働いたりする姿を想像できない点が残念である。山間に計画した「統合建築」においても、地域住民と修験道の信者、研究者たちが集まり交流するための場が、もっと筑波の自然に呼応するような空間として提案されると、さらに魅力が増すと感じられた。

（岡野 道子）

編註
＊1　IoT：Internet of Thingsの略称。自動車や家電、時計など、あらゆるものをインターネットでつなぐ技術のこと。

346

工藤 理美
Rimi Kudo

信州大学
工学部
建築学科

FINALIST

道草譚 ―― 小学校通学路における100の遊び場

現在、街に子供の遊び場が減少していることが問題となっている。そこで、小学校の通学路に関するアンケート調査の結果をもとに、子供の行動と通学路環境の関係を分析し、100の遊び場を設計することで、子供が自由に遊べる街をめざす。

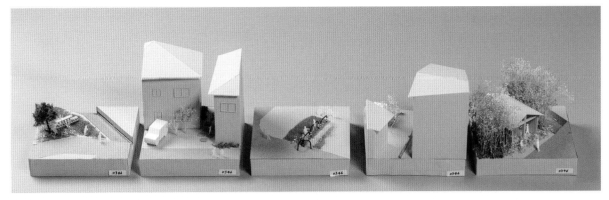

06 08 86 18 50

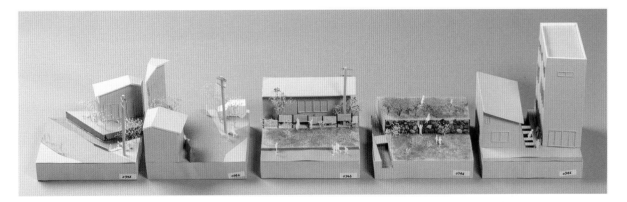

98 22 97 27 81

普段遊び場や道草を促している環境の要素を抜き出し「道草のきっかけ」としてまとめる。

設計という領域の曖昧さをあぶり出す

遊ぶ時間も場所も失っている現代の小学生には、道草を通した遊びに可能性があるはずだ。その仮説を掲げ、小学生へのヒアリングと、ていねいなリサーチを行ない、それをもとにルートを決定。100個の小さな敷地が見出され、それに対する「設計」が行なわれた作品である。

設計にはペーブ（舗装）を少しだけ整えるといったささやかなものも含まれており、小学生が自ら作れるのではないかと思われるものも多かった。審査の中ではそのことに対する疑問を呈する意見もあったが、この曖昧さに潜む現代性は見逃せない。近年において、設計に漸進的プロセスや参加型のプロセスを求められることが当たり前になりつつあり、どこまでが設計なのかが実務の世界でもぼやけつつあるからだ。

ただし、そうしたプロセスの中にも設計が引き受けたほうが合理的な部分はあるはずで、その見極めを批判的に行なっていれば、設計の本質を問う作品になったのだろう。

（乾 久美子）

478

櫻井 悠樹
Yuki Sakurai

小川 裕太郎
Yutaro Ogawa

鄭 知映
Chie Tei

早稲田大学
創造理工学部
建築学科

「神の家族」の家のこれから ——都心におけるキリスト教会の自己更新計画

都心部の教会が存続するために、テナントを収入源として受け入れる事態を想定する。俗世からの逃げ場である教会を、むしろ俗世を内包する際に、礼拝堂は輪郭を消失し、空隙となる。空隙に舞い落ちる光が、そこで群居するすべての人を照らす。

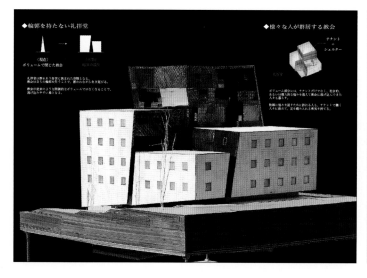

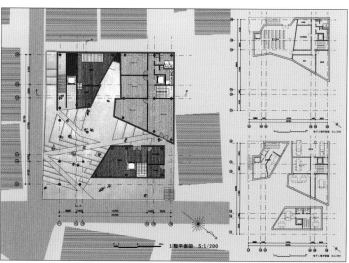

1階平面図 S:1/200

審査
講評

21世紀の宗教建築の可能性

「教会」というビルディング・タイプは盲点だった。墓や葬祭場の卒業設計はこれまで数多く目にしてきたが、どれも宗教や宗派によらない抽象的な神聖さ、あるいは内省や多幸感を扱うものだった。しかし、この計画はキリスト教のプロテスタント教会と明言しており、そのことで「聖なるもの」をより具体的に扱うことに成功している。またそれは同時に、「人間のための居場所づくり」を一義的な目的とした20世紀の建築に対する挑発でもあるだろう。

たとえば、シミュレーションを通じ、かろうじて光を届ける狭い十文字のボイド（空隙）には、ここが単なる人の場所ではなく、単なる神の場所でもないというメッセージが埋め込まれているように見える。十字架から降り注ぐ光は、一度に仰ぎ見ることができず、階下を歩きながら、あるいは中間階からボイドに顔を出しながら、頭の中でつなぎ合わせてはじめて十字架になる、いわば「虚の十字架」なのだ。21世紀の宗教建築の可能性を感じさせてくれる提案である。

（吉村 靖孝）

▶377 [1]
100 [2]
10
1

PROCESS_1
Preliminary
Round
予選

01_個別審査投票
02_100選選出審査

PROCESS_2
Semi-Final
Round
セミファイナル

01_個別審査投票
02_10選選出審査

PROCESS_3
Final
Round
ファイナル（公開審査）

01_プレゼンテーションと質疑応答
02_ファイナル・ディスカッション

＊出展作品の概要については、本書105〜144ページ参照。
＊1　377：ID387は本人からの要請により、作品画像と作者情報を未掲載。
＊2　100：ID131、221がセミファイナルを辞退したためセミファイナル審査の対象は98作品。

Photos except as noted by Izuru Echigoya.
Drawings by the exhibitors.

Preliminary Round

予選

01_個別審査投票
2021.02.12-02.14
各審査員の所在地(オンライン)

02_100選選出審査
2021.02.15.PM
せんだいメディアテーク6階ギャラリー

予選審査員(アドバイザリーボード)

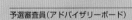

五十嵐 太郎[*1]、小野田 泰明、小杉 栄次郎[*1]、齋藤 和哉、櫻井 一弥[*1]、恒松 良純、友渕 貴之、中田 千彦、西澤 高男、濱 定史[*1]、福屋 粧子、本江 正茂、厳 爽　　　　　　　　　　　　　　　　　　　　　　　　　　　　　　　[*1]:「01_ 個別審査投票」のみ参加。

今年は新型コロナウイルス感染症(COVID-19)拡大の影響により公開審査の約3週間前から予選審査を開始し、全377の出展作品から、セミファイナルの審査対象となる100作品が選出された。これらの予選通過作品が、通称「100選」だ。全出展作品のパネルとポートフォリオの電子データ(PDFファイル)をもとに、まず、インターネット回線を利用したオンライン方式で予選審査員13人がそれぞれ個別に100作品ずつ選んで投票する「01_個別審査投票」、後日、予選審査員の内9人が一堂に会して投票集計結果を参考に協議し100作品を選出する「02_100選選出審査」の2段階で実施した。予選を通過した100選については、展覧会場で実物のパネルとポートフォリオに加えて模型を展示し、セミファイナル、ファイナルの審査を行なうため、「模型を見てみたい作品」という視点も1つの審査基準となった。
「02_100選選出審査」では、直前に発生した福島県沖地震(2021年2月13日)の影響で交通網が乱れ(約半月、新幹線にも影響)、会場への到着が遅れ審査に間に合わない審査員もいた。

*アドバイザリーボード:本書5ページ編註1参照。

表1　予選の投票集計結果と選出結果

合計	ID	氏名	学校名	五十嵐	小野田	小杉	齋藤	櫻井	恒松	友渕	中田	西澤	濱	福屋	本江	厳
13	**031**	山下 裕子	慶應義塾大学	●	●	●	●	●	●	●	●	●	●	●	●	●
13	**089**	中野 紗希	立命館大学	●	●	●	●	●	●	●	●	●	●	●	●	●
12	**057**	八木 このみ	東京理科大学	●	●	●	●	●	●	●	●	●	●	●		●
12	**128**	黒田 尚幹	工学院大学	●	●	●	●	●		●	●	●	●	●	●	●
12	**341**	廣瀬 憲吾	立命館大学	●	●	●	●	●	●	●	●	●	●	●		●
11	**001**	海老原 耀	芝浦工業大学	●		●	●	●	●	●	●	●	●		●	●
11	**135**	前橋 宏美	東京理科大学		●	●	●	●	●	●	●	●	●	●	●	
11	**181**	斎藤 拓 佐藤 雅宏 高橋 亮太	早稲田大学	●	●	●	●	●	●	●		●	●	●	●	
11	**188**	安達 慶祐	東洋大学		●	●	●	●	●	●	●	●	●		●	●
11	**204**	黒木 みどり	東京理科大学	●	●	●	●	●	●	●	●		●		●	●
11	**232**	横田 勇樹	信州大学		●	●	●	●		●	●	●	●	●	●	●
11	**286**	千葉 大地	東京電機大学		●	●	●	●	●	●		●	●	●	●	●
11	**440**	虎戸 望咲	明治大学	●	●		●	●		●	●	●	●	●	●	●
10	**114**	北垣 直輝	京都大学	●	●	●	●	●		●			●	●	●	●
10	**195**	佐藤 伶香	千葉工業大学	●	●		●	●	●	●	●	●	●	●		
10	**363**	本多 栄亮	明治大学	●	●		●	●		●		●	●	●	●	●
10	**405**	兵頭 璃季 二上 匠太郎 松尾 和弥	早稲田大学	●	●		●	●	●		●		●	●	●	●
9	**012**	竹村 寿樹	千葉工業大学		●	●	●	●	●	●		●	●			●
9	**045**	鈴木 裕香	明治大学	●	●		●	●		●	●	●	●		●	
9	**220**	向井 菜萌	工学院大学		●	●	●	●	●	●	●		●			●
9	**239**	大貫 友瑞	東京理科大学	●	●		●	●		●		●	●	●	●	
9	**242**	藤牧 舞	工学院大学	●	●		●	●			●	●	●	●	●	
9	**283**	末田 響己 加藤 桜椰風 張 啓帆	早稲田大学	●	●	●	●			●	●	●	●	●		
9	**350**	宮西 夏里武	信州大学	●	●		●		●	●		●	●	●	●	
9	**353**	成定 由香沙	明治大学	●	●		●	●				●	●	●	●	●
9	**385**	山縣 レイ子	工学院大学	●	●	●	●		●		●		●	●	●	
8	**004**	小川 晃由	東京都市大学	●	●	●	●				●	●			●	●
8	**036**	周戸 南々香	京都大学	●	●		●		●		●		●	●	●	
8	**049**	松原 育幹	近畿大学			●		●	●		●	●		●	●	●
8	**100**	赤嶺 圭亮	大阪大学	●	●	●	●				●	●	●		●	
8	**146**	森田 雅大	千葉大学		●	●	●		●		●		●	●		●
8	**186**	古内 一成	東北工業大学	●	●		●	●			●	●	●	●		
8	**214**	幸田 梓	神戸大学	●			●	●	●	●	●		●			●
8	**230**	嶋谷 勇希	神奈川大学		●	●	●	●	●	●	●				●	
8	**267**	藤本 大賀	新潟工科大学	●	●		●	●		●		●	●		●	
8	**307**	山道 里来	東京理科大学		●		●	●		●	●		●		●	●
8	**427**	藤田 大輝	日本大学	●	●		●	●		●			●	●		●
8	**478**	櫻井 悠樹 小川 裕太郎 鄭 知映	早稲田大学	●	●			●			●	●	●	●		●
8	**522**	松原 成佳	大同大学	●	●				●	●	●		●	●	●	
7	**013**	杦村 滉一郎	東京理科大学	●	●	●		●	●				●			●
7	**016**	篠山 航大	神戸大学	●		●	●			●		●			●	●
7	**058**	杉野 喬生	明治大学		●					●	●	●	●	●	●	
7	**074**	山崎 健太郎	東北工業大学	●	●		●			●				●	●	●
7	**081**	力武 真由	神戸大学	●	●	●	●	●					●			●
7	**120**	小野 由梨子	京都造形芸術大学	●	●	●				●		●	●		●	
7	**129**	松井 奈菜子	昭和女子大学	●	●	●	●				●		●			●
7	**133**	波多 剛広	芝浦工業大学	●	●	●	●			●				●	●	
7	**144**	森 暉理	武庫川女子大学			●		●		●	●			●	●	●
7	**157**	柴田 貴美子	神戸大学		●		●	●	●	●			●		●	
7	**158**	三尾 圭祐	東海大学	●	●	●	●		●	●			●			
7	**177**	志澤 卓磨	日本大学	●			●		●	●			●		●	●
7	**221**	佐野 郁馬*1	東京電機大学		●		●	●		●		●			●	●
7	**260**	篠原 敬佑	神戸大学		●	●		●	●	●			●		●	
7	**264**	本田 隼大	名古屋市立大学	●	●		●	●			●		●		●	
7	**288**	樋口 愛純 坂西 悠太 小久保 美波	早稲田大学		●		●			●	●	●		●	●	
7	**346**	工藤 理美	信州大学	●	●		●		●			●			●	●
7	**431**	長橋 佳穂	関東学院大学	●	●			●			●		●	●	●	
7	**480**	大石 慎太朗	神戸大学		●		●	●		●	●		●		●	
6	**015**	加藤 亜海	神戸大学			●	●	●	●				●		●	
6	**019**	石崎 晴也 山田 隆介	東京理科大学		●		●		●	●			●		●	
6	**021**	野村 晃紀	関西学院大学						●	●	●	●		●	●	
6	**032**	松野 泰己	立命館大学		●	●				●	●			●		●
6	**067**	古田 祐紀	大阪大学			●	●		●			●	●	●		
6	**068**	鶴井 洋佑	芝浦工業大学		●		●				●		●	●		●
6	**082**	塚本 貴文	明治大学	●	●			●			●				●	●
6	**102**	本木 祐宇	芝浦工業大学			●	●	●			●	●	●			
6	**109**	國弘 朝葉	立命館大学	●			●			●		●	●	●		
6	**117**	塚本 千佳	東京理科大学			●	●			●		●	●			●
6	**139**	塚本 拓水	日本大学			●	●	●			●		●		●	
6	**151**	高坂 啓太	神戸大学		●		●	●		●			●		●	
6	**196**	馬渕 望夢	千葉大学	●	●			●			●			●	●	
6	**203**	坂口 雄亮	名城大学	●	●							●		●	●	●
6	**219**	川島 史也	京都府立大学		●		●		●	●	●		●			
6	**240**	濱崎 拳介	九州大学	●	●		●	●		●			●			
6	**273**	石井 健成	工学院大学		●		●					●	●	●		●
6	**300**	吉田 悠哉 田中 大貴 村井 遥	早稲田大学	●	●		●	●				●	●			

合計	ID	氏名	学校名	五十嵐	小野田	小杉	齋藤	櫻井	恒松	友渕	中田	西澤	濱	福屋	本江	厳
6	**302**	加藤 朱莉	広島工業大学	●					●	●	●	●	●			
6	**323**	近藤 暉人	東北芸術工科大学		●		●			●		●	●		●	
6	**336**	小野寺 圭史	東北学院大学	●				●	●			●		●	●	
6	**352**	森永 あみ	芝浦工業大学	●	●		●	●					●		●	
6	**444**	関戸 香莉	明治大学		●		●		●				●		●	●
6	**492**	尾野 拓海	神戸大学					●	●		●	●	●	●		
5	**027**	千葉 遼	東京理科大学						●	●	●	●		●		
5	**037**	久保 雪乃	近畿大学		●		●				●		●	●		
5	**051**	今野 琢音	東北工業大学			●		●	●		●	●				
5	**078**	大坪 さわこ	日本女子大学			●				●	●	●				●
5	**088**	大本 裕也	熊本大学	●		●		●				●				●
5	**097**	山根 千尋	京都工芸繊維大学					●	●	●	●	●				
5	**101**	松岡 桜子	関西大学	●		●			●	●						●
5	**113**	岩崎 伸治	京都大学		●	●			●	●	●					
5	**124**	櫻井 彩乃	関西大学	●			●	●						●	●	
5	**125**	東 龍太郎	芝浦工業大学	●	●				●	●				●		
5	**149**	西上 大貴	大阪工業大学			●		●		●		●				●
5	**174**	春口 真由	京都工芸繊維大学			●		●	●			●		●		
5	**179**	竹田 朱音	京都工芸繊維大学			●		●		●	●		●			
5	**189**	大槻 彩夏	日本大学				●		●			●	●	●		
5	**190**	大室 新	東北芸術工科大学					●	●			●			●	●
5	**193**	吉本 有佑	芝浦工業大学		●		●			●					●	●
5	**209**	櫻木 綾子	芝浦工業大学						●	●				●	●	●
5	**215**	力安 一樹	近畿大学	●	●	●		●			●					
5	**265**	安原 樹	芝浦工業大学			●		●		●			●			●
5	**266**	北條 達也	兵庫県立大学				●			●	●		●			●
5	**292**	四宮 幸之助	佐賀大学					●	●	●	●	●				
5	**296**	中村 正基	日本大学		●		●			●	●		●			
5	**308**	若杉 玲来	東北工業大学	●	●		●							●		●
5	**334**	茅原 風生	長岡造形大学		●		●			●			●		●	
5	**349**	井上 玉貴	愛知工業大学	●	●		●	●			●					
5	**365**	林 佑樹	愛知工業大学		●		●		●			●	●			
5	**376**	川村 慧	日本大学			●			●			●	●			●
5	**382**	森下 大成	大同大学		●		●					●	●		●	
5	**407**	橋田 卓実	工学院大学		●		●						●	●	●	
5	**429**	戎谷 貴仁	東北大学				●	●	●				●	●		
5	**430**	酒向 正都	信州大学	●		●			●		●	●				
5	**443**	中西 勇登	明治大学		●		●	●					●		●	
5	**486**	谷嵜 音花	明治大学	●				●	●				●		●	
4	**005**	浜島 涼平	千葉工業大学	●						●	●				●	
4	**007**	橋本 侑起	大阪工業大学					●		●		●		●		
4	**018**	楊 頌南	芝浦工業大学		●		●		●				●			
4	**023**	小笠原 隆	名城大学	●				●						●	●	
4	**024**	大西 健太	神戸大学		●	●			●			●				
4	**029**	櫻田 留奈	立命館大学							●		●		●	●	
4	**053**	間宮 里咲	明治大学				●					●	●	●		
4	**062**	中村 遼	東京大学			●		●				●		●		
4	**064**	矢田 瑛己	法政大学	●					●					●		●
4	**069**	杉山 真道	芝浦工業大学	●		●			●	●						
4	**072**	遠藤 瑞帆	九州大学					●	●	●						●
4	**073**	平田 颯彦	九州大学					●		●		●				●
4	**076**	青木 快大	東京理科大学		●		●			●			●			
4	**092**	森下 かん奈	工学院大学					●				●		●		●
4	**116**	中田 洋誠	立命館大学					●		●				●		●
4	**121**	加藤 勇磨	日本文理大学			●			●	●		●				
4	**123**	田中 花梨 松本 玖留光 冨澤 佑介	早稲田大学				●		●	●			●			
4	**126**	井本 圭亮	九州大学				●	●					●	●		
4	**131**	小林 美月*1	東京電機大学		●	●				●				●		
4	**147**	磯永 涼香	東洋大学	●			●						●			●
4	**163**	推名 浩斗	山形大学	●		●		●						●		
4	**167**	吉永 広野	九州産業大学	●					●			●				●
4	**172**	廣瀬 萌音	法政大学			●			●					●	●	
4	**175**	谷本 かな穂	近畿大学				●		●	●					●	
4	**178**	上田 雄貴	大阪工業大学			●						●			●	●
4	**191**	小山田 陽太	東北工業大学	●									●	●	●	
4	**223**	小林 明日香	昭和女子大学	●										●	●	●
4	**226**	吉永 悠真	神戸大学	●		●				●				●		
4	**231**	伊藤 雄大	信州大学			●				●	●					●
4	**271**	和久井 亘	日本大学					●			●			●	●	
4	**285**	藤井 明日翔	九州大学		●				●	●	●					
4	**306**	西岡 里美	立命館大学					●	●		●	●				
4	**317**	趙 文昊	東京大学					●				●			●	●
4	**331**	井川 美星	近畿大学		●		●		●						●	
4	**337**	井川 直樹	東京都市大学					●			●	●				●
4	**387**	*2		●				●			●			●		
4	**398**	川端 知佳	東北大学	●	●				●		●					
4	**404**	中川 陸	秋田県立大学			●		●							●	●
4	**419**	藤原 未来	信州大学		●	●		●								●
4	**425**	梅澤 一燈	東北芸術工科大学		●		●					●	●			
4	**438**	原 和暉	愛知工業大学							●	●				●	●
4	**445**	三藏 南華	琉球大学	●			●						●		●	
4	**448**	小林 開路 篠原 和樹 木村 熙克	早稲田大学		●							●	●	●		
4	**450**	有信 晴登	愛知工業大学			●	●		●				●			
4	**484**	福田 晃平	日本大学	●				●			●			●		
4	**508**	夏目 亜利紗	大阪工業大学	●							●			●	●	

Left Table

合計	ID	氏名	学校名	五十嵐	小野田	小杉	齋藤	櫻井	恒松	友渕	中田	西澤	濱	福屋	本江	厳
4	511	飯森 廉	日本大学					●	●						●	●
3	006	山根 滉平	大阪工業大学				●		●		●					
3	042	平山 茉歩	日本大学			●								●		●
3	043	佐藤 春樹	北海道芸術デザイン専門学校	●		●		●								
3	052	柿島 静哉	明治大学				●				●		●			
3	056	筒井 宥剛	東洋大学					●			●	●				
3	060	小柳 凪紗	工学院大学					●		●	●					
3	063	鐘江 大輔	茨城大学						●			●			●	
3	085	増田 真由	慶應義塾大学			●	●									●
3	090	木村 哲	東京理科大学			●	●									●
3	094	小竹 隼人	芝浦工業大学			●	●									●
3	098	多田 樹弘	近畿大学						●	●					●	
3	105	藤原 吏沙	昭和女子大学						●				●		●	
3	130	西 那巳子 池田 悠人 西入 俊太朗	早稲田大学									●				
3	148	西片 万葉	慶應義塾大学	●					●	●						
3	162	田島 広大	神戸大学	●					●	●						
3	166	岡林 海叶	日本文理大学						●	●					●	
3	183	井本 麻乃	東京理科大学					●							●	●
3	184	石本 大歩	九州大学	●					●							●
3	185	鈴木 皓士郎	法政大学		●	●						●				
3	208	関 拓海	関東学院大学								●	●			●	
3	222	長嶺 諒	近畿大学	●											●	●
3	224	金谷 麟	大阪工業大学				●	●								●
3	227	作田 健	東京都立大学				●			●						●
3	233	安東 真生	信州大学	●					●				●			
3	243	森内 計雄	京都大学	●					●						●	
3	253	立花 恵大	北海道大学	●							●					●
3	269	鈴木 悠	秋田県立大学			●					●		●			
3	272	原 和奏	武庫川女子大学						●	●			●			
3	280	根岸 大祐	秋田県立大学			●									●	
3	281	濱口 優介	三重大学			●				●						●
3	297	湖東 陸	北海道大学												●	●
3	305	坂口 智	日本大学	●		●						●				
3	332	萬藤 大雅	鹿児島大学								●				●	●
3	333	坂口 真一	金沢工業大学	●											●	●
3	335	小野 晃未	東北芸術工科大学			●		●								●
3	354	大沼 聖子 天田 侃汰 市川 春香	早稲田大学													●
3	361	三谷 啓人	近畿大学	●											●	●
3	374	山地 雄続	神戸大学					●	●	●						
3	393	松葉 大吾	近畿大学						●			●			●	
3	408	山岸 将大	九州大学					●		●						●
3	488	野田 夢乃 田名部 滉人 田村 祐太朗	早稲田大学					●				●				●
3	490	米山 魁 田中 暁也 津田 英俊	早稲田大学					●				●				●
3	507	中野 慶仁	東京都市大学			●	●					●				
2	002	箭内 一輝	芝浦工業大学	●								●				
2	008	橋本 遼平	大阪工業大学									●				●
2	010	小栗 由梨乃	慶應義塾大学	●								●				
2	025	小野原 祐人	神戸大学				●	●								
2	026	依藤 一二三	関西大学									●		●		
2	034	小林 みらの	東洋大学								●	●				
2	038	川端 歩実	近畿大学								●	●				
2	039	鍵谷 新	新潟工科大学					●	●							
2	047	大林 賢矢	琉球大学					●	●							
2	065	星野 雄一	東洋大学				●	●								
2	079	中山 結衣	京都工芸繊維大学				●	●								
2	083	金原 武尊	九州大学				●		●							
2	108	遠山 大輝	法政大学	●								●				
2	110	津田 智哉	工学院大学	●								●				
2	112	岩見 歩昂	京都大学	●										●		
2	127	大久保 宜恭	千葉大学				●					●				
2	134	山田 航士	日本大学				●					●				
2	140	河村 悠太	宇都宮大学							●		●				
2	141	山口 真奈美	大阪工業大学					●				●				
2	143	原田 芳貴	星槎道都大学	●								●				
2	160	鞠子 楊太郎	東北工業大学		●									●		
2	161	手島 健	鹿児島大学		●					●						
2	170	山口 紗英	東京理科大学					●	●							
2	176	福原 雅雅	神戸大学					●	●							
2	198	山際 朝香	芝浦工業大学	●									●			
2	201	高木 梨紗子	芝浦工業大学	●									●			
2	205	武田 亮	東北大学	●								●				
2	212	清水 耀基	東京理科大学				●	●								
2	213	長谷川 真央	名城大学	●							●					
2	235	佐藤 桃佳	大阪工業大学	●								●				
2	248	中島 佑太	北海道大学					●				●				
2	259	堀本 茅那	芝浦工業大学								●	●				
2	274	太田 大貴	立命館大学												●	●
2	295	山戸 善伸	日本大学	●											●	
2	324	高橋 昂大	近畿大学	●											●	
2	328	飯田 颯斗	千葉大学						●						●	
2	342	三野 紗理奈	東京都市大学						●						●	

Right Table

合計	ID	氏名	学校名	五十嵐	小野田	小杉	齋藤	櫻井	恒松	友渕	中田	西澤	濱	福屋	本江	厳
2	347	旭 智哉	神戸大学									●				●
2	364	花房 秀華 竹内 和宏 竹俣 飛龍	早稲田大学								●			●		
2	367	甘中 円雅	近畿大学				●				●					
2	369	安治 徹	神戸大学			●				●						
2	378	玉村 愛依	東京電機大学	●				●								
2	384	杉山 星斗	近畿大学									●	●			
2	401	花岡 大樹	室蘭工業大学									●	●			
2	416	佐多 慶秋	大阪市立大学										●			●
2	464	竹中 里来	仙台高等専門学校	●										●		
2	470	遠藤 天夢	仙台高等専門学校											●	●	
2	481	林 駿哉	大阪市立大学								●		●			
2	506	外山 典志郎	千葉大学									●		●		
2	516	中村 幸介	神戸大学								●					●
1	014	今野 隆哉	東北工業大学	●												
1	028	藤谷 優太	神戸大学	●												
1	035	木村 龍汰朗	小山工業高等専門学校											●		
1	050	園部 裕子	名古屋工業大学										●			
1	059	西田 造	京都大学								●					
1	086	伊奈 恭平	武蔵野大学							●						
1	087	石川 健太	武蔵野大学			●										
1	095	小坂 康貴	近畿大学							●						
1	103	阿部 友希	東北工業大学						●							
1	104	鈴木 佳祐	東北工業大学							●						
1	115	髙木 玲那	東京理科大学						●							
1	119	村岡 歩美	武庫川女子大学								●					
1	155	中西 惟久磨	大阪工業大学					●								
1	169	五十嵐 空	武蔵野大学			●										
1	187	五嶋 海一	国士舘大学													●
1	199	頼 陽夏	東北大学	●												
1	200	執行 裕太	九州産業大学												●	
1	244	山本 康揮	大阪工業大学												●	
1	245	佐藤 日和 小林 創 千賀 由香	早稲田大学												●	
1	247	永長 穂高	横浜国立大学												●	
1	249	吉田 彩華 吉崎 柚帆 松村 直哉	早稲田大学					●								
1	255	加藤 安珠	京都大学													●
1	262	前田 亘輝	秋田県立大学			●										
1	268	柳 雄貴	九州大学								●					
1	270	浦田 泰河	東京大学												●	
1	277	清水 海玖	東京理科大学							●						
1	278	宮崎 守恵	東京理科大学			●										
1	279	坂本 愛理	東京理科大学										●			
1	282	若松 凪人	東京大学							●						
1	289	伊神 佑香	北海道大学									●				
1	290	柴田 サンゴ	工学院大学							●						
1	291	附田 悠杜	千葉大学											●		
1	293	鹿 圭登	佐賀大学									●				
1	309	滝田 兼也	神戸大学									●				
1	313	廖 妤姍	東京デザイナー学院													
1	314	上野山 波粋	芝浦工業大学	●												
1	320	佐野 喜郎	東京理科大学							●						
1	330	川島 昂次朗	東京理科大学				●									
1	339	水野 真生	東北大学			●										
1	344	田中 優衣	信州大学												●	
1	356	林 大雅	国士舘大学											●		
1	362	石谷 慶	神奈川大学									●				
1	366	佐々木 康生	東京電機大学							●						
1	371	梶山 奈恵	武庫川女子大学												●	
1	380	手柴 智佳	佐賀大学								●					
1	394	丹野 友紀子	島根大学												●	
1	396	伊山 琳	信州大学							●						
1	409	田中 雄也	京都大学									●				
1	410	木村 勇貴	信州大学												●	
1	415	村西 凱	名古屋市立大学							●						
1	417	沢田 直人	近畿大学										●			
1	420	三上 麗	室蘭工業大学									●				
1	446	新安 萌音	明治大学							●						
1	457	寛野 雅人	東北芸術工科大学						●							
1	461	青島 秀一	信州大学						●							
1	476	長尾 樹	東京理科大学										●			
1	485	藤井 琢巳	千葉大学											●		
1	491	黒沢 留奈	北海道芸術デザイン専門学校				●									
1	493	江藤 遥奈	東京理科大学								●					
1	494	鶴巻 愛瑠	日本大学	●												
1	495	松田 湖都美	九州産業大学												●	
1	497	横谷 奈緒子	東京都市大学	●												
1	509	徳永 景子	東京理科大学									●				
1	515	横山 達也	芝浦工業大学	●												
1	517	星 佑樹	金沢工業大学									●				
1	523	高橋 和真	東北学院大学								●					
1300		投票総数		100	100	100	100	100	100	100	100	100	100	100	100	100

*□は、予選通過（100選）。　　*1：予選を通過したがセミファイナルを辞退。
*●は1票。　　*2：予選で得票したが本人からの要請により氏名、学校名は未掲載。
*0票の作品は、未掲載。

2020 年に続きコロナ禍(COVID-19)での開催となったが、昨年の経験をもとに、早い段階で電子データを用いた予選審査をアナウンスしていたこともあってか、377もの作品が集まった。

まず、2021年2月12日〜14日の間に、出展者から送られた全出展作品のパネルとポートフォリオの電子データをインターネットのクラウド・サービスにより13人の予選審査員(アドバイザリーボード)が共有し、「01_個別審査投票」を実施。それぞれ100作品を選出(本書33〜34ページ表1参照)した。翌2月15日には予選審査員のうち9人がせんだいメディアテーク(以下、smt)に集まり、各作品の得票数を鑑みながら、前述の電子データを大画面モニタ上で再確認しつつ、得票した321作品から予選を通過する100作品*1(100選)を選ぶ「02_100選選出審査」が行なわれた。

通常なら全出展作品を会場に展示し審査するところだが、今年は、感染予防対策として人の密集を避けるため、予選を通過した100作品のみ、実物のパネル、ポートフォリオ、模型(実際には模型は74作品だった)をsmtの展覧会場に展示できることとなっていた。

今年の予選「02_100選選出審査」では、13人中の約半数、6得票が100作品に入るかどうかのボーダーラインとなった。まずは6票以上を得た82作品を確認し、その後4〜5票入った作品の中から、各審査員が評価したい、気になる作品を選出。以上の作品を総覧し、最終的に予選を通過する100作品を決めることとなった。

審査においてはリサーチと最終的なアウトプット(卒業設計としての制作物)の出来映えとのバランスが主な争点となった。未だに大学での作業がままならない環境の中で、学生たちが注力するポイントが変わってきたということだろうと推察されるが、例年と比べて、模型を制作しない代わりに、リサーチの充実しているポートフォリオが多くなった印象を持った。

しかし、分析内容に魅力を感じても、残念ながら、建築化する段階で弱体化してしまった作品が散見され、どこを評価するべきか、という点で意見が割れ議論が白熱した。特に、表現としてのおもしろさ(508)、リサーチから建築を作り出そうとするプロセスのおもしろさ(331)などは建築以外の部分の魅力は高く評価されたが、最終的に作られた建築自体の魅力がやや劣り、議論のタネとなった。今回は、アウトプットはもちろん重要視するが、どのような視点で社会を切り取り、どんなリサーチを行ない、何を見出したのかという部分をていねいに表現していることも評価に値するという評価基準により、100作品が選び抜かれた。パネルだけでは伝えきれない内容をポートフォリオの中でていねいに表現することが今年の予選審査では有効に働いたと言える。

しかし、そもそも豊かなアウトプットを生み出すことをめざしてリサーチに取り組んでいるのだから、リサーチの段階だけで満足してはいけない。建築化する際に、リサーチの結果をどのように用いるのか。非常に難しい点ではあるが、手に入れたリサーチの結果を受け止め、それに基づいてより豊かなアウトプットをめざしてもらいたい。

編註
*1 100作品：辞退が2作品(ID131、221)あり、セミファイナルの対象は98作品となった。

予選概要

リサーチとアウトプット

友渕 貴之(予選審査員)

＊文中の( )内3桁数字は出展作品のID番号。

ボーダーラインを浮沈した33作品

恒松 良純（予選審査員）

今年の予選は2段階に分かれ、全予選審査員13人がオンラインで投票した「01_個別審査投票」の集計結果をもとに、会場に集まった予選審査員9人が「02_100選選出審査」で得票のあった321作品を一緒に見ながら審議し、予選を通過する「100選」を決定した。当落のボーダーラインとなった4〜5票の作品が多数を占め、その得票範囲の作品を選別する審議が審査の中心となった。以下、当落線上にあった作品の明暗について審査員がコメントする。

凡例：ID番号［票数］作品名
Photos except as noted by Izuru Echigoya.

少得票（4票以下）で予選通過 9 作品

007［4票］
今日、キリンと話をした。
──路地の先はイキモノミチ

大阪の天王寺で、動物園の動物と日常の中で関わることのできる接点をミチとして考える提案。全体のイメージやランドスケープ（景観デザイン）に関する視点が弱く、票が少なかった。審査の過程において、「全体像が見えてこない」「断片的なプログラムの部分だけではないか」といった意見もあった。逆に、「だからこそ議論する意味があるのでは？」との評価で100選となった。

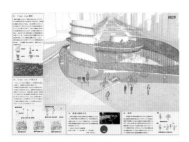

029［4票］
花渦
──イキバのない花たちの再資源化場

草花が栽培されても活かされずに廃棄されてしまう「フラワーロス」の問題に対し、廃棄される草花を活用する方法を提案し、環境問題に対して一石を投じている。空間とプロジェクトが進行するプロセスがややわかりにくいことから、票が集まらなかった。しかし、議論の中で、美しいドローイングと色彩に対する好印象が強まった。スタディ（習作）の過程について評価する声もあり100選となった。

131［4票］
大地の延長
──新たな脈絡の造形と展開

長野県と山梨県にまたがる八ヶ岳を計画地とした、山のシンボルとしての空間の提案。石を基礎としスラブ（床の構造材）を適切に配置し、壁や柱の構成から空間を構築している。提案された空間が「美しい」という評価がある反面、「建築的なプログラムの魅力に欠ける」との指摘もあった。結果として、提案された空間をもう少し読み解くことで魅力が見つかることへの期待から100選となった。

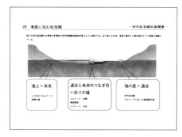

147［4票］
記憶の欠片をそっとすくう
──人間魚雷「回天」の歴史を巡る出会いと別れの島

山口県周南市、太平洋戦争で兵器として使用された人間魚雷「回天」に注目し、その記憶を後世に伝える空間の提案。テーマの設定にこの形態がふさわしいのか、違ったアプローチはないかなど、空間についてもっと検討してほしいとの意見が複数あった。その点で票が少なかった。しかし、敷地だけでなく周辺の交通との関わりなど、全体として利用する人々の視点から検討している点を評価する意見もあり100選となった。

223［4票］
764秒の空白

階段と都市のつながりを設計者の視点から提案している。都市からの出入口として敷地の状況をもとに、形をつくっている。当初は、一人語りの物語のようなプレゼンテーションのため票が少なかった。しかし、議論の中で「非常階段にフォーカスする心的変化など、逆にその物語のおもしろみを感じる」「このような空間の語り方があっても良い」と評価され100選となった。

331［4票］
第◯.五番札所
──俳句集『へんろ道』より

作者の祖母がお遍路の時に詠んだとする歌をモチーフに空間を構成している。提案された建築に対する疑問から票が少なかった。しかし、議論の中で、お遍路にまつわる構造を調査し空間化するプロセスや、ていねいな敷地設定と敷地状況を読み込む姿勢が評価され、この後の議論の展開への期待をこめて100選となった。

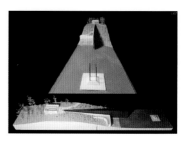

337［4票］
水の森の葬祭場

東京港の海の森公園を敷地とする葬祭場の計画。プログラムについての考察や検討が不足している印象から票が少なかった。議論の中で、プログラムの説明への疑問が指摘されたが、提案された建築群のデザインに対しての評価や、模型を会場で見てみたいとの声が複数あり、期待感から100選となった。

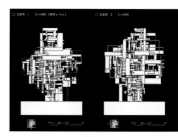

484［4票］
Architecture Is More
──芸術に倣う設計手法の改善

媒体上で建築を消費されることが当たり前となっ

た現代社会において、建築家は建築に作家性を持たせるべく、表層面を持たせる。建築における作家性を再考し、抽象表現芸術の表現手法とフラクタル*¹構造を用いた設計手法を提案する。「操作について議論してみたい」「模型から造形のプロセスへの興味をひかれた」などのコメントがあり100選となった。

編註
*1 フラクタル：複雑な形状を同一の図形の組合せで表す数学的概念。図形の全体像と部分が相似になる。

508 [4票]
せびあいろの憧憬
──逢いたい時を想う場所

複数の煙突を軸に、さまざまな用途や意味を持たせた長屋群で全体を構成する作品。ややわかりにくいため票が少なかった。議論の中で、人の目に止まる上手なプレゼンテーションへの評価があり、ドローイングについても好感触の意見があった。「巻物の形態の見せ方についてさらなる議論の価値あり」との意見が出て100選となった。

多得票（5票以上）で予選未通過 24作品

049 [8票]
気風に蒼より深く染まりゆく
徳島県徳島市、吉野川沿いの阿波藍染の文化を

後世につないでいく空間の提案。印象的なパネルにより票を集めた。議論の中で、ランドスケープ（地形）をもとに建築の断面計画を操作するなどのプロセスの説明は評価されたものの、提案された空間の建築的な機能や地域との関わりが不足しているとの指摘があり、100選とならなかった。

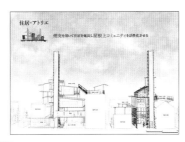

027 [5票]
煙突
──町に絡ませ、昇華する

東京都足立区、地域のシンボルとして銭湯の煙突をモチーフに、上方向に建築空間をつないでいく作品。着眼点のめずらしさで票を集めた。しかし、煙突を軸につくられていく空間や建築が煙突に取り付いて展開されていることの意味が不足していた。銭湯を立体的に構成することと、煙突を軸に地域を考えることとの関連が希薄であるとの声から、選外となった。

051 [5票]
境界から考える
──郊外住宅地更新計画

宮城県仙台市、郊外の住宅地が抱える問題をテーマに、地域の空き地やすき間の活用を提案している。断絶と連続から敷地の境界を再編する手法が興味を呼び、票を集めた。しかし、挿入される建築の用途や意図についての共感が得られなかった。複数のプロセスで展開される提案があっても良かったのではないか。結果、選外となった。

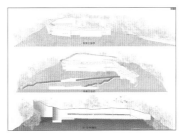

088 [5票]
舞手はをどり、神はわらふ
──神楽のショー化と地域の風景

島根県浜田市、地域に根差す伝統的な神楽をテーマに、地域の貴重な資源として伝統の保存をめざす空間を提案している。提案された建築についての期待から票を集めた。しかし、議論の中で、形を生成する過程についての説明不足が指摘さ

れ、提案された空間と神楽との結び付きなどに理解が得られなかった。設計者がやってみたいデザインを表現しただけのように見えるのが残念で、もう少し表現の工夫がほしかった。

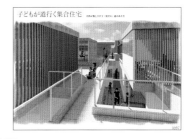

097 [5票]
子どもが道行く集合住宅
──内外が混じり合う「見守る」道のあり方

京都市で、地域との関わりなどから子供の居場所を検討している作品。提案する集合住宅に入り込む路地やすき間を、子供たちの場所として利用するアイディアが評価され一定の票を集めた。しかし、提案する集合住宅以外の周辺地域に展開する提案や、構成する壁の種類ごとの使い方についてもっと説明があっても良かったとの意見があり、選外に。

101 [5票]
地の皺を刻む
──夕陽ヶ丘における土地と暮らす住環境群の設計

大阪市で地域の地形を利用してランドスケープ（風景）、人、建築をつなぐ計画。ていねいなサーベイ（調査）から票を集めた。しかし、審議する中で、サーベイによって得られたいくつかの要素が空間と結び付いていないとの指摘があった。風景をつくっていくプロセスについてもやや飛躍している印象があり、もう少していねいな説明がほしかった。残念ながら選外に。

113 [5票]
芸能都市
東京都渋谷区、放送局を建て替える計画。印象的なドローイングとプレゼンテーションから票を集めた。しかし、設計者が提案するプログラムの構成など、いくつかのプロセスが示されているが、いずれも抽象的で、議論の中で共感を得られなかった。また、全体の構成についての説明が不足していたため、単につくりたかったデザインを展開しただけのようにも見えてしまい、選外となった。

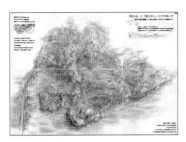

124 [5票]
「見える」と「見えない」とそのあいだ
──都市と海の関係から新たな暮らしのあり方を想起する

都市と自然の関係に着目し、その要素として水の満ち引きが起こす地形の変化が「スキマ」に入り込んで風景を変えていく作品。象徴的なパネルとポートフォリオから票を集めたが、その先に期待される建築と自然との関係性についての提案が不足している。建築に入り込む水をコントロールしているとする設計者の気持ちに共感できるものの、偶発的な要素が大きいとの意見があった。表現がわかりにくいとの指摘もあり選外に。

149 [5票]
ハナミチ
──枯と生を彩る舞台

都市と劇場に注目し、複数の要素を組み合わせて建築をプログラムしている。京都という伝統芸能と歴史を感じさせる敷地の設定、提案されている空間の美しさ、それをポートフォリオでていねいに作り込んでいる点で票を集めた。しかしながら、美しい劇場としての評価がある反面、それ以上の機能的な提案内容については、検討不足との声があり、惜しくも選外となった。

174 [5票]
ともに暮らす
──伝建地区における公共建築の提案

広島県、鞆の浦を敷地にシェアハウスを提案している。さまざまなメディアで取り上げられる地域への提案ということもあり、注目を集め票を集めた。しかし、作品を読み解く中で、サーベイ（調査）からの土地の分析と設定されたコンセプト、つくられた空間の用途などから、「提案するプログラムが不足しているのではないか」との指摘があり、共感を得られず、残念ながら選外となった。

179 [5票]
紡ぐ風景
──大神神社参道開発計画に伴う建築の提案

参道沿いで、地域の特産品を主軸に関連する建築とランドスケープ（景観デザイン）を総合的に提案する。地域を取り巻く環境についての調査と、それに関わる要因の検討に対する評価で票を集めた。しかしながら、参道についての考察、提案された建築のランドスケープ的な位置づけなどの説明が不足している。ポートフォリオの完成度の高さから模型への期待の声もあったが選外となった。

189 [5票]
千年の漉き音
──伝統工芸品による地域性の再生

宮城県白石市の伝統工芸品である手漉き和紙の再生と、地域の関わりとをていねいに読み解いた提案。完成した建築空間に対して、もう少し工夫できたのではないかとの指摘もあり、評価が分かれた。ポートフォリオの模型写真から票を集めたが、全体として見せ方の工夫がほしいなど、パネルの表現については厳しい意見が複数あり、最終的に選外となった。

190 [5票]
情景乃集
──歌集「木のかをり」から読み解く心象風景の空間化

山形県南陽市、祖父の詠んだ短歌で表現される空間の情景から、建築を提案している。心象風景としての空間のあり方や、建築を紡いでいくプロセスなど、物語の美しさが評価され、票を集めた。しかし、前提として、読み解いた空間が設計者の主観によるものであることは理解できるものの、最終的な建築について共感が得られなかったため、惜しくも100選とはならず。

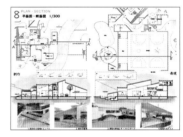

209 [5票]
門前の小僧
──体感する町ごと学び舎

愛知県稲沢市の小学校や公共施設の移転統合計画をもとに、「門前の小僧」をキーワードにした学びの場を提案している。写真から空間の楽しさや魅力を感じる、おもしろそうな空間がちりばめられているとの評価で票を集めた。その反面、「周辺との関わりが読めない」「調査の結果が活かされていない」などの批判もあり、議論の結果、選外となった。

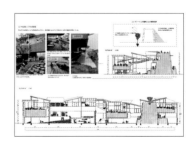

265 [5票]
都市菜園と台所
──小さな食と農から考えるこれからの暮らし方

東京都世田谷区で、都市部における菜園付きの

集合住宅を、台所空間との関係に着目して提案している。考え方に賛同する意見が多く、票を集めた。一方、提案された空間やデザインについては評価が分かれた。立体的に展開される菜園や周辺にちりばめた菜園について、さらなる考察がほしいとの指摘があり、100選とはならなかった。

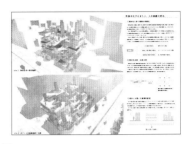

266 [5票]
都市に想いを
──神戸三宮における想いに気づく建築の提案

神戸市三宮を対象に、都市化の中での人のつながりについて提案している。いくつかのサーベイ（調査）をもとに展開され、映画のシーンのように作り込んだポートフォリオには見応えがあり、票を集めた。一方、設計者の中にある気持ちや思いの大きさは理解できるものの、サーベイの結果から形や空間へ至るプロセスが共感しにくい、わかりにくいといった指摘が相次ぎ、選外へ。

292 [5票]
有終の建築

福岡県大牟田市の祭礼をテーマに、複数の木造の建築空間を提案している。山車やそれを入れる建築群など、ていねいな表現が票を集めた。しかしながら、プレゼンテーション全体に対して、「祭の話が希薄なまま建築を展開している」「祭を基軸とする活動が見えてこないため違和感を覚える」など批判的な意見が複数あり、残念ながら選外となった。

308 [5票]
七十二候
──季節を感じる建築

七十二候をもとに、季節を感じる暮らしを提案している。仙台市をモデルとして、それぞれの季節をイメージする町家を巡る。プレゼンテーションの色彩の鮮やかさや、やさしい表現が評価され、票を集めた。しかし、予選「02_100選

「選出審査」の過程では、「これは建築なのか」が議論の中心となり、つくられた空間とそのプロセスや、用意された要素との関連などに対して疑問の声が上がり、最終的に選外となった。

334 [5票]
水と暮らす　浸水都市新潟

新潟市で潟の風景と水害への対策を建築的に提案している。サーベイ（調査）からプレゼンテーションの表現までしっかりとつくっている印象から票を集めた。しかし、議論の中で、形態に至るまでのプロセスは評価されたものの、提案された建築に対して「もっと別のアプローチがあったのではないか」「より緻密なデザインであっても良いのではないか」との意見があり、100選とはならなかった。

365 [5票]
集落ノ共生作法
──「河岸家」による漁業基盤の再構築

漁村の衰退を救うため、衰退に伴って使われなくなっていく既存建築を活用する提案。愛知県西尾市を計画地として、漁業と地域や住民との関わりについて検討している。プログラムから建築の提案までていねいにつくられていると評価され票を集めた。議論の中で、「少しおとなしい印象」という意見が出るなど、実直な作品だったゆえにインパクトに欠けた印象があり、残念ながら選外となった。

376 [5票]
十三湊再編

青森県五所川原市で漁村集落に着目し、生業である漁業と地域住民とが関わりを持てるよう建築を提案している。建築空間は実直に計画されていて一定の票を集めたが、「ランドスケープ（景観）としての読み込みが甘い」「地域の持っている良さがもっとあるのでは」「パネルにも力を入れてほしかった」などの意見や指摘があり、選外となった。

429 [5票]
ほころぶまちの隙間
──縮退していく中山間都市における"まち"の転写的記述

宮城県加美町で、衰退する地域に対し、時間軸を設定して再生を検討。建物のすき間、空き地、道を活用する「ヴォイド」という装置を都市のすき間や空隙に展開している。ていねいにつくっているという評価から票を集めた。しかし、議論が進む中で、壁を挿入する意図とそれによって得られる空間的な効果について共感が得られなかった。操作と効果との関係性についての説明が不足している印象もあり、選外となった。

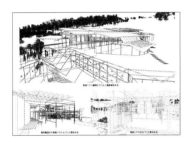

430 [5票]
科上の小農
──りんご選果場と育苗ハウスから始まる耕作放棄地の再生

長野市で耕作を放棄された棚田などに注目し、りんごの栽培や直売所の建築をランドスケープ（景観）の一部として提案している。ていねいに作り込んだ計画として評価され、票を集めた。しかし、提案された建築群はランドスケープ的に美しいという目的を達成しているように見えるものの、それ以上の効果や期待される活用など空間についての表現が不足しているため、100選とはならなかった。

486 [5票]
部族劇団地
──団地改修による擬似コミュニティの振起

東京都江戸川区、インド国籍の人々が多く住むエリアで、日本人と外国人の共生を意識して、築45年の団地に多様な機能を持たせながら改修していくプロセスを提案している。テーマの設定や目を引く表現のパネルが注目され、票を集めた。しかしながら、敷地を説明する背景と計画された建築との関わりが希薄で、提案の建築的な操作に疑問を呈する意見があり、選外となった。

Semi-Final Round
セミファイナル

01_個別審査投票
02_10選選出審査
2021.03.07.AM
せんだいメディアテーク5・6階ギャラリー

377 ▶ 100*1 ▶ 31 ▶ 10 ▶ 1

セミファイナル審査員

乾 久美子(審査員長)、吉村 靖孝、藤原 徹平、岡野 道子、小田原 のどか
■01_個別審査投票：smt6階ギャラリー
アテンド：五十嵐 太郎、小野田 泰明、齋藤 和哉、恒松 良純、友渕 貴之、西澤 高男、厳 爽
■02_10選選出審査：smt5階ギャラリー
司会：中田千彦、福屋粧子
コメンテータ：五十嵐 太郎、小野田 泰明、齋藤 和哉、恒松 良純、友渕 貴之、西澤 高男、濱 定史、本江 正茂、厳 爽

セミファイナルの審査では、午後の公開審査（ファイナル）のステージに立つファイナリスト10組（10選）を選ぶ。昨年の経験をもとに、新型コロナウイルス（COVID-19）の感染予防に配慮しながら、展示を100選に絞ってSDL2019と同様に展覧会を実施し、2段階で審査された。審査員には事前に、クラウド・サービスを利用して送った、100選だけでなく全出展377作品の電子データに目を通すよう依頼していた。
まず、「01_個別審査投票」では、各審査員が個別に、アテンドを務めるアドバイザリーボード（1～2人）の案内により決められた順路で展覧会場内を巡ってそれぞれ10作品を選び、評価の高い順に「松」「竹」「梅」の3段階で評価を付ける。
続いて、全審査員5人が、投票集計結果を参考に、得票した31作品を審査対象として審議する「02_10選選出審査」。床に並んだポートフォリオを囲み、司会が審査員たちに話題に上った作品のポートフォリオを見せながら審査が進む様子が市場のセリを思わせることから、「セリ」と呼ばれてきた。
今年は、幅広い種類の作品を選出することに比重が置かれ、全審査員での審議を経て、ファイナリスト10作品が選出された。

＊アドバイザリーボード：本書5ページ編註1参照。
＊学生会議：本書5ページ編註2参照。
＊smt＝せんだいメディアテーク
＊SDL＝せんだいデザインリーグ　卒業設計日本一決定戦
＊1　100：ID131、221がセミファイナルを辞退したためセミファイナル審査の対象は98作品となった。

Drawings by the exhibitors.
Photos except as noted by Izuru Echigoya.

表1　セミファイナル投票集計結果とファイナリスト選出結果

合計点	ID	氏名	学校名	作品名	乾	吉村	藤原	岡野	小田原	順位
8	001	海老原 耀	芝浦工業大学	綴る		3		3	2	1
7	350	宮西 夏里武	信州大学	繕いを、編む	3	2			2	2
6	114	北垣 直輝	京都大学	所有と脚色	1	1	3	1		3
5	012	竹村 寿樹	千葉工業大学	商店街における公共的余白	3	2				4
5	031	山下 裕子	慶應義塾大学	編戸		3	2			4
5	181	斎藤 拓 / 佐藤 雅宏 / 高橋 亮太	早稲田大学	緑環形態考	2				3	4
5	353	成定 由香沙	明治大学	香港逆移植	1		1		3	4
4	045	鈴木 裕香	明治大学	トリビュート建築		1	3			8
4	232	横田 勇樹	信州大学	牧童が口ずさむ舎	2			2		8
4	346	工藤 理恵	信州大学	道草譚			3		1	8
3	074	山崎 健太郎	東北工業大学	A=A'		2			1	11
3	102	本木 祐宇	芝浦工業大学	Nomadic Trees				3		11
3	186	古内 一成	東北工業大学	Horsepice		3				11
3	239	大曽 友瑞	東京理科大学	プロセニアムのむこう側				3		11
3	341	廣瀬 憲吾	立命館大学	海郷の螺旋塔			1	2		11
3	382	森下 大成	大同大学	死者と棲まう家	3					11
3	427	藤田 大輝	日本大学	蘇る器				3		11
2	100	赤嶺 圭亮	大阪大学	Capacity for adaptation				2	2	18
2	146	森田 雅大	千葉大学	建築美幸論			2			18
2	260	篠原 敬佑	神戸大学	共庭都市	2					18
2	286	千葉 大地	東京電機大学	三陸の方舟				2		18
2	352	森永 あみ	芝浦工業大学	私の人生(家)			2			18
2	440	虎戸 望咲	明治大学	住宅をくさらせた記録	1	1				18
2	478	櫻井 悠樹 / 小川 裕太郎 / 鄭 知映	早稲田大学	「神の家族」の家のこれから		1	1			18
1	036	周戸 南々香	京都大学	rhythms					1	25
1	057	八木 このみ	東京理科大学	鳥獣塔				1		25
1	082	塚本 貴文	明治大学	もぬけの国				1		25
1	089	中野 紗希	立命館大学	まちの内的秩序を描く			1			25
1	135	前橋 宏美	東京理科大学	石にトドマリ、石を感じるワイナリー			1			25
1	158	三尾 圭祐	東海大学	交差する都市の原風景			1			25
1	323	近藤 暉人	東北芸術工科大学	都市の中の荒野	1					25
0	004	小川 晃由	東京都市大学	水門建築						32
0	007	橋本 侑起	大阪工業大学	今日、キリンと話をした。						32
0	013	杖村 滉一郎	東京理科大学	建土のうろ						32
0	015	加藤 亜海	神戸大学	縁を漉く						32
0	016	篠山 航大	神戸大学	長島協奏曲						32
0	019	石崎 晴也 / 山田 隆介	東京理科大学	「タワマン」解体						32
0	021	野村 晃紀	関西学院大学	窓際族						32
0	029	櫻田 留奈	立命館大学	花渦						32
0	032	松原 泰己	立命館大学	町ウツシ						32
0	037	久保 雪乃	近畿大学	Complex Prism						32
0	058	杉野 喬生	明治大学	被服建築						32
0	067	古田 祐紀	大阪大学	ながれとよどみ						32
0	068	鶴井 洋佑	芝浦工業大学	最期を歩き、最期を知る						32
0	078	大坪 さわこ	日本女子大学	第三楽場　遺構とアートのミュージアム						32
0	081	力武 真由	神戸大学	待つ、という散歩						32
0	109	國弘 朝葉	立命館大学	本の森の分水界						32
0	117	塚本 千佳	東京理科大学	舞い上がる風景						32
0	120	小野 由梨子	京都造形芸術大学	京都府立植物学校						32
0	125	東 龍太郎	芝浦工業大学	me(め)						32
0	128	黒田 尚幹	工学院大学	千載古墳						32
0	129	松井 奈菜子	昭和女子大学	Invisible Tokyo						32
0	133	波多 剛広	芝浦工業大学	階段の詩学						32
0	139	塚本 拓水	日本大学	許容の形						32
0	144	森 暉理	武庫川女子大学	mo re-covery						32
0	147	磯永 涼香	東洋大学	記憶の欠片をそっとすくう						32
0	151	高坂 啓太	神戸大学	失われた時を求めて						32
0	157	柴田 貴美子	神戸大学	ウメダクラウド						32
0	177	志澤 卓磨	日本大学	島の痕跡						32
0	188	安達 慶祐	東洋大学	ヒラキノ楼閣						32
0	193	吉本 有佑	芝浦工業大学	完成しない美術館						32
0	195	佐藤 伶香	千葉工業大学	雪とともに住まう						32
0	196	馬渕 望夢	千葉大学	虚構と現実の狭間で						32
0	203	坂口 雄亮	名城大学	静かなる自然の侵略						32
0	204	黒木 みどり	東京理科大学	人間の中の環世界						32
0	214	幸田 梓	神戸大学	錦舞う						32
0	215	力安 一樹	近畿大学	天皇ハ神聖ニシテ侵スヘカラス						32
0	219	川島 史也	京都府立大学	関所ホテル						32
0	220	向井 菜萌	工学院大学	空家にならない家を目指して						32
0	223	小林 明日香	昭和女子大学	764秒の空白						32
0	230	嶋谷 勇希	神奈川大学	百貨都市						32
0	240	濱崎 拳介	九州大学	シン・メタボリズム						32
0	242	藤牧 舞	工学院大学	実験的、流体的。						32
0	264	本田 隼大	名古屋市立大学	和解						32
0	267	藤本 大賀	新潟工科大学	そのとき、ここにて、おもう						32
0	273	石井 健成	工学院大学	まちなみのリミックス						32
0	283	末田 響己 / 加藤 桜椰風 / 張 啓帆	早稲田大学	積層してゆく0番地						32
0	288	樋口 愛純 / 坂西 悠太 / 小久保 美波	早稲田大学	BLUE PARK計画						32
0	296	中村 正基	日本大学	海抜0メートル地帯水没計画						32
0	300	吉田 悠哉 / 田中 大貴 / 村井 遥	早稲田大学	めぐりゆく小さな風景						32
0	302	加納 朱莉	広島工業大学	たばこする建築						32
0	307	山道 里来	東京理科大学	破滅への塔						32
0	331	井川 美星	近畿大学	第○.五番札所						32
0	336	小野寺 圭史	東北学院大学	創造衝動						32
0	337	井川 直樹	東京都市大学	水の森の葬祭場						32
0	349	井上 玉貴	愛知工業大学	住みツグ						32
0	363	本多 栄亮	明治大学	解築						32
0	385	山縣 レイ子	工学院大学	旧博物館動物園駅劇場						32
0	405	兵頭 璃季 / 二上 匠太郎 / 松尾 和弥	早稲田大学	オリンピック島						32
0	407	橋田 卓実	工学院大学	外国人お遍路さんによる遍路文化再生計画						32
0	431	長橋 佳穂	関東学院大学	垢とたわむれる気積						32
0	443	二神 勇登	明治大学	Il muro parallelo						32
0	444	関戸 香莉	明治大学	表裏一体						32
0	480	大石 慎太朗	神戸大学	モリミツ						32
0	484	福田 晃平	日本大学	Architecture Is More						32
0	492	尾野 拓海	神戸大学	にぎわいに沈む						32
0	508	夏目 亜利紗	大阪工業大学	せぴあいろの憧憬						32
0	522	松原 成佳	大同大学	超擬態構築						32
				合計選出作品数	10	10	10	10	10	

凡例：
ID = SDL2021応募登録時に発行された出展ID番号。下3桁表示。
緑色文字の氏名はセミファイナル01_個別審査投票で得票(02_10選出審査の対象)。
■ = セミファイナル02_10選出審査で選出されたファイナリスト。
▨ = ファイナリストの補欠。ID146、440、074の順序。
3 = 松＝3点
2 = 竹＝2点
1 = 梅＝1点

*予選を通過したID131、221の辞退により、98作品がセミファイナル審査の対象となった。
*審査員は、セミファイナルの01_個別審査投票で各10作品を選出し、評価の高い順に「松」「竹」「梅」の3種類に分けた。
*審査員欄の数字は、選出作品の評価を数値化したもの。
*01_個別審査投票で得票した31作品を対象に、02_10選出審査でファイナリスト10作品を選出した。
*表中の作品名はサブタイトルを省略。

乾 久美子

98 [*1]

🔟

*1 98：ID131、221が
セミファイナルを辞退した
ためセミファイナル審査の
対象は98作品。
*文中の（ ）内の3桁数
字は出展作品のID番号。

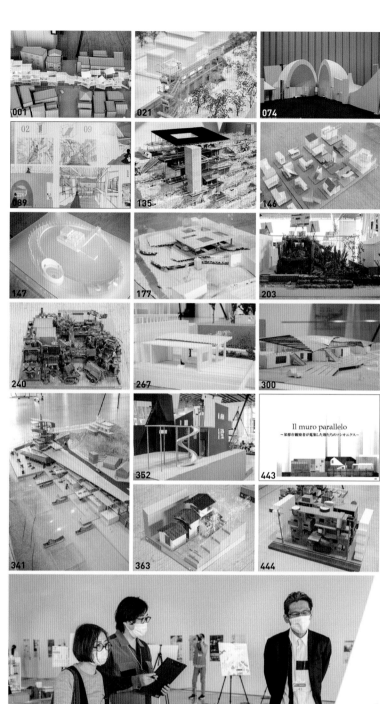

個別審査投票　審査経過

現在、建築が向き合うべき多様な課題

友渕 貴之

今回はコロナ禍（COVID-19）による影響から、会場であるせんだいメディアテーク（smt）の閉館時間が例年より早くなっており、審査に充てられる時間にそれほど余裕がなかった。そのため、乾審査委員長は事前に、クラウド・サービスを利用して予選を通過した100選（実際は98作品）を中心に全377出展作品の電子データをチェックし、選出候補として20作品に目星を付けてセミファイナル審査に臨んでいた。

審査1巡めは、展覧会場に展示された100選を改めて確認しながら巡回し、各作品を「候補」「落選」「保留」の3種類に振り分けた。その中で「候補」「保留」に残ったのは、（001）（012）（021）（074）（089）（114）（135）（146）（147）（177）（181）（203）（232）（240）（260）（267）（300）（323）（341）（350）（352）（353）（363）（382）（440）（443）（444）の27作品である。この中から10作品を選定するべく、何度も巡回して、各作品の詳細を掴んでいった。

乾審査委員長は、事前に各作品の特徴をもとに「エネルギー系」「解体系」「負の遺産系」「ネットワーク系」などにカテゴリー分けしており、判断が難しい局面では、同じカテゴリーの作品と比較しながら審査を進めていった。俯瞰的に作品の価値や位置づけをとらえた上で、優位付けを行なっていく過程により、判断精度を上げているのが流石と言える。その中で惜しくも「落選」となったのは、（001）（021）（074）（089）（135）（146）（147）（177）（203）（240）（267）（300）（341）（352）（363）（443）（444）の17作品である。「落選」となった内、以下の8作品は最後まで審査の俎上に残り続けた。コメントを簡単に記載する。「唯一、造形がしっかりしている」（001）、「深い思想はありそうだけれど、話を聞くのはまたの機会に」（074）。「絵が上手でリサーチも十分だけれど、作品として弱い」（089）、「ていねいに取り組み、最終的な統合までの努力は評価するが、35提案1つ1つに別の変数を設定すると良かった」（146）、「着想はいいのだが最終的なアウトプット（建築）が弱い（模型にもう少し愛着を）」（240）、「都市計画やランドスケープ（景観）の面を強化するともっといい」（341）、「サーベイ（調査）から形まで持っていったのはすばらしいが、他に力作があった」（443）、「図面表現は良いが、配管なども含めてもう少し検討し、模型にももっと力を入れてほしかった」（444）。

最終的に、（012）（350）（382）が「松」、（181）（232）（260）が「竹」、（114）（323）（353）（440）が「梅」となり、選出10作品としてセミファイナル10選選出審査の対象に残った（本書41ページ表1参照）。

乾審査委員長はファイナル審査に進んだ際にどのような議論ができるのか、他の作品とどのように闘えるのか、という部分も含めて作品を審査していた。そして、作品のカテゴリー分類も強く意識していたことから、ファイナルで現在の建築が向き合う多様な課題を表現し、それに対する建築の向き合い方について議論する場をつくろうとしていたように感じる。

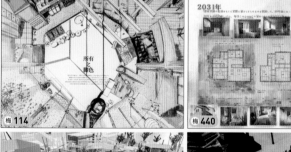

竹 181

竹 232

竹 260

松 012

松 350

松 382

吉村 靖孝

98 *1

10

＊1　98：ID131、221が
セミファイナルを辞退した
ためセミファイナル審査の
対象は98作品。
＊文中の出展作品名はサブ
タイトルを省略。
＊文中の（　）内の3桁数
字は出展作品のID番号。

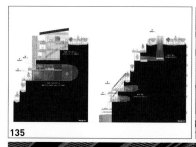

135

341

個別審査投票　審査経過

社会状況に翻弄されず、自身の課題へ

恒松 良純

セミファイナル個別審査投票の前に100選（実際は98作品）の選出に至る過程を解説し、作品を展示した展覧会会場に移動した。100選を1巡して10作品を選出することを確認してから、吉村審査員の審査がスタートした。「候補」「保留」となる作品を選出しながら審査を進めた。

1巡めで、気になる作品として『編戸』（031）だけは「候補」とした。

2巡めで、『綴る』（001）、『商店街における公共的余白』（012）、『A＝A'』（074）、『所有と脚色』（114）、『Horsepice』（186）、『繕いを、編む』（350）の6作品を「候補」、『トリビュート建築』（045）、『建築をくさらせた記憶』（440）、『「神の家族」の家のこれから』（478）の3作品を限りなく「候補」に近い「保留」とし、合わせて10作品を選出した。

その上で、改めて会場を巡って、その他の気になる作品を確認し、『石にトドマリ、石を感じるワイナリー』（135）、『海郷の螺旋塔』（341）の2作品を「候補」としてピックアップした。しかし、（135）は「空間をつくるための石はどこへ行ったのだろうか」、（341）は「もう少し考察できるのでは」との理由から、すでに選出していた10作品との入替えはなかった。

選出した10作品を評価の高い順で「松」「竹」「梅」に分ける段階では、模型も重要なプレゼンテーションの要素の1つとして、模型のある作品を高く評価。模型がある作品から順に、（001）（031）（186）を「松」、（012）（074）（350）を「竹」、（045）（114）（440）（478）を「梅」とした（本書41ページ表1参照）。

10作品の中で、この後の10選出審査で惜しくもファイナリストに選ばれなかった作品については、「離れた2カ所で、同じ要素を用いて異なる計画を同時に提案する手法に興味を感じた」（001）、「ていねいにつくっている印象で非常に評価する。コロナ禍（COVID-19）において開口部のあり方は大事だ」（031）、「視覚を遮断して得られる限られた情報の中で想像することは、アナログ的なVR（ヴァーチャル・リアリティ＝仮想現実）のようで、興味をもった」（074）、「人と動物の関係を見直し、相互の環境への検討に共感が持てる」（186）、「妄想的だが、やりきることでクリエイティブ（創造的）な発想が生まれた」（440）などの評価があった。

100選を見直す中で、作品の様子と評価について、「はじめは『コロナ』や『東日本大震災から10年』といった視点での取組みの多いことを予想していたが、実際にはそれらの社会的な状況に翻弄されることなく、学生がぶれずに自身の課題へ取り組んでいることに共感し、各々の作品について評価できた」とのコメントがあった。また、最初に「候補」とした7作品を見直した際に「明るい作品を選びがちかな？」との一言があり、吉村審査員が限られた時間の中で、作品の意図を的確にとらえて評価していたことが伝わってきた。

梅 045

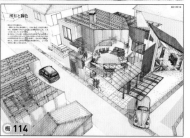

梅 114

梅 440

梅 478

竹 012

竹 074

竹 350

松 001

松 031

松 186

藤原 徹平

98 [1]

⑩

*1 98：ID131、221が
セミファイナルを辞退した
ためセミファイナル審査の
対象は98作品。
*文中の出展作品名はサブ
タイトルを省略。
*文中の（　）内の3桁数
字は出展作品のID番号。

個別審査投票　審査経過

濃密なリサーチからシンプルに建築をつくる

齋藤 和哉

仙台へ来る前に100選を中心に作品のパネルとポートフォリオの電子データに
ざっと目を通した状態で藤原徹平審査員の審査は始まった。まずは展覧会場を
一巡し、作品を暫定的に「候補」「保留」「落選」で選別した。
『編戸』（031）、『まちの内的秩序を描く』（089）、『交差する都市の原風景』（158）、
『海郷の螺旋塔』（341）、『私の人生（家）』（352）、『解築』（363）、『「神の家族」の家
のこれから』（478）の7作品を「候補」とし、『商店街における公共的余白』（012）、
『「タワマン」解体』（019）、『町ウツシ』（032）、『トリビュート建築』（045）、『Capacity
for adaptation』（100）、『Invisible Tokyo』（129）、『建築美幸論』（146）、『縁
環形態考』（181）、『人間の中の環世界』（204）、『錦舞う』（214）、『都市の中の荒
野』（323）、『道草譚』（346）、『住みツグ』（349）、『繕いを、編む』（350）、『香港逆
移植』（353）、『蘇る器』（427）、『垢とたわむれる気積』（431）の17作品を「保留」
とした。
これら24作品から10作品に絞るため何度も会場を巡り、（045）（346）、そし
て『所有と脚色』（114）を最後の最後でセレクトし、この3作品を「松」とした。
（031）（146）（352）の3作品を「竹」として選び、（158）（341）（353）（478）の4
作品を「梅」とすることで、選出10作品が決定した（本書41ページ表1参照）。
一度は「候補」「保留」となったものの、選出10作品に選ばれなかったのは（012）
（019）（032）（089）（100）（129）（181）（204）（214）（323）（349）（350）
（363）（427）（431）の15作品である。これら15作品の内、ファイナルまで進ん
だ4作品は除いて、藤原審査員がなぜそれらを選ばなかったのか、理由を簡潔に
まとめる。
「タワーマンションの解体は、外部からではなく内部から始まるのではないか」
（019）（427）。「最終的なプログラムが銭湯で本当によかったのか」（032）。
「外的要因とは関係なく、内的要因だけで建築が決まっていくように見える」
（100）。「渋谷川の深さなど、敷地のリサーチが不十分ではないか」（129）。「環
世界という概念自体を十分に理解していないのではないか」（204）。「産業の問
題を風景の問題にすり替えてしまっていないか」（214）。「単に荒野をつくる手
法で、荒野をつくっているだけではないか」（323）。「結局はインテリアだけの
提案に見える」（349）。「都市的な提案のはずなのにゲームをつくっているよう
に見える」（363）。「個人空間の提案だけで終わってよかったのか」（431）。
巡回審査の途中で藤原審査員が発していた「リサーチの結果をそのまま材料に
して、異形の建築にしてしまっている作品があまりにも多い。濃密なリサーチ
をした上で、シンプルに建築をつくることにチャレンジしてほしい」という言葉
が、近年の卒業設計に見られる傾向を的確に批評していると感じた。

012　019　100
032　089　07　08
129　181　204
214　323
349　350
363　427　431

梅 158　梅 341

梅 353　梅 478

竹 031

竹 146

竹 352

H GALLERY
道×展示

アートストリー

VISIBLE STORAGE
展望台×見える収蔵庫（絵画）

松 045

●長寿／短命
ものの寿命について考える。大きな円卓は
働くことはない。住民が居なくなっても留ま
り続け、誰かしらに使われ続けるだろう。そ
れに合わせて円卓のための建築は鉄骨で軽く
構築される。施主の愛車である初代 beetle は
何代もオーナーを巡り、現在に至る。ベッド
は住民と共に移動し続け、遊牧的な要素を兼
ね備える。そのため土台は支保工を用いた仮
設的な足場で対応する。建築ともので比較す
ると、一概にどちらかが長生きで能力が短命と
は言えない。

松 114

松 346

岡野 道子

98 [1]

⑩

＊1　98：ID131、221が
セミファイナルを辞退した
ためセミファイナル審査の
対象は98作品。
＊ 文中の（　）内の3桁数
字は出展作品のID番号。

個別審査投票　審査経過

空間としての魅力と切り口の独自性

厳 爽

岡野道子審査員は、セミファイナル審査の対象となった98作品に対して、パネ
ルやポートフォリオでは読み取れなかった作者の意図や全体構成を、展覧会場
に展示された作品の模型を通して改めて確認しながら、審査を進めていった。
1巡めの審査では、「テーマやコンセプトが明確に示されているか」「建築として
の提案になっているか」「採光など建築の基本が考えられているか」「卒業設計と
してのスケールは十分であるか」という評価軸により「候補」「保留」「落選」の3段
階で選別した。

この時点で、「候補」となった（001）（015）（031）（057）（081）（089）（100）（102）
（114）（117）（125）（135）（144）（158）（181）（188）（204）（214）（220）（232）
（239）（286）（307）（341）（350）（352）（353）（363）（427）の29作品がセミファイ
ナルの10選選出審査に進む候補として残った。

一方、「保留」となったのは（007）（016）（019）（032）（109）（128）（129）（139）
（146）（195）（240）（242）（283）（302）（405）（440）（492）（522）の18作品。
その理由について、「空間を構成する力はあり、空間のシークエンス（連続性）も
美しいが、テーマの適切さが問われる」「ユニークな提案であるが構造的に成り
立つかが問われる」「屋根はおもしろいが、内部空間の設計ができていない」など
のコメントが残された。

「落選」となったのは、（004）（012）（013）（021）（029）（036）（037）（045）（058）
（067）（068）（074）（078）（082）（120）（133）（147）（151）（157）（177）
（186）（193）（196）（203）（215）（219）（223）（230）（260）（264）（267）
（273）（288）（296）（300）（323）（331）（336）（337）（346）（349）（382）
（385）（407）（431）（443）（444）（478）（480）（484）（508）の51作品。これら
の作品に対しては、「建築の魅力を示す表現が弱い」「ダイアグラム（図式）がその
まま立ち上がっている」などのコメントが付された。

2巡めでは、審査時間が限られ、「保留」作品を改めて確認する時間がなかったた
め、「候補」の29作品を中心に再確認を行なった。29作品の中から、まず（001）
（031）（057）（089）（102）（114）（135）（232）（239）（286）（341）の11作品が
選ばれたが、10作品に絞らなければならないため、他の審査員から多くの得票
が見込まれる（031）をあえて外した。これにより、選出10作品が決定した。

完成度の高い作品が対象となった2巡めの審査段階では、表現にふさわしい模
型のスケール（縮尺）が評価軸に加わった。たとえば、（125）（204）は模型のス
ケールが適切ではないため、作者の伝えたいメッセージが十分に伝わらず、選
ばれなかった。

さらに、選出した10作品について細かく見ていく。（102）は大らかな風景がつく
られていたが、「技術的な面でリアリティが弱く、十分に設計を詰められていない」
と指摘された。（286）に対しては、「建築のアプローチは素直で好感を持てるが、
切妻屋根のバラバラ感に疑問があり、屋根とブリッジの関係を十分にデザインで
きていない」とのコメントが付された。

3巡めでは、選出した10作品を精査して、高評価のものから順に「松」「竹」「梅」を
決定した。（001）は着眼点とテーマ性、（102）はシークエンス（空間の連続性）
と風景の美しさ、（239）は壁（プロセニアム）によってつくられた景色の魅力が
高く評価され「松」に。「竹」に選ばれた（232）（286）（341）は、「建築への向き合
い方、建築の作り方が素直でシンプルな一方、さらに発展する余地がまだまだ
ある」とした。「梅」の（057）（089）（114）（135）は、全体としての完成度の高さ、
対象敷地への愛着、空間としての魅力、切り口の独自性、理想を追求した夢のあ
る提案、という点が評価された（本書41ページ表1参照）。

015　031　081
100　117　125
144　158　181
188　204　214
220　307　350
352　353　363　427
梅 057　12　13　梅 089
梅 114　梅 135

竹232

竹286

竹341

松001

松102

松239

小田原 のどか

98 *1

↘

⑩

*1 98：ID131、221が
セミファイナルを辞退した
ためセミファイナル審査の
対象は98作品。
＊文中の（　）内の3桁数
字は出展作品のID番号。

個別審査投票　審査経過

アーティストの視点──論理の構築

五十嵐 太郎

特に建築の専門家以外は入れないという不文律があったわけではないが、実は「せんだいデザインリーグ　卒業設計日本一決定戦」（以下、SDL）の歴史において、小田原のどか審査員は初の専門外の審査員である（前回、SDL: Re-2020の野老朝雄審査員は、もともと建築の専門教育を受けていた）。彼女にとっても、初の建築の審査である。小田原審査員はあらかじめ作品の電子データ（パネルとポートフォリオ）を閲覧していたが（当日も朝5時まで再チェックしたという）、セミファイナルの個別審査投票では、模型も見られることから、展覧会場を巡回して改めて100選（実際は98作品）を確認した。

最初の1巡では、選出を検討する「保留」の対象として、43作品が選ばれた。その内「松」「竹」「梅」、あるいはその最終候補に残らなかったのは、（007）（012）（013）（029）（031）（058）（067）（068）（078）（081）（089）（102）（120）（128）（147）（188）（193）（215）（220）（232）（260）（286）（288）（296）（307）（331）（336）（337）（349）（407）（440）（478）の32作品である。

審査の途中、小田原審査員から「どのように作品を見ていくのか」と質問され、「まず模型を一瞥してからビルディング・タイプと敷地を確認し、大まかに作品を位置づける」と答えたのだが、彼女の視点はもっとシンプルだった。すなわち、提案者は建築をどう考えているのか、である。それは作品の内容だけに関わるのではなく、どのようにプレゼンテーションされているかにも関わるだろう。

たとえば、パネルのグラフィックや、模型の作り方、あるいは関連するスケッチの置き方など。それは彼女がアーティストであるからだ。アートの場合、たとえ、わかりにくいものだったとしても、どのように見せるかの背後には、必ず作者の意図が存在する。小田原審査員には、卒業設計の場合、通常、模型は手伝いの学生が制作していること（稀に本人がアートピース〈芸術作品〉のような模型をつくるが）、また、SDLでは本人が展示設営できないこと（SDL創設初期は可能だったが）を伝え、互いに建築とアートの違いを再確認した。

印象的だったのは、小田原審査員が、（353）「松」や（082）「梅」のように、審査する側を挑発するような作品を選んでいたこと。また、卒業論文とセットのような、（181）「松」、（100）「竹」、（350）「竹」、（346）「梅」など、詳細なリサーチをもとにした作品を選んでいた。そしてタワーマンションの解体というテーマに興味をもち、（019）と（427）の両作品を選んだのだが、最終的には（019）を外し、（427）を「松」とした。他には、（001）「竹」、（036）「梅」、（074）「梅」など、独自のテーマが際立つ作品を選んでいる（本書41ページ表1参照）。

なお、小田原審査員はファイナル翌日の午後、もう一度会場を回り、「保留」対象ではなかった作品も含めて、（016）（074）（081）（082）（128）（264）に対し、Twitterでコメントを寄せていたが、彼女は建築作品を評価する上で、論理の構築がきちんとできているかという点を重視しているように思われた。それは、小田原審査員がアーティストとしてだけではなく、評論家としても活動する側面を持つからであろう。

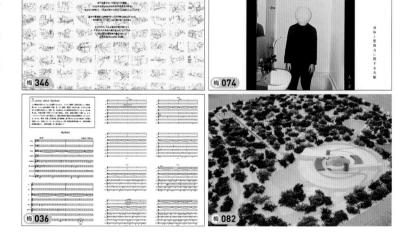

PROCESS_2 Semi-Final Round

セミファイナル
02_10選選出審査

31

❿

＊文中の出展作品名は、『作品名』(出展ID番号)で記載。
＊初出を除いて、文中の出展作品名はサブタイトルを省略。
＊文中の(　)内の3桁数字は出展作品のID番号。
＊アドバイザリーボード：本書5ページ編註1参照。
＊学生会議：本書5ページ編註2参照。
＊smt＝せんだいメディアテーク
＊SDL＝せんだいデザインリーグ　卒業設計日本一決定戦

表2　02_10選選出審査　ファイナリスト選出結果

選出	合計点	ID	氏名	学校名	作品名	乾	吉村	藤原	岡野	小田原
F	7	350	宮西 夏里武	信州大学	繕いを、編む	3	2			2
F	6	114	北垣 直輝	京都工芸大学	所有と脚色	1	1	3	1	
F	5	012	竹村 寿樹	千葉工業大学	商店街における公共的余白	3	2			
F	5	181	斎藤 拓 / 佐藤 雅宏 / 高橋 亮太	早稲田大学	縁環形態考	2				3
F	5	353	成定 由香沙	明治大学	香港逆移植	1		1		3
F	4	045	鈴木 裕香	明治大学	トリビュート建築		1	3		
F	4	346	工藤 理美	信州大学	道草譚			3		1
F	2	352	森永 あみ	芝浦工業大学	私の人生(家)			2		
F	2	478	櫻井 悠樹 / 小川 裕太郎 / 鄭 知映	早稲田大学	「神の家族」の家のこれから	1	1			
F	1	089	中野 紗希	立命館大学	まちの内的秩序を描く				1	
補1	2	146	森田 雅大	千葉大学	建築美幸論			2		
補2	3	074	山崎 健太郎	東北工業大学	A=A'		2			1
補3	3	440	虎戸 望咲	明治大学	住宅をくさらせた記録	1	1			
	8	001	海老原 耀	芝浦工業大学	綴る		3		3	2
	5	031	山下 裕子	慶應義塾大学	編戸			3	2	
	4	232	横田 勇樹	信州大学	牧童が口ずさむ舎	2			2	
	3	102	本木 祐宇	芝浦工業大学	Nomadic Trees				3	
	3	186	古内 一成	東京工業大学	Horsepice		3			
	3	239	大貫 友瑞	東京理科大学	プロセニアムのむこう側				3	
	3	341	廣瀬 憲吾	立命館大学	海郷の螺旋塔			1	2	
	3	382	森下 大成	大同大学	死者と棲まう家	3				
	3	427	藤田 大輝	日本大学	蘇る家					3
	2	100	赤嶺 圭亮	大阪大学	Capacity for adaptation					2
	2	260	篠原 敬佑	神戸大学	共庭都市	2				
	2	286	千葉 大地	東京電機大学	三陸の方舟				2	
	1	036	周戸 南々香	京都大学	rhythms					1
	1	057	八木 このみ	東京理科大学	鳥獣塔				1	
	1	082	塚本 貴文	明治大学	もぬけの国					1
	1	135	前橋 宏美	東京理科大学	石にトドマリ、石を感じるワイナリー			1		
	1	158	三尾 圭祐	東海大学	交差する都市の原風景		1			
	1	323	近藤 暉人	東北芸術工科大学	都市の中に荒野をつくる	1				

凡例：
ID = SDL2021 応募登録時に発行された出展ID番号。下3桁表示。
合計点 = セミファイナル01_個別審査投票での合計得点。
F = ファイナリスト
補0 = ファイナリストの補欠。数字は補欠の順番。
3 = 松 = 3点、**2** = 竹 = 2点、**1** = 梅 = 1点。
(セミファイナル01_個別審査投票で選出した各審査員の評価を数値化したもの)。

＊表中の作品は、セミファイナル01_個別審査投票で得票し、02_10選選出審査の対象となった31作品。
＊表中の出展作品名はサブタイトルを省略。

中田(司会)： これからセミファイナルの10選選出審査(セリ)を始めます。ここに、5人の審査員がセミファイナル個別審査投票で選んだ全部で31作品のポートフォリオを得点順に並べてあります。各審査員による選出作品への3段階での評価付けを、高評価から順に「松」3点、「竹」2点、「梅」1点と数値化して集計した投票集計表(表2参照)を参考に、この中からファイナリスト10作品を選びます。単に点数が多い順に選ぶのではなく、ファイナルの舞台で作者と話をしたいという視点も含めて作品を選んでください。そのための議論を約40分間で行ないます。

進行としては、得点の多い順に、まず8点の作品から見ていき、異論がなければファイナリスト候補として議論の俎上に残す、「ファイナリストにはできない」という評価になれば落選とし、「これよりも別の作品のほうがいい」という意見があれば、そちらを候補に上げる、というように候補作品の選出作業を進めます。審査員は、審議の過程で「違う」と思ったことについては、どんど

う」という作品を選ぶためには、上位からどれかを落として入れ替えなければならない。ですから、まずは31作品の全体像を把握した上で、入れ替える作業をすることにしましょう。

福屋(司会)：それでは、まず、一通り作品を見ていきましょう。
次は7点、『繕いを、編む──千曲川水害後1年目の街の修復風景の集積による失われた児童館の再建』（350）。長野県の千曲川水害（2019年台風19号による被害）後、復興に関わる提案です。乾審査員長が「松」としています。

中田(司会)：続いて、6点『所有と脚色』（114）。
福屋(司会)：家具を中心にして住宅を再構成する提案で、藤原審査員が「松」を付けています。
藤原：ユニークな視点から、ていねいにつくられている。

中田(司会)：次から5点の4作品。
まず『商店街における公共的余白』（012）。乾審査員長が「松」を付けています。
小野田：すごく上手に商店街を再生している。
乾：これは、すぐに実現してもおかしくないリアリティがあります。
各審査員：（肯定的な反応）
藤原：でも、商店街がどこにあるかわからなかった。空間表現はうまいけれど、商店街と根本的には関係していないように見える。
中田(司会)：そういう意見も大事です。

中田(司会)：次も5点、『編戸──網戸を編む』（031）。吉村審査員が「松」の評価。
乾：ああ、これも選出されたのですか？

福屋(司会)：次も5点、『縁環形態考──環筑波山文化圏の再編計画』（181）。小田原審査員が「松」を付けています。
小野田：早稲田大学の3人組の共同設計。生態系を扱った達者な作品です。グラフィックもすごくいい。
乾：表現がグラフィック・デザイナーの杉浦康平にずいぶん影響を受けていますね。懐かしいな。最近は杉浦さんがリバイバルしているのかもしれませんね。

福屋(司会)：続いて5点、『香港逆移植──映画的手法による香港集団的記憶の保存』（353）。赤い建物の模型で、小田原審査員が「松」としています。
乾：映画を扱った作品！
小野田：我々の世代（1960年代生まれ）に訴える作品です。
乾：そうですね、我々にはグッとくる内容の作品。
岡野：やや、現代との時代のギャップ（古さ）を感じました。
福屋(司会)：印象的な作品です。
小野田：ただし、実際にどれぐらい中身のある提案なのかは、わからない。
乾：充実した中身があるか、話を聞かないと、ちょっとわかりませんね。

福屋(司会)：次からは4点の3作品です。
まず『トリビュート建築──建築的遺伝子の街への散種と生きられた美術館』（045）。藤原審査員が「松」を付けています。
小野田：建築家、前川國男による設計の宮城県美術館を無くそうという暴挙に対して立ち上がった若者……。
藤原：そう、そう、そう。

福屋(司会)：続いて4点、『牧童が口ずさむ舎──人を繋ぐ牛舎型六次産業施設の提案』（232）。
乾：牧場ですね。
小野田：アクター・ネットワーク*¹を使って、すごくていねいに設計している。だけど建築は大き過ぎる。
各審査員：（肯定的な反応）
藤原：つながった屋根が特徴で、建築家、隈研吾を思わせる作品ですね。

中田(司会)：次も4点、道草をうながす作品、『道草譚──小学校通学路における100の遊び場』（346）。藤原審査員が「松」を付けています。
小野田：多数の小さい場所を一所懸命に調べて、ていねいに設計している。
藤原：建築と言うよりランドスケープ（地形や景観）の提案ですね。
岡野：これは、最終形がわかりにくい……。
乾：これは最終的には、建築的な提案でしたっけ？　あるいは、ランドスケープになったんでしたっけ？
藤原：最終形はないのかもね。

ん意見を述べ、積極的に議論してください。それがこの10選選出審査の醍醐味です。ポートフォリオを囲んで大勢で各作品に評価付けをする様子が、魚に値付けする魚市場のセリを思わせることから、セリと呼ばれてきました。審査の内容は本として記録に残しますので、その時々の議論の様子、「なぜこの作品が選ばれたのか」「落ちたのか」という経緯が公開されます。その点を踏まえて、議論をお願いします。では、上位、8点の作品から見ていきます。

福屋(司会)：8点が、『綴る──拝啓、400km先のあなたへ』（001）。東京の王子と宮城県の石巻をつなぐ紙をテーマにした作品です。吉村審査員と岡野審査員が「松」を付けています。
特に異論がなければファイナリスト候補に残したいと思いますが……。
小野田：普通に進めていくと、4得点以上の上位10作品が選ばれて、そこから下は選ばれない。「下位だけどすごくいい」「なぜ上位に入っていないのだろ

小野田：最終的には、地域全体を「ランドスケープが改修してくれる」といった提案。

乾：(ポートフォリオを見直して)わかりました。

中田(司会)：以上までが4点で、次からが3点の7作品です。

福屋(司会)：3点『A＝A'——身体と想像力に関する実験』(074)。

中田(司会)：ボール型のヘルメットを頭からスッポリ被って目隠しし、空間を体験する作品。

乾：シュルレアリスムを参照しているのですが、時代を超えていますね。なぜ今、こうした提案をする必要があるのか、が見えない作品でした。

岡野：えーこれが選ばれているんだ。安部公房の小説『箱男』の実験のような作品。

小野田：芸術的な潮流で見れば、1960-70年代からタイムスリップして来た旅人のような作品。ダダイズムというか。

小田原：いきさつを聞いてみたいですね。これを今、あえて建築でやるという意味を。

福屋(司会)：独特のドローイングと模型で構成されています。

乾：そう、最終的にこの模型が意外な展開を見せている。

小野田：2020年代に、この作者と会うことに意味があるかどうか。

審査員一同：(笑)

中田(司会)：続いて3点、『Nomadic Trees——貯木場の再生と街路樹の持続可能なシステムについての提案』(102)。岡野審査員が「松」を付けています。

乾：貯木場とカフェの提案でした。

岡野：これは意欲的な作品で、高く評価しています。提案する建築に街路樹を使う、という……。

乾：そう、意外なアイディアの展開があります。

藤原：岡野審査員の強い推しを感じる。

中田(司会)：3点『Horsepice——どんな場所、空間で最期を生きたいか』(186)。在来馬の保存とホスピスを結び付けた作品で、吉村審査員が「松」の評価です。

小野田：馬に乗れる人と乗れない人を、明確に分けている。

中田(司会)：牧歌的な造形です。

中田(司会)：続いて3点、『プロセニアムのむこう側——自分と他者の関係を築く都市の舞台装置』(239)。東京の歌舞伎町に白い円形の空堀のような建築を提案。岡野審査員が「松」を付けています。

岡野：新宿コマ劇場の跡地です。

乾：低層の建築で構成されていたのが、ちょっと敷地と合っていなかった感じでした。

岡野：壁が螺旋状に立ち上がっていく、プロセニアム(劇場)です。

福屋(司会)：3点『海郷の螺旋塔——漁業地域における事前復興まちづくりの提案』(341)。漁業地域における事前復興まちづくりの計画で、港のタワーを提案しています。

乾：ていねいに設計しているけれど、建築としては、やや大き過ぎる。それが事前復興計画として適切なのか、という問題を感じました。

藤原：なぜ建築にしなければならないのか、がわからない(笑)。

中田(司会)：次3点、『死者と棲まう家——祠の聖俗から死生観を再考する』(382)。乾審査員長が「松」で評価。三角形の屋根の下に、たくさん部屋があって、親戚と死ぬまで一緒に棲む、といった計画です。

乾：そうそう、意外とおもしろそうですよね。

齋藤：「ハレ」「ケ」「ケガレ」の視点から祠を調査分析していた作品。

小野田：拡大解釈した家族の存在と、死を考えるということが、素材やディテール(細部)などに反映された、多世代をわたる改修計画案。おもしろいけれど、議論が広がるかどうかについては疑問が残る。家型の力に頼り過ぎているのではないか。

藤原：なぜ家型にしたのか、がわからない。家型というより合掌造りですね？

乾：合掌造りの下部がない形態ですね。

福屋(司会)：続いて3点、『蘇る器——東京産の建材を用いた設計より』(427)。小田原審査員が「松」としています。

乾：タワーマンション(以下、タワマン)の解体の提案。

小田原：私しか推してない(笑)。1人推しで3点。

小野田：3点作品には、1人の審査員が「松」として高く評価している作品も多い。そういう作品も残していかないと。

乾：私は選びませんでしたが、このテーマの作品は複数あったので、1つ候補に残してもいいと思います。

藤原：タワマンはおもしろい議論のできるテーマだと思う。

小田原：似た作品はいくつもありましたが、これは植生した樹木によって上層階が変わっていく作品です。

小野田：ドライなアプローチの作品のほうではなく、生態系や環境を考慮した方式の作品ですね。

福屋(司会)：審査員が「松」を付けた作品は、ここまでに入っていました。

中田(司会)：これからは2点の7作品です。まず『Capacity for adaptation——状況変化に適応する、可変性の設計』(100)。

岡野：辞書のような作品。

乾：これは、すごい量の分析をもとに建築の構成論を提示していた作品ですね。

中田(司会)：分厚い紙の束が模型の脇に展示されていました。

藤原：建築の内的秩序の分析ですね、力作です。

吉村：家の辞典みたいな作品。

岡野：しかし、内容としては、ほとんど、当たり前のことばかりを書いています。それほどクリエイティブ(創造性がある)とは思えない。

小野田：岡野審査員から厳しい指摘がありました。

藤原：当たり前を見直したい、という提案ではないか(笑)。

乾：力作だと思います。手数がとにかくすごい。

福屋(司会)：次は2点、『建築美幸論』(146)。もともと関連性のない、バラバラのものを組み合わせて、最終的にはいくつか建築の形に組み立てています。バラバラのままのほうがいいのではないか、という印象もあります(笑)。

藤原：選んだのは僕だけなのか。この作者は、鋭い感性を持っている気がする。要するに、この作品は現代建築批判だと思うのです。

乾：最後に建築にまで到達できていて、努力を感じます。

小野田：建築の与条件を詳細に調査分析した、「分析系」の作品だけれど、分析

だけで終わらせずに、きちんと建築まで辿り着いている。
藤原：「今の建築家は、これしかやっていないのではないか」という批判精神を感じる。

福屋（司会）：その次が2点『共庭都市──公と私の都市空間に対する共的空間形成の手法と実践』(260)。立体的な作品です。
小野田：神戸の公園。模型とポートフォリオとのギャップがすごい。
乾：謎めいた立体公園。
藤原：すごい！　模型とポートフォリオが全然違う。

中田（司会）：2点『三陸の方舟──大規模嵩上げ地における生業空間の提案』(286)。宮城県南三陸町の東日本大震災後に嵩上げされた地区を対象とした作品。たくさんの屋根型を配置した、産業に関わる施設です。
乾：わりと力作ですよね。でも、規模がやや大き過ぎるかな。
岡野：いい作品だけれど、大き過ぎるんだよね。
藤原：この作品は、評価できないな。

福屋（司会）：続いて2点、『私の人生（家）──心理モデルとしての住宅と、その遡及的改修のセルフセラピー』(352)。自宅を自分のストーリー（物語）に沿って改修していく作品。
藤原：僕しか推していないんですか？　これはおもしろいと思いました。
岡野：ああ、この私小説の作品は選ばれたんですね。これは散々迷いましたが、あまりに個人的なストーリーだったので、選びませんでした。
乾：興味深い作品ですけれど、辛い話が続きそうな感じもして、判断を迷いますね。
藤原：これは、結構いいと思うけれど。
小野田：人生の扱い方はいいよね。
乾：テーマとしてはおもしろい。

中田（司会）：次も2点、『住宅をくさらせた記録』(440)。
乾：これには、私しか票を入れていない？
吉村：僕も票を入れています。個人の思いがすごく強い作品。
小野田：表現力が高いので、ここにいても、ポートフォリオから腐敗臭が臭ってくるようですか(笑)。
藤原：すごいよ、これ。でも結論が全然わからなかった。
乾：最初の家を使い続けて、だんだん朽ちていくプロセスを描いているようです。

中田（司会）：続いて2点、『「神の家族」の家のこれから──都心におけるキリスト教会の自己更新計画』(478)。教会。
福屋（司会）：模型はないけれども、ドローイングがとてもいい。
藤原：3人の学生による合同設計なのですね。誰かの実家なの？
吉村：作者の内の誰かの実家ですね、教会の牧師の家ではないかな？

中田（司会）：残りは1点で、審査員の誰かが推した7作品です。
福屋（司会）：最初に、『rhythms──site: Kyobasi, Osaka, Japan, Earth(, cosmos)』(036)。
中田（司会）：大阪の京橋の再開発の作品。
小田原：私が票を入れました。軸線を検討するとか、音楽などの要素を入れるとか、おもしろいアプローチだと思って。
中田（司会）：おもしろいと思います。
岡野：この作品にも時代のズレを感じます。

福屋（司会）：次は1点、『鳥獣塔──想像を誘う　街の塔』(057)。
岡野：これには私が票を入れました、東京の高田馬場ということで。でも、そこまで候補に引き上げたい作品かどうかは迷います。先ほどの3点の貯木場の作品『Nomadic Trees』(102)のほうを引き上げたいので。
小野田：形態の追求に向かわずに、ボイド（都市の余白）というか路地を巻き付けるように造形したところがいい。
岡野：巻き付けたのだけれど、この形態を作る方式は説得力のある論理に基づいていないかもしれない。

中田（司会）：1点『もぬけの国』(082)。国民国家は、国民が国家を象徴すべきだ、という作品。
藤原：これは、小田原審査員に向けたメッセージですね。
乾：皇居をテーマにした作品。
小田原：私が票を入れました(笑)。すごく挑発的な提案じゃないですか？
中田（司会）：造形もいいです。

小野田：小田原審査員+五十嵐太郎の組だけに認めてもらえればいい、というような作品(笑)。
藤原：いや、そんなことはないけど。
小野田：こういう作品を候補に引張り上げましょうよ。

福屋（司会）：続いて1点、『まちの内的秩序を描く──意図せずできた魅力的な空間から導く住まいの提案』(089)。ドローイングが非常に魅力的な作品です。
乾：作者にはものすごく力を感じました。
小野田：上手だよね。
岡野：これは模型を見たかったです。
藤原：ポートフォリオがすごく良かった。だから模型を見たかったな。模型は他の卒業設計展に出したのだろうか。
吉村：この作品は、卒業設計展『Diploma×KYOTO'21』にも出展していたけれど、模型はなかった。
友渕：確か、ポートフォリオにも模型写真がなくて、ドローイングだけでした。
藤原：え、では、模型を全く作っていないんだ。もったいない。

中田（司会）：次は1点、『石にトドマリ、石を感じるワイナリー』(135)。岩窟ワイナリー。
藤原：力作ですね。
岡野：現地を訪ねたくなる。

福屋（司会）：1点『交差する都市の原風景──モルフェームを用いたこれからの渋谷商業空間の再構築』(158)。
乾：ああ、モルフェーム（形態素）。
藤原：東京、渋谷の提案。僕が票を入れた。
小野田：力作です。なかなか上手な作品です。

中田（司会）：それから最後、1点『都市の中の荒野──「気ままな場」を目指して』(323)。
乾：これには、1点しか入っていないの？　しまった！　「松」か「竹」にすればよかった。
福屋（司会）：これは電柱を起点にしながら点と点を線で結んでいくというアドホック（暫定的）な作品です。
中田（司会）：赤い大きなテントのあった、大きな模型の作品です。
乾：変な作品ですよね、分類するなら「アドホック系」。
藤原：楽しそう。
乾：議論できそうなので、候補としては良さそうだと思っています。

中田（司会）：以上が、審査員の誰かが推した1点の作品でした。
ここまで見てきた31作品の中からファイナルの舞台に誰を呼ぶか、ということです。
福屋（司会）：ファイナリスト10選となる10作品、それから補欠を1位、2位、3位の順で3作品決めていきます。

小野田：いわゆる行政のプロポーザルだと、この段階で、得点順に4点以上の10作品に絞ってしまうのですが、SDLはそういうことでは済みません(笑)。
福屋（司会）：一旦、4点以上の10作品と11位以下で「松」(3点)と評価された5作品はファイナリストの候補として残します(本書41ページ表1参照)。それ以外で「ぜひ候補に引き上げたい」という作品があれば推薦してください。現時点での序列（得点）は一旦なくします。
中田（司会）：また、何か議論したい論点や視点があれば、それを聞かせてください。

乾：設計論の提案という視点から「アドホック系」がファイナリストの中にあってもいいのではないか、と思っています。
小野田：『都市の中の荒野』(323)？
乾：はい。
藤原：設計論になっているのかな？
乾：説得力のある設計論になっているのか、という問題については、厳しく批判してもらいたいと思いますが。
福屋（司会）：では、『都市の中の荒野』(323)を一旦、ファイナリスト候補とします。
小野田：みなさん、このように強く推す作品、ファイナリスト候補に上げたい作品を選んでいってください。

乾：個人的な思考を追求した「個人系」の作品、『私の人生（家）』(352)と『住宅

をくさらせた記録』(440)のどちらかをファイナリスト候補に上げたいです。

吉村：「個人系」ね？ どちらの妄想力が強いか(笑)。

乾：そうそう、妄想力(笑)。

小野田：「妄想力」という不思議なキーワードが出ました。

岡野：『住宅をくさらせた記録』(440)は、自分の生活と絡んでいるのですね？

乾：そうそう。

吉村：日記帳にずっと妄想を綴っているんです。

岡野：これは膨大な妄想ですね。これと比べると、『私の人生(家)』(352)はあっさりしています。やや内向的過ぎるように思える。

藤原：どちらにも興味があったけれど、『私の人生(家)』(352)のほうがいいと思う。妄想で現実を塗り替えようとしているから。

岡野：『私の人生(家)』(352)はいいと思うけれど、『住宅をくさらせた記録』(440)のエネルギーに届くかどうか。

中田(司会)：『私の人生(家)』(352)を推す感じ？

乾：この2作品を一旦、ファナリスト候補として上位に上げてくれますか。

中田(司会)：それでは、『私の人生(家)』(352)と『住宅をくさらせた記録』(440)をファナリスト候補とします。

小田原：私はぜひ『もぬけの国』(082)を上げたいです。

中田(司会)：闘志のある作品、『もぬけの国』(082)を推す声がありました。候補に上げておきます。
その他に、点数の低い作品から候補に上げたいものがあれば、推薦してください。被りものの『A＝A'』(074)などは、いいですか？

小田原：では『A＝A'』(074)を候補に入れていいですか？

中田(司会)：では、『A＝A'』(074)も一旦、候補として上げます。

藤原：『建築美幸論』(146)も候補に上げてください。

中田(司会)：『建築美幸論』(146)も、候補として上げます。

乾：『編戸』(031)はファイナリストとしては少し弱いですね。

岡野：建築にはなっていませんよね。

中田(司会)：ふるい落とす作業は、この後の議論で検討しましょう。

福屋(司会)：現時点で、得票上位(001)(350)(114)(012)(031)(181)(353)(045)(232)(346)の10作品、得票下位で審査員の「松」評価が付いた(102)(186)(239)(382)(427)の5作品、先ほど審査員の推薦で引き上げられた(074)(082)(146)(323)(352)(440)の6作品、合計21作品あります。

中田(司会)：まだ半分以上残っている。では、この中からファイナルの舞台に呼びたい作品を選んでいきます。

福屋(司会)：では、候補に挙がっている作品を、1作品ずつ見ていきましょうか？ まず、『所有と脚色』(114)、模型はありません。10選の中に残す方向にしますか？

吉村：模型はないんだね。

藤原：え？ 模型のありなしが選出に関係あるの？

福屋(司会)：いえ、審査には関係ありません。

中田(司会)：会場に来る人も来ない人(オンライン参加)もいます。

乾：個人的な思考を追求した「個人系」の作品は、他にもいくつかあるでしょう？ 「個人系」の作品をグループにして議論してはどうでしょう？

藤原：同じタイプごとにまとめて議論したほうがいい。

小野田：ではまず、作品をカテゴライズ(タイプ別に分類)しましょうか？

中田(司会)：『建築美幸論』(146)は「個人系」じゃないの？

乾：『建築美幸論』(146)は違います。設計手法論を提案している「手法論」系にしたほうがわかりやすそうです。

中田(司会)：国民主義を謳った『もぬけの国』(082)は「個人系」じゃない？

乾：これはちょっと違って、建築で政治のあり方を問う「政治系」。

各審査員：(同じ分類ごとにまとまるようにポートフォリオを移動)

中田(司会)：『A＝A'』(074)は「個人系」だよね。『編戸』(031)と『A＝A'』(074)は「個人系」(引きこもり系)で。

審査員一同：(笑)

福屋(司会)：では、その他をこの辺にまとめて……。

審査員一同：その他？ (笑)

藤原：都市の問題を扱っている作品というか……。

乾：要するに、「アクター・ネットワーク系」というか、地域計画に関わる「地域系」がないのはまずいですね。

中田(司会)：『縁環形態考』(181)は、「地域系」？

乾：「地域系」。

中田(司会)：それから『商店街における公共的余白』(012)。

乾：「地域系」。

小野田：『トリビュート建築』(045)は「地域系」？ それとも形態を重視した「形態系」？

藤原：前川國男の建築へのオマージュ、『トリビュート建築』(045)は「地域系」では？

小野田：「アクター・ネットワーク＋生態系」では？

乾：『トリビュート建築』(045)は、やや異色ですよね。一旦「その他」に。

中田(司会)：『道草譚』(346)はどの分類ですか？

岡野：それぞれは小さい、複数の空間を設計する提案ですね。おもしろいと思います。

小野田：既存の街から要素を採集している「採集系」の分類でしょうか？

藤原：『道草譚』(346)には、31作品中で最も新型コロナ(COVID-19)の影響を感じる。建築の問題がどこまで環境に溶けていくか。

乾：うーん、分類は難しいですね。

中田(司会)：『道草譚』(346)は単独として、「その他」に分類しておきましょう。

各審査員：(ほぼ分類を終える)

福屋(司会)：「個人系」が『編戸』(031)、『A＝A'』(074)、『所有と脚色』(114)、『私の人生(家)』(352)、『住宅をくさらせた記録』(440)、「地域系」(アクター・ネットワーク系)が『Nomadic Trees』(102)、『縁環形態考』(181)、『プロセニアムのむこう側』(239)、『蘇る器』(427)、「政治系」が『もぬけの国』(082)、『香港逆移植』(353)、「災害系」が『綴る』(001)、『繕いを、編む』(350)、「家畜系」が『Horspice』(186)、『牧童が口ずさむ舎』(232)、「手法論系」が『商店街における公共的余白』(012)、『建築美幸論』(146)、『都市の中の荒野』(323)、『死者と棲まう家』(382)、「その他」が『トリビュート建築』(045)、『道草譚』(346)といった分類でしょうか。

中田(司会)：別に、1つの分類から1作品を選出するとは限りません。各分類ごとに作品を見て、ほぼファイナリストとなる「有力」、候補として一旦残す「保留」、ファイナリスト候補から外す「落選」の3段階に分けつつ選出作品を決めていきましょう。

中田(司会)：では、まず「地域系」の作品群から少し選んでいきますか。『Nomadic Trees』(102)、『縁環形態考』(181)、『プロセニアムのむこう側』(239)、『蘇る器』(427)などがあります。

藤原：「地域系」の作品のおもしろさは、どこで評価したらいいのでしょう？『縁環形態考』(181)は、提言していることがおもしろいと思いました。

岡野：リサーチはおもしろいのですが、建築がねぇ……。

小野田：生態系をすごくていねいに扱っているのだけれど。

藤原：環世界に関わる作品はいくつかありましたが、全般的に、いずれも作者が根本的に環世界を理解していないという印象を受けました。建築学科の教育の問題ですが、学生に環世界の概念を全く教え切れていない。作者が人間中心というか、人工物と同様に環世界をとらえている時点で、本質を取り違えている気がします。

小野田：戦略として、環世界を作りたい、とアピールするという意味もあるのではないですか？

吉村：この作品の説明では、環世界とは言っていないのでは？

乾：環世界とは言っていないですね。

藤原：環世界とは言っていないけれど、扱っているのは環世界ではないですか。

乾：環世界とアクター・ネットワークの関係を考えるのはおもしろそうですが、『縁環形態考』(181)は、それこそアクター・ネットワーク的ではないですか。

小野田：作者は、アクター・ネットワークを使えば、環境をそのまま物質化しなくていいと思っているんだ。「アクター」として、いろいろなところに役割を分担させて、「その人たちが凝集するところを魅力的に作ればいい」と考えている。

藤原：そうすると、あらゆる建築は、言い方によってはすべて環境的になってしまう。そもそも人間が環境的な存在なんだから……。

福屋(司会)：ファイナリスト10選を選ぶにあたって、年ごとに、この作品に

ついては議論が必要だという理由で選ぶ場合も、着眼点がいいというだけで選ぶ場合もありました。それは審査員に決めてもらいます。

藤原：この作品が力作なのは間違いないんだ。

小野田：まあ、ここまで議論ができるということで、とりあえず、ファイナリスト候補として残しておきましょう。

中田（司会）：『縁環形態考』(181)は、議論の対象になり得るということですね。少し上げてファイナリスト「有力」としておきましょう。

中田（司会）：タワマンを扱った『蘇る器』(427)はどうですか？　作者に会いたくない？

藤原：そんなには、会いたくないです。

小田原：いくつかタワマンの作品がありましたが、『蘇る器』(427)に関しては、建築関係者の中では、「もう同様の提案がたくさん出てきた」といった評価で、誰も推薦しないのでしょうか？

藤原：現代、タワマン批判というのは、建築においても重要な視点です。けれども、この作品は外型の面からのみ批判している。タワマンとは、本当に外側の形態の問題で批判すべきものなのか。それが適切な切り口なのかどうか、疑問に思う。提案の主張通りであればタワマンはすでに腐り始めていると思いますが、「本当に、外側から物理的に壊れるのかなあ」というのが正直なところ。300年間保つコンクリートを使い、免震構造にして、あれだけ強固に外側まで作り込んだ建物が、外側から壊れていくと想定していること自体、タワマン問題の本質を見誤っている気がします。

小野田：すばらしい議論です、それをファイナルの会場でやりましょうか？

小田原：そうだとしたら、筑波の『縁環形態考』(181)のほうが藤原審査員と議論ができるのではないでしょうか。

藤原：ああ、『縁環形態考』(181)と『蘇る器』(427)は、似ている問題かもしれない。

小野田：『縁環形態考』(181)は、ファイナリスト「有力」に確定しています。

中田（司会）：では『蘇る器』(427)は、一旦「保留」とします。

中田（司会）：「地域系」で議論に上らなかった『Nomadic Trees』(102)と『プロセニアムのむこう側』(239)は、「落選」としていいですか？

岡野：『Nomadic Trees』(102)は、候補として残したい。街路樹をすべてリサイクルしようという提案なんです。

中田（司会）：では『Nomadic Trees』(102)は一旦「保留」、推薦のない『プロセニアムのむこう側』(239)は「落選」として、先に進めます。

審査員一同：（了承）

中田（司会）：次は、赤色を象徴的に使っている「赤い物」系の分類？

藤原：政治に関係する「政治系」では？

中田（司会）：「政治系」は、政治的な提案をしている『もぬけの国』(082)や、『香港逆移植』(353)などです。

福屋（司会）：色で分類するのは、あまりにも乱暴ですが（笑）。

藤原：相当、乱暴ですよ（笑）。

審査員一同：（笑）

藤原：「その他」に分類していた、赤い建築群の『トリビュート建築』(045)は、近代建築の限界を的確に都市計画とともに解くという提案で、「政治系」に分類された作品に相当近い考え方ではないでしょうか？　建築計画論としてはしっかり考えられている。要するに社会で「もう建築がいらない」と言われている理由をきちんと考えて、都市計画の中で位置づけを変えていく、という手法です。

吉村：『トリビュート建築』(045)のほうが、『香港逆移植』(353)よりも議論できそうな気がします。

中田（司会）：「赤い物」系で比較すると『香港逆移植』(353)は、ファイナリストにできない、という評価でしょうか？

福屋（司会）：『トリビュート建築』(045)は建築をもとにしている分、映画をもとにした『香港逆移植』(353)よりも議論ができそうです。

中田（司会）：ということで、『トリビュート建築』(045)をやや上位に上げ、「有力」にしましょう。

福屋（司会）：『トリビュート建築』(045)が少し上がり「有力」、『香港逆移植』(353)は少し下がる評価で「保留」です。

乾：でも、内容的には、全然別のジャンルですよね（笑）。

中田（司会）：では、同じ「政治系」の『もぬけの国』(082)は、誰か推しますか？

藤原：推したい。

小田原：私はおもしろいと思いました。他の審査員に、評価できない理由を訊きたいです。

乾：評価できないのはやはり、問題を告発しただけで終わっているからではないでしょうか。提案性が低いように思います。

小田原：なるほど。

藤原：確かに、なぜ天皇と国会議事堂とが同時に語られるのかが、わからない。全く別の問題だと思う。

小野田：作者は問題の解決をめざしているわけではないんだ、想像だから。

中田（司会）：シュプレヒコールを上げているだけなんだよ。

乾：やはり、「建築提案は、告発で終わってはいけない」という点が、建築とアートの違いではないかと思います。

小田原：なるほど。

小野田：建築家は最終的な結果を作らなければならないからね。

藤原：また、ポートフォリオに掲載された文章の内容が真実なのか、という疑念もある。

小野田：そういう議論が、建築とアートの境界で起こるという面ではおもしろいけれどね。

小田原：私はこの作品を見て、「こういうことをしたらすごく話題になり、議論を呼ぶだろう」と、作者からすごく挑戦されているように感じたんです。他の審査員は歯牙にもかけないかもしれませんが、私は作者の心の中を覗いてみたいと思った。あえて今これを、しかも建築で問題提起することの意図を聞いてみたい、と。

小野田：建築とアート、それぞれのめざす方向性は多少違うにしろ、こうやって議論をしながら、新たなクリエーション（創造）をめざすことは重要です。

藤原：でも、「議論されたい」という作者の表層的な思惑に、この場が利用されるのはいやだ。

小田原：その意見もよく理解できるので、そうであれば、誰かに説得されたいと思いました。

小野田：いい議論です。学生たちに聞かせたい。ファイナリストにするかどうかはまだ「保留」として、やや上位の「保留」でいいでしょうか？

小田原：正直に言えば、これが非常に切実な問題を扱った作品である、とはそれほど思っていません。ただし、このような問題を投げかけて挑発してきたということに、何かしら少し応えたい、という気持ちもあります。

中田（司会）：いいですね、こういう議論は、久しぶりです。

小田原：「なんだか時代を感じる」と発言した審査員がいたので、建築の歴史の中で、こういう作風の流行した時代があったのかな、と思って訊きました。

小野田：少し時間が押しているので、一旦まとめましょう。

中田（司会）：『もぬけの国』（082）は「保留」にしますが、かなり議論になりました。

小野田：はい、ファイナリスト候補としての「保留」で。

審査員一同：（了承）

中田（司会）：次に、災害をテーマにした「災害系」。まだ議論していませんね。『綴る』（001）、千曲川水害を扱った『繕いを、編む』（350）は、どうでしょう？

乾：『繕いを、編む』（350）は「災害系」の作品の中で一番いいと思います。

藤原：この作品は議論の対象になるような気がする。

岡野：これは、相当な調査をして、ていねいに設計している。

小野田：審査員の反応を見ると、これはファイナリストに残りそうですね。

藤原：なぜ失われた記憶をもう1回組み立て直さなければならないのか、がわからないけれど、ていねいに設計していて、ある種の切実さを感じる。

乾：はい、これは「落としたらいかん」系です。

中田（司会）：では、『繕いを、編む』（350）は、やや上げて「有力」とします。

審査員一同：（了承）

中田（司会）：宮城県の石巻と東京の王子の製紙工場のつながりを扱った『綴る』（001）はどうですか？

福屋（司会）：これは被災の状況をテーマにしているけれど、全く新しい形態をつくり出すという作品です。

小野田：400km離れた相手と文通する、というのは美しいね。

藤原：でも、近隣住民としては驚く（笑）。

小野田：ただし、その行為がどのように帰結しているか、を見ると、ファイナリストとして呼んだけれど話にならない、となる可能性も大きい。

福屋（司会）：満票でも強く推す人がいないと落ちていきますので、「候補」に残したい人は応援してください。

中田（司会）：では、石巻の『綴る』(001)はやや下げて「有力」とします。
審査員一同：（了承）

福屋（司会）：では、続いて『道草譚』(346)は、どうですか？　先ほどの分類作業では、「採集系」、あるいは特別枠で「その他」という分類でした。
藤原：これは、切実な問題を扱っていると思います。
吉村：でも最終的に出てきたものが、評価できない。
乾：事前にパネルとポートフォリオの電子データを見た時点では期待していたのだけれど、そこまでではなかった。
吉村：観察の内容や成果はいいと思うんだけれどね。
岡野：着眼点は良いけれど、観察で終わってしまっている気がする。
藤原：でも、一生こういうことをやってくれればいいと思う。建築家のアルド・ファン・アイク*2が生涯にわたって「子供の遊び場」となる公園や中庭に取り組み続け、オランダのアムステルダム市の街なかをはじめとして、確か合計1,000近く設計したのと同じように、一生かけて、こういうものを1,000以上作ってくれるといい。
小田原：そのぐらいの迫力があれば、評価は上がりますね。
藤原：そういう切実さがあるなら、ぜひ応援したいと思う。
小野田：なるほど。こういう審査員間の論戦をぜひ学生たちに聞かせたい。

これも『もぬけの国』(082)と同じで「議論を呼ぶ系」の作品。
中田（司会）：では、『道草譚』(346)は、やや上げて「有力」です。

福屋（司会）：続いて、上位に推す人はいなかったけれど、馬を扱った『Horsepice』(186)、牛舎を提案した『牧童が口ずさむ舎』(232)です。
中田（司会）：家畜を扱った「家畜系」の分類でしょうか？（笑）
小野田：馬か牛か。
乾：これは「アクター・ネットワーク系」と一緒に議論すればいいんじゃないですか？
藤原：『牧童が口ずさむ舎』(232)は、結局、風景でしかない。1次産業の問題を扱って、最終的に、風景に逃げるような設計は良くないと思う。だから評価できない。
中田（司会）：そうですね。では『牧童が口ずさむ舎』(232)はここで、ファイナリスト候補から「落選」としてよろしいでしょうか。
乾：「落選」でいいです。
審査員一同：（同意）

中田（司会）：馬の『Horsepice』(186)は「保留」？
乾：『Horsepice』(186)も最後まで行くには弱いかな。

藤原：こちらのほうがおもしろいけれど、何か違う気がする。

小野田：「なぜこの形にしたの？」という疑問が拭えない。

福屋(司会)：この作品は推しづらいでしょうか？

乾：そう、推しづらい。

福屋(司会)：では『Horsepice』(186)はファイナリスト候補から「落選」とします。

審査員一同：(了承)

中田(司会)：では次に、設計手法論を提案している「手法論系」。『商店街における公共的余白』(012)、『建築美幸論』(146)、『都市の中の荒野』(323)、『死者と棲まう家』(382)などでしょうか。

福屋(司会)：『建築美幸論』(146)と『都市の中の荒野』(323)は形態生成の方法として論ぜられるのではないでしょうか。

藤原：『都市の中の荒野』(323)は、方法論自体が荒野をつくるためだから、この方法を使えば、荒野になるのは明らかです。

乾：そうだね。

藤原：荒野ができて当たり前の操作をして、荒野ができました、と結論づけているだけです。解決すべき摩擦(課題)が全く生じない過程を経て設計した作品なので、評価できない。

中田(司会)：厳しい批評ですが、まあ、1得点ですから。でも誰かが推したということです。

乾：推したのは私です、すみません(笑)。

中田(司会)：もし、ここで乾審査員長が推さないとこの作品は落ちますが。

藤原：こういう手法は最近、建築界で流行しているから、議論すべき系統の作品なのかもしれない。けれど、この作品自体は議論するまでもなくダメだという意味で、推せません。

福屋(司会)：『都市の中の荒野』(323)か『建築美幸論』(146)、ファイナリストに入れるなら、どちらか1つだという気もします。

藤原：その2作品は方向性が全然、違う。

中田(司会)：乾審査員長、どうする？

藤原：『都市の中の荒野』(323)は、むしろ「個人系」に分類されていた『所有と脚色』(114)と同じ分類なんです。

乾：確かに。

藤原：『所有と脚色』(114)の扱っているのは「私」の問題ではなくて、「断片統合」の問題だと思います。

乾：では、『所有と脚色』(114)のほうがいい。

藤原：でも『都市の中の荒野』(323)は、断片が統合されないから、建築家、中川エリカの建築と同じような問題にぶつかる。

審査員一同：(笑)

藤原：「ディス」る意味ではなくて、『都市の中の荒野』(323)は建たない、ということ。『所有と脚色』(114)はいいと思う。

乾：『所有と脚色』(114)は残したい。ファイナルで作者に語ってもらいましょう。

中田(司会)：では、『所有と脚色』(114)は、ここで浮力を得て、「有力」として残します。『都市の中の荒野』(323)は「落選」とします。

審査員一同：(了承)

乾：『建築美幸論』(146)は候補に残さなくていいの？

中田(司会)：小さな模型がたくさんあった作品です。

乾：ていねいではあるけど。

藤原：ここから先の展開があるのかどうか、期待できないんだ。

乾：確かに、ややパタン化しているかもしれませんね。

福屋(司会)：卒業設計としては小ぶりにまとまっているものの、力作ですが。

中田(司会)：では『建築美幸論』(146)は惜しまれながらも「落選」とします。

審査員一同：(了承)

乾：『商店街における公共的余白』(012)は？

藤原：いい作品なのですが、商店街を感じられなかった。

福屋(司会)：リサーチは圧巻ですけれど、そこから先が……。

藤原：そう。途中までは商店街なんだけれど、最終的につくったものが商店街ではない。

乾：その点については、ファイナルで批判して意見を聞けばいいのではないですか？

藤原：まあ、力作だからファイナリストにいてもいいのかな。

岡野：力作だと思います。

藤原：でも設計しているのは、図書館などですよね？

岡野：それは、商店街の背後に図書館があり、その出張図書館という提案で、突如現れたわけではありません。

藤原：そうか、商店街がいろいろな機能を持っているという提案なのか。

小野田：建築のプログラムとしては弱い。けれど、商店街の街並みの中で、どういうふうに空間を再構築したらいいのか、についてはすごくていねいに検証している。

岡野：かなり切実感をもって検証しています。

小野田：アクティビティ(活動)も成立するような小さな空間はつくっている。

藤原：それなら、いいかも。

中田(司会)：では『商店街における公共的余白』(012)は「有力」に上げておきます。

審査員一同：(了承)

中田(司会)：「手法論系」で議論に上らなかった『死者と棲まう家』(382)は、一旦「保留」として先に進めます。

福屋(司会)：次に、個人的な思考を追求した「個人系」の分類、『編戸』(031)、ヘルメットの『A＝A'』(074)、『私の人生(家)』(352)、『住宅をくさらせた記録』(440)などです。『所有と脚色』(114)は、先ほど「手法論系」の分類の議論の中で「有力」に選出されました。

吉村：「新型コロナウイルス感染拡大のせいで家に籠もっていたら、みんなこういうことを考えていた系」ですよね。

審査員一同：(笑)

小野田：「コロナ禍系」です(笑)。

吉村：その中では、新しい感じのする『編戸』(031)が良かった。

藤原：この作品は、よくわからないところがある。

小田原：私もよくわからなくて……。

藤原：最終的には、鋭い部分があるのだけれど。

吉村：これを建築と呼ぶかテキスタイルと呼ぶかは、確かに悩ましいところではある。

岡野：おもしろいけれど、建築ではない。

小野田：コロナ禍でなければ、ここまでの高解像度で網戸を見続けないだろう。

吉村：コロナ禍で換気しなければならないから、網戸は大活躍ですね。

審査員一同：(笑)

藤原：気になっている唯一の点ですが、このフェンスでは、どこを編んでいるんだろう(図01参照)。

乾：フェンスで何か、操作しているのではないですか？ 私はそう思ったけれど。

岡野：フェンスにもこういう手法が応用できる、ということでは？

図01

小野田：でも、フェンスを自由に編むのは大変だから。

乾：あきらめた？

吉村：まだ、編むための専用の機械まで開発したというわけではないから。

岡野：編む作業を半自動化した、という程度ですか？

乾：こういう表現をするアーティストは、わりといますよね？

小田原：うん、とても既視感があります。

吉村：そう言われてしまうと、そうだけれど。

乾：建築では珍しいのかもしれないけれど、この表現は全然、新しくない。

小田原：うん、新しくない。

中田(司会)：だったらどうしますか？

審査員一同：(強く推す意見なし)

小野田：『編戸』(031)は小田原審査員の「新しくない」という一言で、圏外に離脱、「落選」ということでいいですか？

審査員一同：(「落選」に同意)

中田(司会)：『編戸』(031)は「落選」です。

中田(司会)：頭にボールを被っている作品『A＝A'』(074)はどうですか？

小田原：私は、模型まで含めておもしろいと思いました。

吉村：自宅の中でボールを被って視覚を遮り、そのまま自分の妄想力で空間体験を拡大する、という作品ですね。

藤原：建築界で見ると懐かしさがある。

吉村：1960年代、70年代の印象だね。

乾：確かに、オーストリアの彫刻家で建築家のヴァルター・ピッヒラー*3などですね(笑)。

藤原：そう、ヘルメットのような作品がありました。

小田原：ああ、そうなんですか。

中田（司会）：どうしますか？　この作者から話を聞きたいですか？　この時期に、この時代に。

藤原：いやいや、もう僕は聞きたくない。

乾：会いたいかどうか、というと、そうでもないですね。

審査員一同：（笑）

中田（司会）：こういう重要な議論もあったという上で、どうしますか？　補欠候補にしておく？　「落選」にする？

各審査員：（強く推す意見なし）

小野田：過去から来た旅人『A＝A'』（074）には会わなくていい？

岡野：会うのがちょっと怖い。

藤原：会いたくないです。

小野田：会ってみたら、おもしろいかもよ。

中田（司会）：ファイナルでボールを被ると思うよ。

審査員一同：（笑）

中田（司会）：では『A＝A'』（074）は「落選」です。

審査員一同：（了承）

乾：『私の人生（家）』（352）は、ファイナリストにいてもいいかもしれない。この作品のほうがおもしろい。

藤原：成長した自分が、自分の過去を変える、という内容でしょう？　この作品は意外と、建築的な問題を扱っているのではないだろうか。つまり、自分自身と、自分の育った環境とが、アイデンティティとして一致するかどうか、という理論を内包していると思うのです。これは、建築に関わるおもしろい問題です。建築家の伊東豊雄がよく「普通の小学校を出ても、俺ができた」と言うように、団地育ちだろうが建築家になれる、という理論。「だから小学校までは普通でいいんだ」という結論に行き着くんだけれど。

乾：ポートフォリオの最後に確か、謝辞が書いてあって、最近の学生に時々見られるマニュアル的というか、単に素朴な人なのか、それとも議論をしたい人なのかが読めなかった。

岡野：素朴だと思う。

藤原：素朴だったらイヤですよ（笑）。

乾：そういう問題はある。最後の謝辞が「素朴な人なのではないか」と思わせる。この謝辞がなかったら推したい。けれど、これがあるのであやしい（笑）。

中田（司会）：さすがですね（笑）。

審査員一同：（乾審査員長の分析に感心）

小野田：なるほど、そう見るのか。ポートフォリオを後ろから見て、謝辞1つをそこまで分析しているのか。乾審査員長、深いですね。

福屋（司会）：私情による家の改修はもちろんあり得ますが、単に個人の目的のためだけに設計しているとしたら、それを評価できるのか、ということですね？

乾：いや、もちろん、すごくこの作者から話を聞きたい。ちょっとあやしい感じがしているだけ。

小野田：でも選出枠は限られているから「個人系」の中で、選ばなければならない。たとえば、『私の人生（家）』（352）か腐らせる家の『住宅をくさらせた記録』（440）とどちらの作者に会いたいか、と問われたら、どちらがいいですか？

藤原：日本では、ほうっておいたら住宅は腐る。

福屋（司会）：残り時間、あと10分ぐらいです。

吉村：どうですか？　最後に謝辞のある『私の人生（家）』（352）は？

小野田：私も大学では、結構、謝辞から卒業論文を読んでいる（笑）。

中田（司会）：『住宅をくさらせた記録』（440）、どうですか？

藤原：もう少し根元的な問題に近づけていれば評価できるのだけれど。

乾：まあでも、『住宅をくさらせた記録』（440）のほうがおもしろいかもしれない。

小野田：『住宅をくさらせた記録』（440）の過程はすごくおもしろいけれど、それがそのまま朽ちて無くなっていくところが、建築提案として評価しにくい。「自分ごと」がテーマで、謝辞で終わっているけれど、『私の人生（家）』（352）は、何とか建築を改修しようとしているところが、（440）とは違って、評価できそうな気がする。

乾：そうかもね。

藤原：これで議論を終わるの？　他にも、大きい作品群が残っている（笑）。

福屋（司会）：今、「有力」として、ほぼファイナリストに確定しているのが、『綴る』（001）、『商店街における公共的余白』（012）、『トリビュート建築』（045）、『所有と脚色』（114）、『縁環形態考』（181）、『道草譚』（346）、『繕いを、編む』（350）の7作品です。

中田（司会）：まずこの「個人系」の作品群から1作品を選んでください。そうし

ないとファイナリストに個人的な関心を追求した作品がほとんど無くなってしまいます。

小野田：『私の人生（家）』（352）か、『住宅をくさらせた記録』（440）か？

乾：『住宅をくさらせた記録』（440）は単なる記録に止まっていて、提案がないように思う。『私の人生（家）』（352）のほうがいい。

審査員一同：（口々に賛同）

中田（司会）：では『私の人生（家）』（352）がファイナリスト「有力」に上がります。

審査員一同：（了承）

中田（司会）：『住宅をくさらせた記録』（440）は「落選」でいいですか？

審査員一同：（了承）

中田（司会）：それでは『住宅をくさらせた記録』（440）は「落選」とします。

福屋（司会）：ここまでに「有力」と選別された、『綴る』（001）、『商店街における公共的余白』（012）、『トリビュート建築』（045）、『所有と脚色』（114）、『縁環形態考』（181）、『道草譚』（346）、『繕いを、編む』（350）、私の人生（家）』（352）の8作品がファイナリストに確定です。

小野田：もう時間がないようなので、「保留」として残っているものから、あと2作品を選びましょうか？

中田（司会）：現在、「保留」として残っている作品は、『もぬけの国』（082）、貯木場とカフェの『Nomadic Trees』（102）、『香港逆移植』（353）、『死者と棲まう家』（382）、『蘇る器』（427）の5作品です。

小野田：ファイナリストの残り2作品を、この5作品から選んでいいですか？他に候補はありませんか？

藤原：ここまでは、上位に推していませんでしたが、『「神の家族」の家これから』（478）はつまらないでしょうか？

吉村：ああ、いいよ。僕はこれがファイナリストに入ってもいいと思う。

藤原：この作品は集合住宅の棟に囲まれた内側が教会ということ？

吉村：そう、棟と棟のすき間から落ちてくる光をコントロールして十字架の形にしている。

藤原：集合住宅のボイド（余白空間）が教会になるのですね。宗教空間としての建築を作るのではなくて、建築と建築の残余空間が祈りの場になる、ということで、おもしろいのではないでしょうか。

中田（司会）：では、『「神の家族」の家これから』（478）をファイナリスト候補に加えます。

福屋（司会）：では、改めてファイナリスト候補となるのは、『もぬけの国』（082）、『Nomadic Trees』（102）、『香港逆移植』（353）、『死者と棲まう家』（382）、『蘇る器』（427）、『「神の家族」の家これから』（478）の6作品です。

小野田：もう他に候補はありませんか？

審査員一同：（追加推薦なし）

中田（司会）：では、この6作品からファイナリスト残り2作品と、補欠3作品を選びたいと思います。

乾：え？　『もぬけの国』（082）は補欠になるかもしれないの？　危険ではないですか？

小田原：これはどうでしょうか？　作者の挑発にこの場を利用されたくないという意見はよくわかりました。

中田（司会）：では、国民国家をテーマにした『もぬけの国』（082）をファイナリストと補欠の候補から外しますか？

審査員一同：（「落選」に同意）

中田（司会）：では、『もぬけの国』（082）は「落選」です。

福屋（司会）：10選を選んだ後で補欠について議論するほうがいいと思います。まず残りの「保留」5作品から2作品を選んでください。貯木場の『Nomadic Trees』（102）、『香港逆移植』（353）、『死者と棲まう家』（382）、タワマンの『蘇る器』（427）、突然浮上した『「神の家族」の家これから』（478）の5作品です。

藤原：『Nomadic Trees』（102）がここまで残っている。これを推す理由は？

岡野：街路樹を使った施設の改修計画で、すべての街路樹をリサイクルしようという提案なんです。数量についても省庁のデータを参照してしっかり計算している。

藤原：でも林業の本質は、そこではないのでは？

岡野：林業というより、街路樹を育て直そうという提案なのです。街路樹に着目したところが新しい点。

小野田：その議論が会場で起こるなら、選んでいいかもしれませんね。

岡野：ただし、街路樹に多いケヤキなどを、沿岸部でこのように海に浮かせて育てることが可能なのか、はあやしい。でも技術的な問題をうまく解決できれば、数量の算定もしているので、実現の可能性も含めて評価しました。いい試みではないか、と思っています。

乾：（ポートフォリオを1冊抜き出し渡す）

福屋（司会）：乾審査員長より『「神の家族」の家これから』（478）を推す意見が出ました。

乾：きちんと建築を設計しているから。

中田（司会）：これをファイナリストにしていいですか？

審査員一同：（了承）

中田（司会）：では『「神の家族」の家これから』（478）がファイナリスト9作品めになります。

小野田：では、『Nomadic Trees』（102）、『香港逆移植』（353）、『死者と棲まう家』（382）、『蘇る器』（427）の4作品から残りの1作品を選んでください。

乾：そうなったら『香港逆移植』（353）じゃないですか？

小田原：タワマン『蘇る器』（427）は私しか推していないのですね（笑）。

乾：『香港逆移植』（353）は、都市と映画の関係を扱っていて、映画を通して新たな都市の風景が生まれる、という提案ですよね。

中田（司会）：『香港逆移植』（353）をファイナリストに上げてよいでしょうか。

審査員一同：（了承）

中田（司会）：では『香港逆移植』（353）がファイナリストです。

福屋（司会）：では、確認します。『綴る』（001）、『商店街における公共的余白』（012）、『トリビュート建築』（045）、『所有と脚色』（114）、『縁環形態考』（181）、『道草譚』（346）、『繕いを、編む』（350）、『私の人生（家）』（352）、『香港逆移植』（353）、『「神の家族」の家これから』（478）がファイナリスト10選です。

乾：あれ？　石巻の『綴る』（001）がファイナリストに入るの？

福屋（司会）：ええ、残っています。

乾：この作品は議論になるのかなあ……。

小野田：『綴る』（001）をファイナリストにしていいのか？　この作品の文通にはあまり意味がないのではないか？

藤原：この作品を選ぶのは、少し怖い。一瞬で議論が終わってしまいそう。

中田(司会)：では、『綴る』(001)は一旦「落選」とします。代わりのファイナリスト1作品を選出してください。
審査員一同：(了承)

乾：『綴る』(001)よりは、タワマン『蘇る器』(427)のほうがいい。
藤原：タワマンの作品は全部で2つあったけれど、もう1つの作品はこの場に残っていないの?
福屋(司会)：『「タワマン」解体』(019)でしょうか? セミファイナル個別審査投票では0得票でした。(本書41ページ表1参照)
藤原：誰も選出していなかったんだ。
乾：グリッド(格子状の基準線)を使った『「タワマン」解体』(019)もいいかもしれません。でも0得票で、ポートフォリオはここに並んでいないんですね?
小野田：10選選出審査の場に残っていないけれど、あのドライな切り口の作品のほうが、タワマン批評にはなっている。
藤原：うーん、確かに、なっているかもしれない。
小野田：あの作品は結構いいです。
中田(司会)：では、『「タワマン」解体』(019)にしますか?
小田原：審査員が誰も選んでいなかった、というのが、少し気になります。
乾：そうなんです。
小野田：いいじゃないですか? そういう作品が1つぐらいあっても。
中田(司会)：(学生スタッフに)『「タワマン」解体』(019)のポートフォリオを急いで持ってきてください。

藤原：最初の段階で候補に挙げていなかったけれど、愛媛県の宇和島を舞台にした『まちの内的秩序を描く』(089)も力作だよね。模型はないけれど、すごく研究している。
岡野：この作品の模型が見たかった。力作ですよね。
藤原：パタン・ランゲージ*4の分析は、かなりおもしろい。
中田(司会)：『まちの内的秩序を描く』(089)をファイナリストに上げますか?
小野田：建築家、芦原義信の街並み研究(『街並みの美学』)をしっかり読み込んでいます。
藤原：研究としては高く評価できる。
小野田：この種の提案は、研究成果を最終的に統合するところが難しいのだけれど、この作品は、宇和島の統合力のある場所を敷地に選んで、そこで一気に統合しているんだ。その戦略もまた上手。
乾：この作品は本当に力がある。
岡野：上手です。最終形もよさそう。

中田(司会)：『「タワマン」解体』(019)のポートフォリオが到着しましたので見てみましょう。残り時間は、あと3分です。
小野田：『「タワマン」解体』(019)は、何十年もかけて、タワマンを順番に解体していく提案。上部からどんどん減築していくから、それに応じて各場所の機能が変わってくる。最終的には、タワマンが建っていたところが広場になる、という計画。結構、ロジカル(論理的)に考えられている。空間的な魅力があるかどうかは別として、タワマンというものの構造(仕組み)自体が抱える問題を解いて再構築はしている。

中田(司会)：『「タワマン」解体』(019)をファイナリストに差し込むか。宇和島の『まちの内的秩序を描く』(089)を上げるか。あるいは、この2作品をファイナリストにして、今、ファイナリストとして残っている作品からどれかを引きずり下ろすか。
藤原：残っているのを引きずり下ろす!?
審査員一同：(笑)

福屋(司会)：いえ、ファイナリストに1作品入れてください。入れるとしたらどれか?
乾：宇和島の『まちの内的秩序を描く』(089)!
岡野：そうしましょうか!
各審査員：(口々に「宇和島!」の声)
中田(司会)：では、宇和島の『まちの内的秩序を描く』(089)を加えて、ファイナリスト10作品としていいですか?
審査員一同：(了承)
中田(司会)：それでは『商店街における公共的余白』(012)、『トリビュート建築』(045)、『まちの内的秩序を描く』(089)、『所有と脚色』(114)、『縁環形態考』(181)、『道草譚』(346)、『繕いを、編む』(350)、『私の人生(家)』(352)、『香港逆移植』(353)、『「神の家族」の家これから』(478)がファイナリスト10作品となりました(本書52ページ表2参照)。『「タワマン」解体』(019)は「落選」です。

審査員一同：(了承)

福屋(司会)：続いて、補欠3作品を選びたいと思います。
中田(司会)：補欠には順位があります。現在、補欠候補としては、「保留」となっていた、『Nomadic Trees』(102)、三角屋根の『死者と棲まう家』(382)、タワマンの『蘇る器』(427)の3作品が残っています。
小野田：この3作品を補欠にしていいかどうか。途中の選出過程で「落選」となった『編戸』(031)やボールを被る『A=A'』(074)や『住宅をくさらせた記録』(440)、『建築美幸論』(146)などは入れなくていいですか?

乾：『建築美幸論』(146)を入れます? 補欠ならいいのではないでしょうか。
藤原：確かに『建築美幸論』(146)は鋭いところを突いている。
岡野：『建築美幸論』(146)は設計手法論として、きちんと補欠に入れたい。

乾：『A=A'』(074)、『住宅をくさらせた記録』(440)を補欠候補に入れては?
岡野：え〜? 『A=A'』(074)を補欠に入れるのですか?
藤原：『A=A'』(074)を入れる理由は、全然わからないけれど。
岡野：私もわからない。
中田(司会)：補欠なので来るかどうかわからないけど、呼ぶと来ます。
藤原：ファイナル会場に補欠は入れないんですか?
中田(司会)：それは、学生会議の会場担当者、どうですか?
藤原：3人程度の追加だから。
学生会議の会場担当者：(補欠の入場を了承)
中田(司会)：それでは、補欠もファイナル会場に入れることになりました。
藤原：そうすれば、作者と会えるという意味だから、誰と会いたいか、という選択ができますね。
審査員一同：(笑)
吉村：会場には入れても、議論には参加できないという……(笑)。
岡野：それだったら、『住宅をくさらせた記録』(440)がいいです。

中田(司会)：では、『A=A'』(074)、『建築美幸論』(146)、『住宅をくさらせた記録』(440)の3作品を補欠として、順番を決めますか?
藤原：え? 『A=A'』(074)と会いたいの? 小田原審査員、会いたいですか?
小田原：会いたいです。
乾：会いたい。
中田(司会)：会いたい、というか、その場にいたい(笑)?
各審査員：(口々に「会いたい!」の声)
藤原：わかりました。それでは、補欠はこの3作品でいいです。
審査員一同：(了承)

中田(司会)：それでは、補欠3作品の順番を決めます。
福屋(司会)：会いたい順番でお願いします。

藤原：補欠1位には『建築美幸論』(146)がいいよね。
岡野：私もそう思う。
審査員一同：(同意)
福屋(司会)：それでは、補欠1位が『建築美幸論』(146)。

中田(司会)：補欠2位は、どちらにしますか?
乾：『住宅をくさらせた記録』(440)がいいです。
審査員一同：(同意)
中田(司会)：それでは、補欠2位が『住宅をくさらせた記録』(440)、補欠3位が『A=A'』(074)となります。
以上でファイナリスト10作品と補欠3作品が決まりました(本書52ページ表2参照)。ありがとうございました。
(場内 拍手)

編註
*1 アクター・ネットワーク：人間だけでなく、社会的、自然的世界のあらゆるもの(アクター)がネットワークの結節点となり、さまざまなネットワーク(つながりや作用)をつくり出すという理論。
*2 アルド・ファン・アイク(Aldo van Eyck, 1918-99)：オランダの建築家、都市計画家。アムステルダム市の都市開発部在籍時(1946-50年)に、アムステルダムの街なかに「子供の遊び場」としての集合住宅の中庭や公園をつくる多数の計画に携わったのを契機に、退職後もアムステルダムを中心として「子供の遊び場」の計画に関わり続けた。アムステルダム市内で合計734以上の計画に関わり、その内17が現存する。
*3 ヴァルター・ピッヒラー(Walter Pichler, 1936-2012)：オーストリアの彫刻家、建築家。1967年、建築家ハンス・ホライン(Hans Hollein)と共同制作した『TV-Helmet (Portable living room)』を発表。ヘルメットの内部にディスプレイを搭載し、装着すると実際にいる場所とは異なる体験ができる。
*4 パタン・ランゲージ(pattern language)：建築家で都市計画家のクリストファー・アレグザンダー(Christopher Alexander)が提唱した建築と都市計画に関わる理論。従来より街と建物に頻繁に見られた関係性をランゲージ(建築言語)として、文法のように共有することで、住民誰もが建築やまちづくりのプロセスに参加できる方法。

Final Round

ファイナル（公開審査）

01_プレゼンテーションと質疑応答
02_ファイナル・ディスカッション
2021.03.07.PM
せんだいメディアテーク1階オープンスクエア

ID012[*1]	竹村 寿樹	商店街における公共的余白
ID045[*1]	鈴木 裕香	トリビュート建築──建築的遺伝子の街への散種と生きられた美術館
ID089	中野 紗希	まちの内的秩序を描く──意図せずできた魅力的な空間から導く住まいの提案
ID114[*1]	北垣 直輝	所有と脚色
ID181[*1]	斎藤 拓＋佐藤 雅宏＋高橋 亮太	縁環形態考──環筑波山文化圏の再編計画
ID346	工藤 理美	道草譚──小学校通学路における100の遊び場
ID350	宮西 夏里武	繕いを、編む──千曲川水害後1年目の街の修復風景の集積による失われた児童館の再建
ID352	森永 あみ	私の人生（家）──心理モデルとしての住宅と、その遡及的改修のセルフセラピー
ID353	成定 由香沙	香港逆移植──映画的手法による香港集団的記憶の保存
ID478[*1]	櫻井 悠樹＋小川 裕太郎＋鄭 知映	「神の家族」の家のこれから──都心におけるキリスト教会の自己更新計画

*1：会場とファイナリストをインターネット回線でつなぎ、ビデオ会議アプリ「Zoom」を利用したオンライン参加。

ファイナル審査員

乾 久美子（審査員長）、吉村 靖孝、藤原 徹平、岡野 道子、小田原 のどか　　　　進行役：友渕 貴之、本江 正茂

コロナ禍（COVID-19）の影響で、SDL2021のファイナルは、無観客、ファイナリストは来場とオンライン参加の混在というハイブリッド方式での公開審査によって、ファイナリスト10作品の中から「日本一」を決めることになった。
セミファイナルの審査で10組のファイナリストが決まると、選出された各ファイナリストに連絡する。今年は当日、ファイナリスト以外の出展者は審査および展覧会の会場に入れないため、ファイナリスト候補となる100選の出展者が待機できる別会場を仙台市内に用意してあった。本人と連絡がつき次第、ファイナリストの模型やポートフォリオを、せんだいメディアテークの1階オープンスクエアへ移動。審査員たちも会場へ向かった。
ファイナルの審査は2部門で構成される。最初に、ファイナリスト10組のプレゼンテーションと質疑応答。続くディスカッションによって「日本一」をはじめ各賞が決定した。
ファイナルの審査経過はすべて、「YouTube」を介してインターネット上に同時配信された。

*文中の出展作品名は、『作品名』（出展ID番号）で記載。
*初出を除いて、文中の出展作品名はサブタイトルを省略。
*文中の（ ）〈 〉内の3桁数字は出展作品のID番号。
*アドバイザリーボード：本書5ページ編註1参照。
*学生会議：本書5ページ編註2参照。
*smt=せんだいメディアテーク
*SDL=せんだいデザインリーグ　卒業設計日本一決定戦

Photos except as noted by Izuru Echigoya.

012 竹村 寿樹 Toshiki Takemura 千葉工業大学 創造工学部 建築学科 (オンライン参加)

商店街における公共的余白

プレゼンテーション Presentation

今まで相容れなかった「商業」と「公共」が、セットとなった商業施設。マクロな視点で見ると、都市に対する余白の挿入とも、とらえることができます。
本設計は、そんな「ボイド(余白)としての公共空間」、すなわち「公共的余白」の可能性に着目した、商店街の代謝を助ける手法の提案です。

01 02

提案
敷地は、東京都江東区の砂町銀座商店街(図01-02)。江東区で唯一の不燃化特区であり、防災上の懸念と、将来的な地域衰退への懸念により、冗長性のある商店街への変化が求められるこの場所(図03)に、公共的余白を持つ4つの建築の挿入を提案します(図04)。これは既存のローカル(局所的)な集積、すなわち商店街の付加価値を白紙に戻す既存の都市整備とは対極をなす介入手法です。

03 04

リサーチ(調査)
設計に先立ち、フィールドワーク(現地調査)を行ない、商店街全体マップを作成(図05)。老朽化などにより今後、更新が予想される場所をピックアップし、計画地として選定しました。現地で収集した人々の生活や「振る舞い」のシーン(場面)から4つの切り口に合致するものを選出(図06)。各シーンの特徴を記述し、それぞれが商店街においてどのような位置付けであるかを分析。シーンの内、建築的操作に置換可能な「振る舞い」は、後工程で操作のリファレンス(参照)とするため、抽象モデルへと変換します。

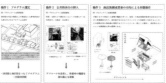

商店街全体像 1:700

05 06 07 08

設計手法
●プロジェクト1:出張図書館(図09-10)
①操作1:丹念な敷地の観察から導き出されたプログラムを設定
図書館の本の一部が商店街へと出張してくることで、分断されていた商店街と図書館をつなぐ「離れ」のようなプログラムを設定しています。
②操作2:「公共的余白」の検討、挿入
リサーチによりわかった休憩所のニーズや、図書館へのアプローチの不便さを補う機能を、「公共的余白」として建築に組み込みます。
③操作3:商店街の構成要素やアクティビティ(活動)を引用した形態操作
この操作により、商店街にとって異分子である新たな建築が、代謝を促すとともに、商店街の集積の一部として調和し、街とシームレスな(連続性のある)関係性をもつ建築となることを目的としています(図07)。
以上のような手法で、4つの建築の設計を行ないました。4つはそれぞれ、プログラムの異なる独立したプロジェクトとして設計しているものの、「想定される施主(建て主)や利用者の連関が噛み合う形で「公共的余白」を挿入する」という手法は一貫しています(図08)。残りのプロジェクトは概要のみ、簡単に説明します。

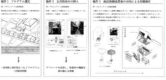

09 10

●プロジェクト2:多目的ホール(図11-12)
商店街の組合が維持管理を行なう、仮設的な多目的ホールの提案です。地元アーティストの個展などのイベントが開催可能な箱(場所)として、商店街に多様な人々を集客する建築となります。また、過密に建て込んだ商店街の一角に生まれる、公共的な「人の居場所」となるバッファゾーン(緩衝地帯)として、動線計画での場を区切る基壇の操作や、迫り出した庇が作り出す商店街特有のジオメトリ(幾何学形態)をリファレンスとして、建物形態を操作しています。

11 12

●プロジェクト3:複合集合住宅(図13-14)
土地の細分化をリセットするために、まとまった区画を一括して整備した広い敷地に、一般的に建設されるリジットな(決まりきった形の)開発への批判的提案です。
商店街に見られる「拡張による中間領域の形成操作」を、そのまま住宅にも当てはめることで、パブリック(公共空間)とプライベート(私的空間)が渾然一体に絡み合うような複合集合住宅をめざしました。また、コモン(共用庭)の北側は一般に開放され、地域交流やイートイン・スペースの機能を担う「公共的余白」として、商店街のアクティビティを拡張します。

13 14

●プロジェクト4:銭湯(図15-16)
かつてはごく自然な形で、都市における「公共的余白」として機能してきた銭湯を現代に再解釈し、街に挿入します。大きなボリューム(容積)で、ブラックボックスになりがちな銭湯を、商店街のスケール感に馴染む形に再構築。足湯などの機能空間を道路側に設け、偶発的な地域交流を誘発する開かれた銭湯となることを目的としています。

15 16

街の要素を無差別に整理する都市計画は、過去からの集積を一掃してしまいます。雑多な要素はそのままに、入れ替える要素の一部に「公共的余白」を挿入する。街を白紙に戻すのではなく、上書きしながら代謝させていく。戦後70年かけて積み上げてきた商店街の遺伝子を未来に残すために。私の生まれ育った街の人たちがいつまでも笑顔でいられるために。

本江(進行)：役割を変えつつある商店街を上書きしていこう、という提案でした。

吉村：将来的な衰退が予想される商店街をよく観察していて、たぶん、民間の資金と公共の資金の両方を使いながら、良い公共空間をつくっていることは理解できた。しかし、最初の事例として挙げた、「民間と行政(公共)の合わさったような中間的な建物が最近できている」という問題提起が、この提案とあまり関係していないように思えます。どう接続するのか、説明してくれますか。

竹村(012)：最初に発見した公共的な空間と商業空間の合体した例が、東京、渋谷の「ミヤシタパーク(MIYASHITA PARK)」などでした。その業態をもとに卒業設計を検討する中で、建築家が都市の中に余白をどう足していくかではなく、余白をデザインしていくことが大切なのだ、という建築像が見えてきた。それで、自分の地元でそういう操作のできる場所はどこだろう、と検討した時に、砂町銀座商店街が浮かびました。

敷地を選定し、その場所の問題解決に向かった段階で、おそらく吉村審査員の指摘のとおり「ミヤシタパーク」とは違った取組みになっていると思います。しかし、僕がやりたかったことは、この商店街のようなスケール感の地域を対象に、どうすれば建築が都市に対して介入していけるか、という部分です。

吉村：最初に提示した事例の場合は、公共的な場所を作ることによって、そもそも開発自体が可能になったり、容積率が割増になったり、などのボーナス(優遇措置)がもらえます。この種の建築を作ろうとする場合、そういう動機付けがないと、エンジンが仕込まれていない計画に見えてしまう。単に「いいものを作りましょう」では、物足りない気がします。

竹村(012)：公共の資金だけですべてを完成させる方法だけでなく、このような事例をひたすら多数作っていき、設計者自身が不動産のオーナーとして建築を回(運営)していく、というのも1つの方法だと思うのです。ただし、そういったボーナスが出ないという点は、今後考えていくべきことだと思います。

乾：先に「余白をつくる」という興味があって、その対象として商店街が浮かび上がってきた、という説明でしたが、この場所が商店街として今後どうなっていくのかについて、もう少し説明してほしいと思いました。商店街は社会的にどういう意味があって、どう未来につないでいきたいのかを聞きたい。そもそも「商店街が必要なのか?」という議論もあるわけですから。なぜ残すべきだと思っているのか、を説明してくれますか。

竹村(012)：商店街を残したい理由としては、まず、設計の対象とした砂町銀座商店街は、近年、近くに大きなショッピング・モールが2つできましたが、それでも客足が一切減らなかった、地域に根付いた商店街だからです。また、コロナ禍(COVID-19)になっても、各店舗には適度に屋外部分があるため、換気などのコロナ対策をしっかりとできて、現状を生き延びているからです。このように地域に根付いた場所にも関わらず、不燃化特区であるため、周囲

では、かなり過激な都市整備が行なわれている。これまでの地域の歴史や集積をもとに現状、うまく機能しているにも関わらず、かなりリジット(決まり切った形)に開発されていく、というのは、すごくもったいない。地区全体をまとめて把握した「神の視点」で介入するような都市整備のリジットな計画に対して、建築家が個別に小さなスケール(規模)で介入する手法で商店街を代謝させていきたいと思いました。

乾：「不燃化特区」という規制に対して、この提案では何をしているのですか。

竹村(012)：基本的に、現状、江東区が「小規模空地」として確保している、ただの何もない空き地を敷地に選定しました。それぞれ、とても小さな土地だったり、すごく変な形の土地だったりします。そういう土地を利用して、一時的に仮設的なホールを作ったり、あとは建て替わり……。

乾：「不燃化特区」として、区が街の中にそうした空隙をつくることには、恐らく「不燃化」を助ける意味があるわけですよね?

本江(司会)：火除け地ですね。

乾：たとえば、延焼を阻止するなど、今回、設計したものが「不燃化」にどう寄与しているのかの説明があるといいと思いますが。

竹村(012)：この地域には、基本的に木造建造物が密集しているので、提案ではS造(鉄骨造)やRC造(鉄筋コンクリート造)の構築物を入れることによって、不燃化建築としてこの地域の「防災的な余白」の意味ももたせるというイメージです。

藤原：作品名に「Public margins」(パブリック・マージン＝公共的余白)という言葉を付記していて、おもしろいと思っています。けれど、提案しているものは建築単位なので、パブリック・マージンというよりは、「建築の中の余裕のスペース」(＝マージン・アーキテクチャ＝margin-architecture)に見える。パブリック・マージンという、単体の建築を超えたマージン(地域規模での大規模な余白の設計)を生み出す方向に進まず、建築単位での計画にしたことに、何か理由があったら教えてください。

竹村(012)：大きな敷地を俯瞰した視点で設計するというよりは、既存の敷地の中で、それぞれを小さな敷地内だけで完結させずに、どうやって商店街全体として機能させられるか、という部分に焦点を当てて設計していったので……。

藤原：その主張とは逆に、僕には、それぞれが敷地内で完結してしまっているように見える。つまり、設計主題としては、パブリック・マージンではなくて、「プライベート・スペア(私有地の予備)の中の余裕のスペース」というように見える。君にとって、これはパブリックなの?

竹村(012)：建物の機能などから、パブリックだと思っています。

045 鈴木 裕香 Yuka Suzuki　明治大学　理工学部　建築学科 (オンライン参加)

トリビュート建築——建築的遺伝子の街への散種と生きられた美術館

プレゼンテーション　Presentation

背景
建築は、文化的価値のあるものであっても解体される可能性がある。ならば、その遺伝子を受け継ぐ新しい建築を作れないだろうか。

これは、生物の遺伝子のように、もととなる建築の一部は受け継がれ、一部は変化することで時代や環境、用途に適応する建築です。このトリビュート建築を設計する際の、遺伝子の一部を受け継ぎ、一部は変化させて現代に適応させるという行為を「建築的遺伝子の再構築」ととらえます(図01)。

再構築は建築に限らず他の芸術分野でも見られる手法であり、オリジナルの作品に対する、再解釈や再認識を促す方法と考えられます。これを踏まえ、建築で同様のことができないか、つまり、「建築的遺伝子の再構築」による建築の存在や空間体系によって、オリジナルの再認識を促すことが可能ではないのか。私はそれを設計の1つめの目的としました(図02)。

01

遺伝子の再構築による創造性と可能性
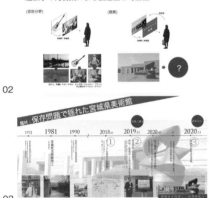
02

03

題材
今回、オリジナルの作品として扱う宮城県美術館は、前川建築(前川國男の設計した建築)の中でも目立つ存在ではありませんでした。移転新築といった代替案が出る中、それでも長寿命化が決定した今、その意味とこれからのあり方が問われます(図03)。

全体計画と目的
本設計では「美術館」を日常の中へ溶かし、「生きられた美術館」にすることを2つめの目的とし、さらに美術館のアクティビティ(活動)を分散させることによって、街の中に点在する建築群が、街全体の賑わいの起爆剤となることを考えました(図04)。

具体的な敷地として設定した、宮城県美術館の立つ仙台市の川内地域は、文化施設や自然、住宅などのさまざまな要素が交わるところで、いくつかのネガティブ・ポイント(問題点)があります。街にトリビュート建築が建ち上がることで、周辺の界隈同士をつなげていきます。

目的　方法　用途
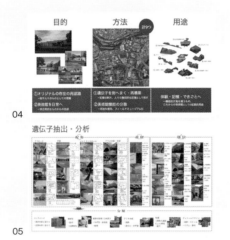
04

遺伝子抽出・分析
05

設計手法
調査と人々が美術館内で撮った写真をもとに、美術館で見られる風景を遺伝子配列に置き換え、さらに、複数の場面で見られる部位や素材を、それぞれ分析します(図05)。分析結果をもとに遺伝子配列を分類し、9つの敷地に当てはめていきます。そして、「変形」「機能の読替え」「新しい配列」の3つの手法を用いることで、遺伝子を再構築していきます(図06)。

遺伝子の再構築
06

9つのトリビュート建築
具体的な設計をいくつか説明します。
●設計A：マンション前の余白空間×カフェ・ミニシアター
活用されずに閑散とした場であった、マンション前の広場空間に、製作過程の見えるシアターと上演作品に連動したカフェを設計します(図07)。中庭におけるパノラマ的空間、列柱→半屋外空間→ガラスの向こうの室内空間の順に重なるレイヤー(層)を建物の大きな構成要素に用い、切断、雁行という変形の操作を加えることによって、広場としての空間性を残しつつ街に開きます(図08)。敷地に接する道と平行に建てたタイル壁は、マンションというグレー色の背景の中でアイキャッチとなり、スクリーンやステージとして機能します(図09)。周辺に住む人々にとっては、ドラッグストアや郵便局からの帰り途上の団欒の場として、美術館と連動する企画を寛ぎながら楽しめる施設となっています。
●設計B：住宅地×図書・自習室
高校の傍、住宅に囲まれた斜面地に建つ「図書・自習室」です(図10)。思わず写真に収めたくなる風景が数多く存在する宮城県美術館(図11)。それらを領域性の持つ遺伝子ととらえ、組み合わせることで人々の小さな居場所をつくりながら空間が展開します(図12)。

これら9つのトリビュート建築が街にちりばめられることによって、美術館のアクティビティ(活動)が日常の一部として繰り広げられると同時に、宮城県美術館自体が、この街や街の人々のものとして認識され、育てられていくでしょう。

設計A　マンション前 余白空間×カフェ・ミニシアター

07

08

09

設計B　住宅地×図書

10

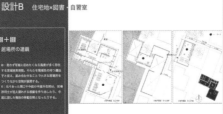
11

12

本江(進行)：宮城県美術館はこの会場からほど近くにあります。近年、移転問題が持ち上がり、宮城県民にとっては関心のあるところです。

岡野：前川國男の設計した宮城県美術館の要素が街なかに散在し、その片鱗が見え隠れしていると、街全体の印象が非常に変わるのではないかという期待があります。
この建築を作る上で、時間的なプロセス(経過)はどう考えていますか？　一気にこれを作ってしまおうというイメージですか？　それとも、別の時間の概念を持っていますか？

鈴木(045)：正直に言えば、時間的な流れを伴って作ることは考えていません。

岡野：プロセスのことも考えると、さらにいいと思いました。

小田原：すごく興味深く拝見しました。この建築は前川國男の建築のトリビュート(称賛)であると同時に、ミュージアムというものの解体でもあると思ったのです。そういう視点からすると、美術館やミュージアムに対しての考察をもう少し深めると、一層良くなると思いました。
と言うのは、「足を運んで活用する」という、美術館へのかなり表面的な理解をもとに設計しているように感じたからです。美術館には研究の場、収蔵庫など、いろいろな要素があります。一般客から見えにくい美術館の要素については、プランの中でどのように考えているのですか？

鈴木(045)：一般客から見えにくいものとして、今回の設計では収蔵庫が大きいと思います。生活空間の中に作っていくことによって、普段見えない場所をよりオープンに、人々が日常的に利用できる場所にしよう、という計画になっています(図13参照)。また、図書施設の中に学芸員と関われる場所を考えています(図11参照)。

13

吉村：たとえば、東京のSHIBUYA109のまわりにシリンダー型の建築が増えたり、安藤忠雄が設計した建築のまわりにコンクリート打ち放しの建築が増えたりする状況は、建築家が都市に受容されていくプロセスとしては大変おもしろいと思います。しかし、この作品は、美術館という用途だけで、このプロセスを再現しようとしているところが、すっきり腑に落ち過ぎて僕にはつまらない。つまり、何の引っかかりもなくて、何の問題も解決していないような気がする。たとえば、住宅や店舗、ゴミ置き場などを、前川國男の建築言語で作ってもいいのではないか、と思った。このままだと、「公共施設を作る時には、トーン＆マナー*¹を揃えましょう」という提案に見えてしまいかねない。公共以外の多様な機能をもっと入れていいのではないか、と思いました。その点については、どうですか？

鈴木(045)：確かに公共の……。(答えに窮する様子)

本江(進行)：いいんだよ、「確かにそうです」と答えても(笑)。

鈴木(045)：美術館のように特別な場所ではなくて、日常の生活の場というか、たとえば今回作っているバス停や、休憩所や、掲示板などがあればいいなと……。提案した建築は、別に美術館として使われなくてもいいと思っています。そういう考えの下で、バス停や、駅のすぐ近くの大通りにあるミュージアム・ストリートなどを設計しました。

乾：今の問答に関わるかもしれませんが、結局、宮城県美術館は解体されていないということですか？　すみません、知らないもので。

本江(進行)：解体されていません。

乾：解体されていないものをもってトリビュートというと、設定がちょっと中途半端かもしれませんね。また、できた建築のデザインがあまり前川建築(前川國男の設計した建築)らしく見えません。「これは前川建築らしい」と自分でも自信のあるのはどの建築なのですか？

本江(進行)：9つ作った内で……。

乾：そう、9つの内の一推し、「ゲキ推しです」というのはどれ？

鈴木(045)：ゲキ推し……？

乾：「これは前川建築らしいかもな、前川きてんなー」みたいな(笑)。

本江(進行)：呼び捨てですけれども(笑)。

鈴木(045)：ゲキ推し、うーん……。ゲキ推しというか、自分の中でいいと思うのは、「設計D」のバス停です(図14参照)。でも、これが前川國男らしいかは……。

14

前川國男のイメージを受け継ぐことは重要ですが、建築自体が前川國男らしいことを、そこまで重要だと思っていなくて……。宮城県美術館の魅力的な部分を引き出すというか、焦点を当てられていない部分にも良さがあることをこのトリビュート建築たちで見せたかったので、前川國男らしいデザインは重視しませんでした。

本江(進行)：そのまま前川建築を作るのではなく、気がつかない程度に前川風味を出すということでした。

編註
*1　トーン＆マナー：デザインの一貫性を保つための表現手法やルールのこと。

089 中野 紗希 Saki Nakano　立命館大学　理工学部　建築都市デザイン学科

まちの内的秩序を描く──意図せずできた魅力的な空間から導く住まいの提案

プレゼンテーション　Presentation

私は公団住宅(日本住宅公団〈現・都市再生機構〉の供給した住宅)で暮らしている。ある日ふと、私を取り巻く無機質な都市環境は、住まうことに対する人の快楽を満たせる空間であるのか、疑問に感じた。計画都市とは対照的に、どこか魅力を感じさせる自然発生的にできた路地などの空間。私がこのような空間にひかれるのには、何か理由があるのだろうか。意図せずにできた街を観察し、美しく結晶している人間の知恵を学び、空間を構成するルールを導くことで、意図的に生成した、心地いいと感じられるスケール感を持った、新しい居住空間を提案する。

内的秩序を持った街並み

建築家の芦原義信は著書『街並みの美学』において、永年にわたって住民が互いに、暗黙の内に守っている決まりごとによって自然発生的にできた街を「内的秩序の街」と呼んだ(図01)。自らがつくり出した街並みではなく、他から与えられた公団住宅のような社会は、日々、無機質な都市環境へと進んでいく。内的秩序を持った街は内外の空間秩序を流動させて、計画的に前述のような住民の近隣意識をうまく醸成させていた。一見すると、異なる内的秩序を持った地区から構成された都市をさまざまな視点から分析し、共通の要素を取り出すことで、人間が心地いいと感じられるスケール感を持った住宅を意図して作ることはできないだろうか。

内的秩序を持った街並みのスケッチ

チステルニーノ(イタリア)、サントリーニ島(ギリシャ)、ラグーザ(イタリア)、京都、宿根木(新潟県)。自然発生的にできた魅力的な5つの街並みを、スケッチを通して観察する。
●スケッチの手法と要素の抽出
①どこか魅力に感じる空間に対し、
②スケッチを通して私の街の見方を深める。なぜ魅力的に感じるのかを学び、
③さらに私の中に蓄積した街の魅力をいろいろな場で適用可能とするため、単純化し要素として表す。
④リサーチした街の特徴から抽出した34の要素を取り出し、近景から遠景までのさまざまなスケールで観察し、6項目に分類していく。
1)「図となる道」のルール(図02)
2)「通り抜け」のルール(図03)
3)「囲い込み」のルール(図04)
4)「テラス空間の共有」のルール(図05)
5)「多様な動線」のルール(図06)
6)「密度」のルール(図07)
●内的秩序の街を構成する要素とルール
仮定した近景から遠景までの6項目に分類し、複数の街並みの共通点を導き、13のルールを作成した。今回取り出した13のルールとさまざまな地形とを組み合わせることで、人間の心地いいと感じるスケール感を持った住空間を意図してつくることはできないだろうか。

対象敷地

現代の日本において、内的秩序の空間を新たに構築するのに最適な場所を探すための調査を行なった結果、永年にわたる特殊な地形操作、海への眺望などから魅力ある石積みの段畑と内的秩序の街の特殊地形とに共通点を見出した。どの敷地に対しても13のルールは適用可能とするが、今回のルール適用のケーススタディとして、人々の営みが形造った景観美、愛媛県宇和島市の「遊子水荷浦の段畑」を選定した。

設計プロセスと13のルール

①凄まじい労力をかけてできた特殊な地形に対し、
②居住のスケール(規模)に合わせて石積みを掘り下げ、奥へと居住空間を広げる。
③居住空間を上へと広げ、主要な道、上下動線、広々とした中庭ができ、
④新たにL字型の擁壁ができ、取り囲まれた狭い中庭や路地、空中動線ができる。
⑤屋根が架かり、心地よいスカイライン(輪郭)を形成し、1棟の大きな建築のような都市に見える。

空間構成

●Site-A：北東　住居5棟エリア(図08)
ここでは4つのルールがちりばめられている(図09)。
2)「通り抜け」のルール：住居が道にまたがってトンネル状になっている。海と山が切り取る景色。海に抜ける、どこかわくわくする通り抜け。
3)「囲い込み」のルール：隠れ家のような裏庭。3方向を取り囲まれた裏庭。空しか見えない、少し落ち着いた空間で、人々は本を読むなど思い思いに過ごす。
6)「密度」のルール：眼下に広がる重なり合う屋根。展望台から集落を眺める。眼下に広がるさまざまな勾配の屋根が一面に広がり、太陽でキラキラと光る。
●Site-B：北西　住居4棟 ＋ ゲストハウス1棟(図10)
ここでは5つのルールが適用されている(図11)。
4)「テラス空間の共有」のルール：海を独り占めするテラス。階下の住居の屋根が屋上テラスとなる。少し取り囲まれた自分だけの空間で海を独り占め。
5)「多様な動線」のルール：眼下に海が広がる階段。高台から俯瞰する海の見える街。景色を俯瞰できるように、海へとまっすぐに抜ける勾配10度の階段。
●Site-C：南東　住居3棟 ＋ ゲストハウス1棟(図12)
ここでは4つのルールが適用されている(図13)。
6)「密度」のルール：1棟の大きい建築のような集落。船着き場から集落を眺める。同じ手法の建築が増えていくことで使われなくなった急斜面の段畑に1棟の大きい建築のような集落景観が広がる。

内的秩序をもった街並みの分析で得たルールから住空間を新たに構築することで、現代人が失いがちな「住まうことの快楽」を再発見することを期待し、このルールが意図して内的秩序をもった空間をつくる手引きとなることを願う。

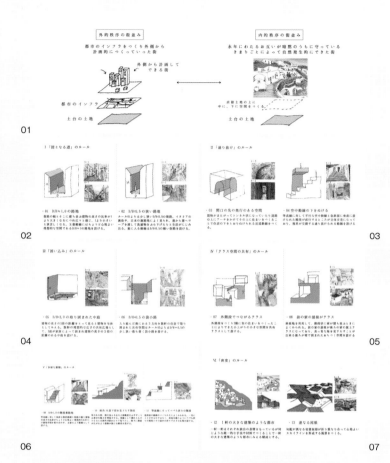

01
02
03
04
05
06
07

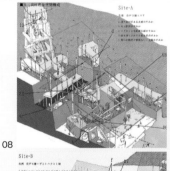

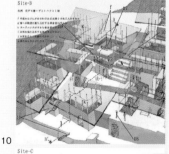

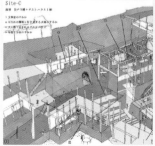

08
09
10
11
12
13

乾：建築設計の手法論として、かなり完成度が高い作品です。一般的に分析から得たパタン（型）を統合するのに苦労することが多いのですが、ここでは地形の力を使っているのが特徴です。ある種、地形に頼っていると言っていいかもしれません。そこで問われるのが、なぜこの地形の場所に、これだけの人数が住まなければいけないのか、という根拠です。それを説明できないと、もしかしたら過疎かもしれない場所が、この設計手法論のためだけに選定されたように見えてしまう。ここに、これだけの人が住む理由や可能性を補足説明していただけますか。

中野（089）：愛媛県宇和島市の「遊子水荷浦の段畑」は、地方としてはアクセス条件が比較的いい地域です。豊かな自然に恵まれている上に、農作物の生産量や漁獲量が多いなど、街のポテンシャル（潜在力）が比較的高いため、移住する人たちも増えてきています。移住に市が協力しているので、そういった背景も含めて、体験型施設という提案をしています。

本江（進行）：伸び代のある土地だということですね。

藤原：設定した目的は十二分に実現できていると思います。ところで、最初の目的として「住まうことの快楽」と書いていましたが、それは、結果的には何だったのですか？

中野（089）：「住まうことの快楽」とは……。私は既成の大きなマンションなどに住まうことよりも、自然発生的にできた路地の空間や、斜面地にでき上がっている集落などに魅力を感じていて……。

藤原：それはわかる。今回、魅力を感じる空間を調べていって秩序化した結果、その「住まうことの快楽」を与えているものは何だと思いましたか？

中野（089）：ここで示した13のルールと、その空間の適用という形で、海へ視界が抜ける階段など……。今回は、普段、何気なく見ているものをルール化していくことで、それを空間構成の設計として表現したいと思って設計しました。

吉村：僕もこれは、建築設計の手法論としてはよくできていると思います。空間的な言語のパッケージの組合せを試行錯誤していますが、一方で、材料や構法など、空間構成以外の建築要素を捨ててしまっているとも言える。この場所で建築を設計する時に、本当にそれでいいのか。この場所に伝統的な構法はないのか、この場所でだけ採れる材料はないのか。それについてはどうでしょうか？

中野（089）：具体的な敷地とこの手法の兼ね合い、というのは、今回の卒業設計をさらに発展させていく上では、パタンをさらに……。13のルールに特殊な地形を掛け合わせたら、空間的な魅力がさらに増すと思いました。敷地のある街自体も内的秩序を持っていると思うので、今回は13のルールを敷地にシンプルに適用しています。

吉村：敷地選定とルールのどちらが先だったのですか？　この手法で設計するなら、全く凡庸な敷地もあり得る気がします。それこそ、団地でこの手法を使うと、どう団地的ではないものに改変できるのか、というストーリーもあったと思いますが？

中野（089）：敷地が後です。今回は、ルールを適用するのに最適な地形を見つけて、その地形にルールを適用しています。

岡野：私もやはり「この土地だからこそ、この建築が生きてくるんだ」という具体的な説明を聞きたいと思っていました。敷地は後から選んだということですが、パタンとして作成した34個の空間から選んで、具体的に敷地に組み合わせていく時に、「この土地だからこういう選択」と言える場所性も反映すると、もっと建築と土地との関係性が生まれてきて、さらに良くなるのではないでしょうか。ですから、単に「景観のいい敷地を選んだ」「高低差のある急傾斜の地形を選んだ」ではなく、「ここだからこそ良くなる」という理由を説明できると、より強い、いい提案になったと思います。

中野（089）：ありがとうございます。この卒業設計を通して、同様の意見を多数もらいました。今回は13のルールから設計のパタンを出すだけに留まってしまったので、それぞれの土地の自然環境や気候など、多くの要素を13のルールと掛け合わせていくことで、さらにこの案を発展していければいいと思います。

藤原：いやいや、もう少し考えたほうがいい（笑）。今回は、外的秩序と内的秩序があり、内的秩序を追求していった結果、このルールができた。しかし、さらに、この内的秩序から考えていった結果、「その外側とは、一体、何なのか」という問いに最終的な答えを出せれば、それこそが大きな成果だと思います。「海があるから海に向かって開く」などの設計操作は、外側から考えたら簡単で、誰にでもできる。この提案は、集落の中に存在する内的問題に構造的な仕組みがある、と考えている点が、おもしろいと思うのです。この提案の中で外側の問題を扱わなかったからといって、外側の問題を照射できていないとは言えない。この中に答えがあるかもしれないから、もう少し考えたほうがいいんじゃないかな。

所有と脚色

プレゼンテーション　Presentation

私は暮らしの空間について再考しました。我々現代人は物を所有することによって暮らしを形成し、また、所有することによって逆に暮らしを規定されているようなところもあります。そういったところから、私たちの人格というものは、所有物に全写像（すべて変換）されると言えます（図01）。
私はここで机という家具に注目しました。大きな机というものは、私たちに行動を規定せず、自由に使うことを許します。先に箱を準備してその中に家具を配置するのではなく、この机を中心に自分の所有物を配置することによって、暮らしの場をつくることを考えました（図02）。

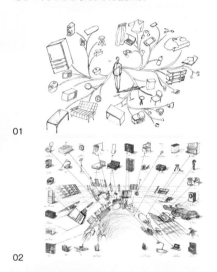

01

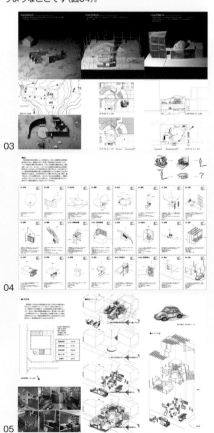

02

スタディと脚色

スタディを重ね（図03）、私は所有物に対して建築的にささやかな操作──「脚色」と呼びます──を加えることによって、物の「物性」というものがより強まる方法を考えました。たとえば、ベッドに天蓋を掛けることによって、ベッドの神秘性が増し、ベッドの本来あるべき姿を取り戻す（図04の07）、というようなことです（図04）。

03

04

05

最終案：I邸

最終案として、知人の父親を施主と見立てて、施主の両親が所有物を伴って引っ越してくるという状況に対して、建替え計画案を考えました。
施主はフォルクスワーゲンの自動車、初代ビートルを愛用していたり、ミニカーのコレクションが多かったり、そのような物に対する愛着が強い人なので、今回の施主として選びました（図05）。

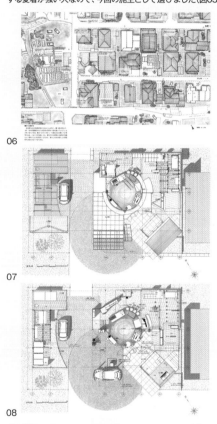

06

07

08

●平面図：1階（図08）、2階（図07）

敷地は、滋賀県栗東市です。このように物を先に、三々五々に配置して脚色を加えることによって、こうしたよくある住宅街にも実は存在していた近隣住民の関係性というものを、より活性化できるのではないかと考えました（図06）。
この設計操作は、大きいスケール（規模）で見た時に、都市計画による区画整理が行なわれ画一化された敷地が与えられる、という行政によるトップダウン的な暮らしの形成方法をブレイク（打破）することができるのではないかと考えました。円卓を上から見た絵です（本書25ページ参照）。

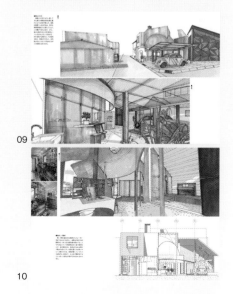

09

10

●断面パース

円卓との関係性によって、それぞれの物の円卓からの距離が決まります。水平方向の距離だけではなくて、高さに変化をつけることでも距離は変わり、距離感が強調されます。
外観です（図09）。
ピアノの置いてあるスペースの手前の可動壁を開けることで空間の様子は一変し、大きな円卓によって物＝所有物は動かないので、そこに場が生まれる、というように、物と建築が動産と不動産の境界を自由に超えていきます（図10）。
円卓を上から見た様子です（図11）。施主のお気に入りのHTH（フォーティーフォー）の赤いキッチン・セットです（図12）。このように、施主の所有物を寿命という面から見ると、初代ビートルの自動車は世代をわたり他人から引き継がれて愛用されている一方で、ベッドなどは住替えによって、どんどん入れ替わっていたりする。建築的操作にも、そういう施主の所有物ごとの多様な寿命に応じて、変化を加えています（図13-14）。

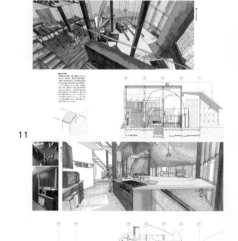

11

12

13

14

エピローグ

最後に、物のありようの解釈は、解釈する人の数だけあるから、所有者以外の人による、外から見た物のありようの解釈がおもしろいのではないかと考えました。このように物を脚色化することで空間を生み出すという建築操作が、たとえば、隣で行なわれた時、初代ビートルを街のみんなで鑑賞できたり、庭の手入れが好きな人の庭の前で井戸端会議をしたり、工具が好きな人のところでちょっと木を切ってみたり、といった住民の動きが街全体に広がることによって、画一化された住宅街のイメージを超えていけるのではないかと考えました。

藤原：物から設計を始めているから、断片化されている全体をどう扱うかという状況が生じます。外形や構造的な問題、構造計画などの面では、どのように全体を統合しようとしているのですか？　あるいは統合しようとしていないのか？　それについて、説明を補足できますか？

北垣(114)：構造的な統合という意味では……。物の関係性は円卓を中心につくっているのですが、建築的な構造計画としては、たとえば、グリッド(格子)状にH鋼の構造柱を並べることによって、容易に屋根面に操作を加えられる、ということは考えています。回答になっているか、わかりませんけれど。

藤原：たとえば、倉庫をメタファ(隠喩)にした、など、全体をまとめていく上で、構造的に考えていたことはありますか？　鉄骨造でトラス構造体があって、何だか倉庫のような構築物を解体していく途中のようにも見える。でもそうではなく、配置した物の周りに構造柱が立っていって、結果的にこういう全体像になっていくのか。どのようにして、この継ぎはぎされたような全体が生まれてくるのでしょうか？

北垣(114)：敷地にまず円卓を置いて、先に、円卓との関係性をもとに物を並べてしまって、次に、湯船には小型傘がほしい、ここは上から操作がほしい、などが決まっていき、それを何とか建築にまとめるように手を加え続けていったら、このような形になった、ということです。

乾：集まっている物には普通のものが多いことに、何か意図はありますか？　全体的に核家族らしい物ばかりです。対して「都市開発をブレイクスルー(打破)する」というテーマも掲げていますが、関係がどこにあるのか見えにくい気がします。「住民がみんなで工具を使う」という説明もありましたが、この提案には都市レベルで、どういう意味がありそうかということについて、もう少し説明を補強してもらえますか？

北垣(114)：都市レベルでは、あまり考えていませんでした。住宅のあるべき姿についてずっと考えていて、僕の中では戸建住宅という形式が先にありました。人にはそれぞれ個性があり多様なのに、誰もが同じようなnLDK形式の住宅に住んでいる。住み手にはうまく住みこなす力があるのに、住み手の個性がうまく住空間として反映されていないことに疑問を感じ、その問題を何とか解決したいと思いました。
先に住み手の所有物を並べて、それに脚色、建築の操作を加えていく、という順序で設計する方法に可能性があるのではないか、と考える中で、一旦、客観的に見直した時、ふと、「この手法で設計すれば、もしかしたら、物の所有者以外の人から見ても、おもしろい住空間が生み出せるかもしれない」と思いました。プレゼンテーション(以下、プレゼン)の最後の説明は、都市的な効果と言うより、外から見ても価値のある住空間を生み出せるのではないか、という意味です。

乾：住宅の場合、やはり、提案する住宅は、ある種の普遍解として見える必要があると思います。要するに、「特殊な住宅が1戸だけニュータウンにできた」というだけではなくて、これと似たような構造をもつ住宅が増えていった時に、この街にどういうことが起こるのか、ということまで説明したほうがいい。それについて、何か考えていることがあるなら教えてください。

北垣(114)：たとえば、敷地境界です。外構計画の際に隅切りをすると敷地境界が見えてきますが、大抵の住宅地では、各住戸は、庭を少しだけ飾って、それぞれのブロック(敷地境界内)ごとに並んでいる。僕の地元の滋賀県には、

そういう住宅地がすごく多くて、その様子が都市として全然おもしろくないと思っていました。今回の物を中心とした手法で設計すれば、自動車が前に出てきたり、庭が前に出てきたり、家の前で工具作業をしたりなど、敷地境界がなくなっていくだろう、ということは考えました。

吉村：『地球家族』(マテリアルワールド・プロジェクト著、TOTO出版刊、1994年)という本があります。家の前に家の中の荷物を全部、引きずり出して、一旦、出した物にもう1回、殻(置き場所)を与えていくといった内容です。この本同様、提案の物語としての筋道はすごくおもしろいけれど、今、日本では所有の欲や所有という概念がかなり薄れています。サブスクリプション方式[*1]でいいとか、シェア(共用)すればいいとか……。所有の欲望が薄れつつある世の中において、このように持っている物を手がかりに設計するということが、どういう意味を持っているのか、説明できますか？

北垣(114)：個人的に、僕にはメガネや本など、愛している物があります。そういう愛用品の延長線上に建築空間のある世界があったらいいな、と思いました。たとえば、外国製の自動車を「外車」と呼ぶような日本人の感覚で、まわりの空間を所有できるようなところまで提案できる可能性があると思っています。人々の物への所有欲は薄れているかもしれませんが、なくなることはないと思っているので、そこに期待した提案です。

吉村：逆に、人々の物への所有欲が薄れつつあるからこそ、こうやって定着する必要がある、という言い方もできるような気はします。そういう可能性も少し感じていました。

岡野：素朴な疑問です。たとえば、自分が好きな人形や自動車など、いろいろな物があっても、それを家の外に表出させたくない、家の外側に可視化させたくない人もいます。住宅は住み手の身を守ってくれる、ある種のシェルターでもあるので、このようにみんなの所有物を可視化させる街というのは、住民にとって本当に居心地のいいものなのでしょうか？　可視化したくない人にとってはどうなんでしょう？

北垣(114)：特に「開放したい」「開放してしまえ」という意図はありませんでした。けれど、今ある戸建て住宅は、僕の建築の操作で見ると、あまりにも強過ぎるところがあり、それほど操作する必要はないのではないかと考えて操作したため、少し開放的に見えるのだと思います。衣類を掛けるなど、物を使って閉じたければ閉じられるので、それも物の配置や物のありようとしてあるのではないか、と思っています。

小田原：プレゼンの中で、脚色というのは建築的には非常にささやかな手法であると説明していました。私は建築に明るくないのですが、集約するような強い建築に対しての反骨心のようなものを感じる一方で、愛着というものに対して「欲望の形」をかなり強く設定しているように思いました。そこは自覚的に考えているのですか？

北垣(114)：もともと施主の物への愛着が強いのですが、僕もそういう感情は好きなので、共鳴して、愛着が強く見える案になっていると思います。

編註
＊1　サブスクリプション方式：定額料金を支払って、コンテンツやサービスなどの商品を「所有」ではなく、一定期間「利用」するビジネスモデル。

181 斎藤 拓 + 佐藤 雅宏 + 高橋 亮太 Taku Saito + Masahiro Sato + Ryota Takahashi 早稲田大学 創造理工学部 建築学科 (オンライン参加)

縁環形態考──環筑波山文化圏の再編計画

プレゼンテーション Presentation

私たちは、山麓の集落群をつなぎ、存続させる新しい地域形態「縁環」を計画しました。人口減少、郊外の縮退の中で、山麓の集落は取り残され、将来の存続が危ぶまれます。そこで、都市と郊外のヒエラルキー(階層構造)に対し、集落群を水平方向につなぎ、自立して存続させる地域形態「縁環」を提案します。

調査と分析
首都圏の地図上に、人口密度の分布図と、主な山の山頂を描写します。都心から郊外に向かって次第に市街地は縮小し、山際に受け止められる形で小さな集落群が散在します。私たちは、こうした山麓のネックレス状に連なる集落群を「縁環」と名付けました(図01-02)。

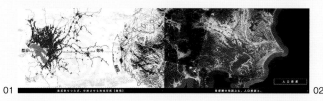

計画対象地
この中から、計画対象地として筑波山麓の3集落を選定しました。ここには筑波山への山岳信仰を基礎とした歴史的圏域、環筑波山文化圏があります(図03)。この地域では、古くから筑波山自体が御神体とされ、狭い地域に原始、古代からの遺跡が密集する圏域です(図04)。茨城県のつくば市では、こうした歴史的な山麓の集落と、研究学園都市との間に分断が生じ、さらに、集落群は人口減少を背景に存続の危機にあります。

提案
問題の解決のため、2つの提案をします。
●提案①:地域循環
集落に農業補助拠点とその紐帯をつくります。まず、各集落に農生産の工程を分担する拠点を置き(図05)、筑波鉄道の線路跡に、単軌条運搬機を設置して結びます(図06)。これらは地域循環を生み、農業従事者が減少する中、農生産を地域の風景として根付かせる装置となります。

●提案②:多気山の統合建築(図07)
歴史的な「筑波」に研究都市「つくば」のエネルギーをぶつけ、統合します(図08)。多気山は筑波山に正対し、3集落を俯瞰する位置にあります(図09)。研究都市「つくば」からの研究者の動線と、歴史的な「筑波」の3集落を結ぶ運搬機の軌道が、多気山で衝突します(図10)。2つの動線を受け止める研究所や整備所と、新旧2つの筑波を統合する修験道の場が、三つ巴に絡み合う場を設計しました。

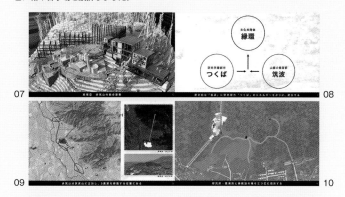

①研究所:
研究都市「つくば」の延長です。食糧と競合する従来のバイオエタノールに対し、稲藁、間伐材など廃棄物を原料とする第2世代のバイオエタノールを生産する研究を行ないます。研究所は、新たな製造法を模索する実験室と、工業的な製造の実証実験を行なう製造所によって構成されています。外部と内部を明確に分け、機能性を重視した人工的な空間として設計しました(図11-14)。

②整備所:
歴史的な「筑波」の空間です。3集落をつなぐ単軌条運搬機の整備所が地域循環をバックアップします(図15-16)。筑波山に向かって細く伸びる軸を表現し(図17)、集落の外側の自然と内側の工場が交じり合う、中間領域として設計しました(図18)。

研究都市「つくば」と歴史的な「筑波」の空間は、整備所が稲藁などの原料を研究所に運搬し、研究所がバイオエタノール燃料を整備所に供給することで機能的に接続します。

③修験道の場:
しかし、新旧筑波の統合には精神的な融合も必要です。多気山は歴史的に神域と俗世の境界でした。ここでかつて行なわれた修験道の場を復活し、新旧筑波の人々がともに険しい地形を登ります。崖の会所では、山上から地域を客観視し、今後の地域運営を話し合います。俗世を離れ、体験を共有し、新旧筑波が精神的に統合されます(図19-20)。

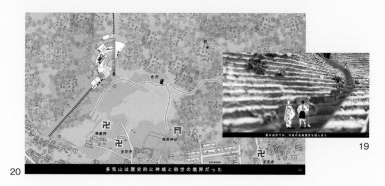

地域循環と統合建築により、歴史的な「筑波」は研究都市「つくば」の新しいエネルギーを取り込み、「縁環」として統合されます。

藤原：都市計画として非常に関心がありました。質問はまず、なぜ、1地域に1個の建築という計画にしたのか？
また、「地域形態」と説明していたけれど、むしろ、グローバルな形態に見える。「地域形態」が、この計画で、具体的にどう反映されているのかを教えてください。

斎藤(181)：まず1つめ、1地域に1つの建築を作った理由です。農業の生産拠点をバラバラに3つ配置するという意味があり、存続の厳しい集落同士を動線でつなぐことで、互いに補い合うことを計画のコンセプトとしています。そのために3つの集落が、それぞれの地域の農業生産拠点の役割を担うことで、地域全体の農業を成り立たせることに計画の意味があります。
また、農業生産者が減少する中で、本計画ではスマート農業*¹を取り入れることを考えていますが、それによって、地域の大部分を占める農地や生産の風景が消えてしまうことを危惧しています。そこで、こうした運搬機に作物を載せて地域内を巡ることで、農業の新しい風景をつくり出そうと考えています。
次に、「地域形態」については、以下の3つのコンセプトを考えています。
①生産拠点を3地域それぞれに置くということ。
②それをつなぐように経済紐帯という単軌条運搬機を使って結ぶこと。
③文化共同体という3地域の精神的な統合をめざす。
そういう意味で、「地域形態」という言葉を使っています。

小田原：精神的統合という提案について、もう少し説明してもらえますか？
斎藤(181)：この提案の前提として、もともと、この地域に地域循環をつくって、村の中の生産物を循環させるという、筑波の土地に根差す人たちのための計画がありました。そこに、筑波山の近くにある研究学園都市のもつエネルギーも計画に加えて活用しようというアイディアが生まれました。もともと筑波に住んでいた人たちと、研究都市にいる人たちとは、性質が全然違う人たちだと思うので、たとえば、修験道や、古くからの地域文化などの体験を共有していくことで、両者が精神的に結び付くことを「縁環」と呼んでいます。筑波山周辺に住む人たちは、同じ文化共同体の中にいるという気持ちを持つことが必要なのではないかと考えます。

小田原：具体的には、スライドにあった集合所のようなものを作る、といったことですか？
斎藤(181)：会所です。
小田原：みんなで一緒に歩いて、会所まで上がっていく？　そういう共通の体験を共有する、ということなのですね？
斎藤(181)：はい。
小田原：みんなで同じものを見て経験するという活動は、一見すると、いい話のようにも聞こえますけれど、私には「精神的統合」という言葉がすごく暴力的なものに聞こえてしまいます。その活動への参加を拒否することもできるのですか？　登っていく以外に、そういう個々の選択肢をどれぐらいデザインしているのかが気になります。
斎藤(181)：この「修験道の道」と呼んでいるものを使うのは、地域の代表者や研究所の代表者など、各地区を代表する人たちです。彼らが登って、会所で祀りごとや、地域の運営を話し合っていくということで、地域の全員が登らなければいけない、という話ではありません。

岡野：外から訪れる人たちも、修験道の場に行けるのですか？
斎藤(181)：研究所の側からも行けるルートが整備されています。
岡野：では、この地域に住んでいる人以外も、ここを訪れる、という想定ですか？
斎藤(181)：はい。

岡野：その祈りの場には、宗教建築的な要素も取り入れられているような気がしました。たとえば、同じ宗教を信仰する人たちが集まって、宗教性を感じられるような場のつくり方がありますが、この共通の祈りの空間は、どのように考えた建築になっているのでしょうか？
斎藤(181)：宗教性については、大きな礼拝堂のような内部空間があって、そこに集まった人々の共同性を育むというよりは、自然の中に出て道を歩くことで、参加者の共同性が芽生えるという考え方です。建築自体の中の体験というよりは、建築を含めた周辺環境全体の道としての体験です。宗教性を帯びた場にするというより、共通の体験をしていくことを想定しています。

編註
*1　スマート農業：ロボット技術や情報通信技術(ICT)を活用して、省力化や精密化、高品質生産の実現などを推進した、新しい形態の農業のこと。

道草譚──小学校通学路における100の遊び場

プレゼンテーション　Presentation

背景

小学校時代、子供たちは地域を遊び回ることで多様な体験をし、地域と関わる機会を得ているため、街の中の遊び場は子供にとって重要な環境です。しかし、現在の街には遊び場が少なく、子供の自由な行動を許容できていません。そこで、本提案では、子供と地域の接点となる小学校の通学路に着目し、道草遊びができる空間を設計することで、子供が自由に遊び回れる街の提案をします（図01）。

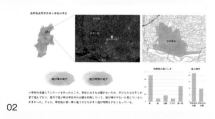

小学校時代、子ども達は街を遊び回ることで手軽な体験をして、自分の街をより地域と関わる機会を得ている。
地域と子どもが接することは、街への愛着を育む大切な機会であり、その遊び場は重要な環境である。

しかし、近年空き地や自然空間などの子どもの遊び場が減少し。
地域の増加により親の見守りの力の高まりにより、子どもが街を自由に遊び回ることが許されなくなりつつある。
そして子どもの生活が学習・学校へと限定され、街が子どもの生活する場ではなくなってきた。

01

敷地

長野市芹田小学校の学区を敷地候補の対象とし、調査を行ないました。小学校に通う児童にアンケート調査をしたところ、芹田学区には大きな公園がなく、多くの児童が家の中で遊び、屋外で遊ぶ時は学区外の公園を利用していて、彼らは遊び場が少ないと感じていることがわかりました。また、放課後に習い事に通う児童が多いため、遊び時間も少なくなっていました（図02）。

02

提案

放課後の遊び場が少なく、遊び時間も少ない子供たちのために、通学路に着目して、「下校時の道草」と「放課後の外遊び」の中間となる、短時間、少人数で成り立つ「道草遊び」の空間を提案します（図03）。

03

調査

「下校時空間」は街と直接関わることのできる空間であり、友だちとの身近な遊び時間でもあります。下校時の道草遊びの空間が街の中での新たな遊び場となり、地域全体における面的な遊び環境を設計します。

まず、下校路で設計するために、芹田小学校の5年生120人に、普段の遊び場、下校時の道草行動についてアンケート調査を行ないました。その際、周辺の環境や遊び場、お気に入りの道などとともに、手書きで下校路の地図を描いてもらいました（図04）。次に、アンケート結果から得られた120人分の下校路を1人ずつレイヤー（層）として重ねることにより、それぞれの下校路を通る人数を調べました。そして、下校人数が2～5人となる範囲から、設計する敷地を100個選定しました。

04

設計手法

●分類

調査結果の地図のように、子供たちの下校時の遊びを1つ1つ見つけていきました。これらの調査をもとに、遊びや道草をする時の子供の行動を書き出し、パタン（類型）ごとに分けました。次に、遊びの特徴や道草をする道の環境を分析したところ、道草の行動は、道の狭さや曲がり道などの道の特徴、塀や自然環境など道に付随する環境と関係があり、その環境に子供が遊び道具として使いやすい要素のあることがわかりました。そこから、子供が道草する環境の要素を「道草のきっかけ」としてまとめました。たとえば、塀やフェンスはジャンプする、座る、登るなどの遊び行動を促す形となっています（図05）。

●設計

選んだ敷地の特徴に合わせて、「道草のきっかけ」を用いて、道草遊びを促す空間を設計します。道草することで、子供たちは五感を使って自分の記憶の中にマップ（地図）を作っていきます。その中でいつもとの違いに気づいたり、あるいは、「この先は危ない」というような感覚も養われていったりします。よって、これらの要素と子供のスケール（寸法体系）を用いて、子供たちが実際に身体を動かし、感覚を使うことで、遊び場と認識できるような提案とします。

●100の遊び場

子供の行動と敷地の特徴をパタン分けしていきました。それをまとめたパース（透視図）の、赤い部分が設計したところです（図06-09）。いくつか例を紹介します。

友だちと別れて1人になる通学路の分岐点や、子供たちが見つけた抜け道などを敷地として、閉鎖的なイメージとなっている塀やフェンスなどが子供たちのたまり場となるように作っていきました。子供たちが描いたマップをもとに、遊び場を加えた通学路全体のマップを作成しました。

この提案によって、通学路が生活の場として充実し、さまざまな場所が遊び場として認識されることで、子供たちが自由に遊び回れる、生き生きとした街となることをめざしました。

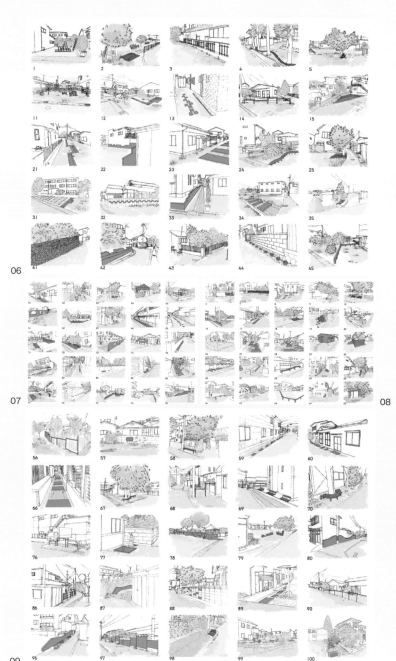

05

06

07

08

09

質疑応答　Q&A

乾：簡単な質問です。子供たちへのアンケート調査結果によって、今すでに、ある程度、遊び場として認識されている空間があることがわかった。それに対して追加したのですか？　たとえば、今すでに20個ぐらいあって、それを100に増やしたのでしょうか。その辺が読み取れないので、前後関係をもう少し詳しく説明してください。

工藤（346）：アンケート調査では、放課後に一旦、家へ帰ってから公園などに集まって遊ぶような普段の遊びと、「帰宅路で石を蹴りながら家に帰る」などの道草行動について調べました。その道草と普段の遊びの中間となる空間をつくりたかったので、遊び場としては新たに100個作りました。

藤原：遊びに着目する上で、道草だけに焦点を絞った理由があれば、教えてください。

工藤（346）：街の中に遊び場のないことが、問題となっていると思ったので、通学路で道草をしたりして遊びながら帰る、という……。今の状況では、道草をしたり、寄り道をしたりして帰ってはいけない、という決まりがあって、子供は道草ができない。そうではなくて、街全体で道草遊びが許容されるようになればいいと思って作りました。

吉村：100個の中で1番大きいものは、どれですか？　それは、どんな遊び場ですか？

工藤（346）：大きいもの……？

吉村：実現しにくいものでもいいです。

工藤（346）：全部、些細な提案としているので、ええと……。図08の中の50番（図10参照）は、もともとある古い小屋などが子供たちの秘密基地になったらいい、と思って設計しました。

50　　　　　　　　　10

吉村：そのささやかさが良さではあるのだけれど、こんな図面や模型にまとめるのではなくて、何なら都市の中で実現してしまえばいいのではないか、というぐらいの規模です。それを、あえて計画として提出する意味は何だろう？と疑問に感じてしまった。
既存の物をそのまま読み替えてもいいような提案もあるし、子供の「場所を読み替える」力に期待している部分も感じる。場所にちょっとしたチューニング（調整）を施すことによって、子供たちの活動が変わるとしたら素敵なことだと思う。でも、そうだとしたら、実現すればいい！　いずれも実施できる規模の

提案ではないですか？　この模型を作る手間があったら、敷地に板を置いたほうが早い、ということ（笑）。

審査員一同：（笑）

工藤（346）：実際にできればいいと思って作ってはいますが、たとえば、実際には水路なども危ないからフェンスで囲われています。でも、子供たちはもともといろいろな場所を遊び場にできると思うので、そういうきっかけをつくれたらいいと思ったので……。

乾：先ほど、「道草は許されてない」という状況に対して、「許されるような場を作った」という説明があった。つまり、あなたの意識の中では、子供が自発的に遊んでも大人は許してくれない。だから、遊び空間としてのある程度の計画性が必要になる。そういうことを認識して、今これを提案している、ということなんですね？

工藤（346）：ああ、そうです。

乾：そうであれば、子供だとできない部分を説明したほうがいいと思います。提案には、子供にでもできそうなところもあるけれど、大人でなければできないところもあるでしょう？　その線引きがどこにあるのか、もう少し説明してください。

工藤（346）：家と家の間の塀とか……。

友渕（進行）：前へ出て模型を指しながら説明していいですよ。

工藤（346）：家と家の間の塀や水路などは、現在、大人の「子供にとって危ない」という認識によって管理されていますが、そういう部分を操作で変えていけたらいいと思っています。

藤原：吉村審査員が指摘したように、逆に、大きいもののほうが制度的な問題を超えられそうな気もするけれど、どうですか？　山とか森とか。たとえば、家と学校の間に森があったらショートカットに使う人がいそうじゃない？　小さいものにすることで、制度的な問題を超えられる理由が何かあれば教えてください。

工藤（346）：制度的な問題……。

藤原：大人に寄り道や道草と受け取られないために、ささやかな操作にこだわるの？

工藤（346）：そうですね。帰り道の途中で遊びながら帰れたらいいと思って作りました。

藤原：では、この帰り道自体が変わることに意味がある、ということ？

工藤（346）：そうです。

藤原：道だから、寄り道はしていないぞ、ということ？

工藤（346）：寄り道も含まれます。

藤原：ん？（苦笑）

工藤（346）：「遊びが寄り道」のようにとらえています。

藤原：何だか、わからなくなってきちゃった。

宮西 夏里武 Karibu Miyanishi　信州大学　工学部　建築学科

繕いを、編む──千曲川水害後1年目の街の修復風景の集積による失われた児童館の再建

プレゼンテーション　Presentation

敷地

私は2019年10月13日に発生した千曲川水害（台風19号による被害）の甚大な被害を受けた長野市長沼地区を対象に、失われた児童館の再建プロセスを提案いたします。災害当初、被災地に住みながら何もしようとしない自分自身への憤りがきっかけとなり、この設計を始めました。

気づき

ある日、友人に「ボランティアに行こう」と声をかけられました。実際に長沼地区に向かうと、水害の跡が残る公園や家の様子が目に飛び込み、言葉を失いました（図01）。しかし、よく目を凝らすと、壊れゆく街の中にも姿を残す火の見櫓の存在に気づきます。その印象的な風景は自分の中に強く記憶に残りました。

調査を続けると、長沼地区の4集落それぞれの中心地に火の見櫓が設置されていることに気づきました。また、ここには防災機能だけでなく、共同倉庫やゴミ捨て場、自転車置き場などが複合され、地域コミュニティの小さな拠点として、その姿が守られていることに気づきました（図02）。

現状と課題

水害により地区内唯一の児童館も浸水被害にあい、復旧の目途が未だ立たないという問題を抱えています。また、地区内の近隣公園も災害ごみに汚染されているため、封鎖されている状況が続きます。以上のことから、この地区にとって室内外の子供の居場所が失われているという課題が見えてきました（図03）。

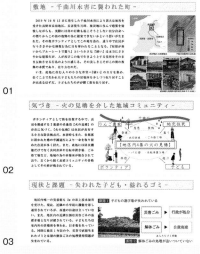

01

02

03

全体計画

そこで私は、街の復興速度と呼応した児童館の再建プロセスを提案します（図04）。

まず、再生期では街に点在する火の見櫓を活用した児童館の分館に、発展期ではそれに加え地区の中央に被災した公共施設の躯体を活用した本館の設計を行ないます。

●観察

その場その場を凌ぐのに必死で、でも生きるためにはそれが必要で。被災から1年が経った街を改めて観察すると、それ1つでは取るに足らない小さな「繕い」と、水害を経てなお残る「本体」の存在に気づくことができます（図04）。これらを注意深く観察し、集落ごと、要素ごとにまとめることで、住民と建築家である私が児童館を作る時に使える建材のメニューをつくりました（図05）。

05

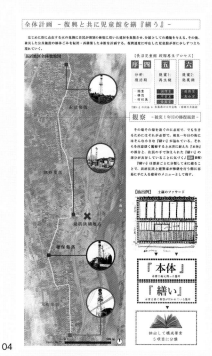

04

●手法：「繕い」と建築

「繕い」には住民の生きるための希望が反映されます。たとえば、住民は「雨を凌ぎたい」という根源的な欲求から「ビニルシートの屋根で覆う」という「繕い」を発生させます。同じように、失われた児童館のシーン（活用場面）をイメージし、住民の「繕い」がどのように反映できるか、トライアル・アンド・エラーを繰り返しながら組み合わせるという作業を続けました。また、リンゴ農家が大半を占めるこの地区にとって、軽トラックは「繕い」を集めるための貴重な輸送手段になると考えました（図06）。

06

提案

●再生期①：赤沼の火の見櫓×調理室

赤沼の火の見櫓は、リンゴ農地が周囲に広がる自然豊かな敷地にあります。公民館が隣接しているコンテクスト（敷地状況）を活かしながら、農家が子供たちにリンゴ料理を振る舞える共同キッチンを併設します。ビニルハウスを形作るスチールパイプは階段や屋根ともなり、子供たちを包みます（図07）。

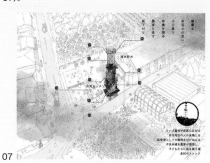

07

●再生期②：穂保の火の見櫓×学習室

穂保集落は蔵の街並みが残る情緒あふれる集落です。この火の見櫓には人が1人座れるほどのスペースがあるので、木材を床のスラブ（床材）として差し込み、学習室として再生することにしました。最上階には街を見下ろす展望台があります。既存のバス停を活かし、ボランティアで訪れた人と地元の子供たちが交流できる場所に再生します（図08）。

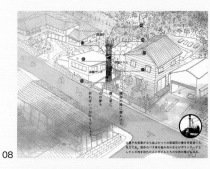

08

●再生期③：大町の火の見櫓×音楽室

大町は市街地に面する賑やかな集落です。集めた古材を用いて、音を奏でる木琴や風の音を聴くテラスを設け、音楽室として再生します。櫓に取り付けた「繕い」は、「繕い」のストックとして、再び災害が起きた際に、住居など個々の再生に使える材料になります（図09）。

09

●発展期：津野の火の見櫓、長沼体育館×児童館本館

火の見櫓と被災建築の躯体（構造体）を合わせた児童館の本館を設計します。最も被害が大きく、主要施設が集まる津野地区には、火の見櫓のように「本体」となる新たな躯体が必要だと考えました（図10）。そこで、被災後も手付かずの状態で残されている施設の躯体を再構築し、補助的にスラブ（床構造体）を加えることで、新たな地区の「本体」としての躯体を設計しました。

1階：土間空間で、建具のみで仕切られる集会室となります。
2階：躯体の骨格を活用した遊戯室を設けます。

敷地調査で集めた「繕い」を「本体」に取り付けることで、子供たちの遊べる小さなシーンが、連続的に生み出されます。被災躯体を活かした新たな構造体は、屋内外の仕切りが曖昧なので、住民と建築家の「繕い」次第で、屋外としても室内としても使えるようになります。

10

「繕う」ことで蘇る児童館。この児童館は水害に向き合い、ともに生きる長沼住民の希望の集積です。小さな「繕い」のかけらが街を巡り、集まることで、ここに住む人たちの希望の集積となることを信じています。

本江(進行)：修繕の繕を使って「繕う」という概念でまとめた作品です。昨年、2020年は各地で多くの水害がありました。また、宮城県でも2019年に丸森町で大きな水害の被害が出ていました。

乾：災害の被災地で「繕い」という手法によって建築が介入するのはおもしろいし、いいアイディアだと思います。実際に、被災地では、それぞれ自律的に、この「繕い」のような補修作業や活動に取り組む人たちもいます。そうした活動の延長線上に、このような公共的なスペースもつくっていこうという考え方はすごくいいと思って見ていました。
ただし、よくわからないのが、児童館本館の設計です。「繕い」と建築デザインを、どこまで関係させようとしているのか、という点です。児童館本館の平面計画で斜めの軸線を入れていますが(本書20ページ「平面計画」参照)、これはどういう意図なのですか？　軸線を何となく振るといったトップダウン的な操作をするより、もっと「繕い」としての切実さを追求したほうが良さそうにも見えます。

宮西(350)：鉄骨造の長沼体育館は(本書20ページ「『繕い』の適用スタディ」参照)、被災1年めにはこの状態ではなく、柱が被災して一部損壊した状態です。この設計では、一部損壊した柱を間引いて、上の屋根の部分だけ置いて、損壊していない残された駆体(構造体)だけでもう一度、新しい駆体を構築するという形で、最初の駆体を作っています。その時点では、そのまま体育館の形を残してもいいと思っていたのですが、それだけでは、なかなか自分では「繕い」の入る余地を見出せなかった。けれど、川に対して大きな開口を開けたり、軸線の角度を振ったりすることで、意図していなかった余白のような空間が生まれた。そのように、木材などで「繕い」たくなるような余白空間が生まれると思って角度を振りました。

吉村：今の乾審査員長の質問にも関係するかもしれませんが、これは、トップダウン的な設計方法ではなくて、ボトムアップ的で、その場にあるものを使って作るアドホック(暫定的)な設計方法の提案に思えます。今年も同様の手法の提案をたくさん見ましたが、その中でもこの提案は、設計手法として、有義的にアドホックな作り方をドライブ(運用)する、というだけではなくて、背景にきちんと街の観察があり、それをもとに組み立てられているから、すごく楽しげでありながら切実さも感じられる。
この櫓を見ていると、たとえば、祭の山車のように、街の1つのシンボルとして街の誇りが感じられて、そこに少しずつ住民の宝を貼り付けていけるような、すごくいい提案だと思います。それに比べると、模型の真ん中の大きい建物(児童館本館)は、少し、やり過ぎてしまったように見えます。作者本人としては、どうですか？　やはり、これを作らないと卒業できなかったのかな(笑)。本当は、むしろこちらを設計したかったのか？
審査員一同：(笑)
宮西(350)：本音を言うと、僕の出発点は火の見櫓だったのですが、僕には現実的に考える癖があって、火の見櫓はあくまで半屋外空間で、内部空間のある建築にはならないと思っていました。この地区の復興の計画では、今現在、トップダウン型の方式で、児童館の本館を建てるという1つの未来が決まっている。そこはもう揺るがないけれど、ただじっと児童館の本館ができるのを待つだけではなく、完成までの中継ぎとして、今、住民たちの中から生まれている小さな「繕い」のアイディアを取り入れた、街の中で中継ぎとしての役割を担う児童館のあり方があるのではないかと思って、このように火の見櫓を使った児童館の分館を提案しています。
この地域に住んでいる人たちはまだ、自分たちが「繕い」をしていること自体に誇りを持っていません。僕からしたら、「繕う」ことでもう1回建築を作り直す気概や、「繕う」こと自体が本当にすばらしい、すごいことだと思った。そのことを、この建築を通して伝え、住民たちに勇気と誇りを持ってほしいと思った。それを最終的に設計した児童館の本館で一番表したつもりなのです。けれど、確かに、暴力的というか、やり過ぎ感があり、少しリアリティが足りないことは自覚しています。

岡野：この櫓が作られることによって、被災したエリアの希望になり、被災者たちをすごく元気づけることは想像できました。
今の質疑応答の延長かもしれませんが、この児童館本館は、櫓とは違う方法で設計しているように見えます。児童館本館も、櫓のあるもう少し広い敷地を想定して、各櫓の作り方の延長線上で計画するという方法があったのではないでしょうか？　各櫓の中にもキッチンや子供の集まる場所をつくっていますし。そういうことは考えませんでしたか？
宮西(350)：櫓と児童館本館の関係性についてでしょうか。コンセプトをストレートに伝えるには、櫓に「繕い」が纏わることによって、1つの児童館本館が生まれる、というのが一番美しいストーリー(筋立て)だと思っていました。けれど、それをやり切れなかった。どこでも同じかもしれませんが、現在の日本の復興の形では、絶対、最後には建築が必要で、建築には内部空間があるべきだということになっている。火の見櫓には内部空間をつくり得ないと思ったので、そこが……。
設計手法で、定義しているのは、「本体」と「繕い」という関係です。小さな集落の単位で見た時の「繕い」では、「本体」が火の見櫓の駆体で、そこに「繕い」を当てはめていきました。最終的な児童館本館では、火の見櫓の代わりになる「本体」として新しい駆体を設計したつもりで、それが模型の赤い駆体の部分で……。
岡野：その児童館本館の駆体の部分で、火の見櫓の「繕い」的な方法を使って、住民も参加できそうな可能性を何か示せると、すごくリアリティが増したと思いました。

本江(進行)：積み上げていく中で、どうしてもきちんとした建物が必要な状況になってくると、建物を作らなければしようがない。でも、建物を作るとだんだん大きくなってしまう、という、まじめさが感じられました。建築において、コンセプトを明確に表現することと、リアリティをもってきちんと必要なプログラムを整えなければならない、ということの間には、常に葛藤があるものです。現地で被災して困っている人々の様子を見ていて、きちんとプログラムを整えねば、と思うことがあったのではないでしょうか。

森永 あみ　Ami Morinaga　芝浦工業大学　建築学部　建築学科

私の人生（家）──心理モデルとしての住宅と、その遡及的改修のセルフセラピー

プレゼンテーション　Presentation

私の人生において、ずっと関わってきた家族はとても大切で、時に憎い存在だった。そして、そう思う自分が何よりも嫌いである。この過去の家族と私の関係を解消し、自分を好きになる。そんな卒業設計である。

background　生い立ち
幼少期、父の転勤により街を移動してきた。その後、友だちのいた団地、アパート辺りが壊され、周辺地域が変化し続けてきた。転勤族であった私は、関わる人が変化してきた（図01）。

01

problem　問題：自分を嫌い
このように育った私は、他者が思っている私と、自分が思っている私に大きなズレが生じている。この原因には、自分で過去の出来事を現在に引きずってしまっていることが挙げられる（図02）。

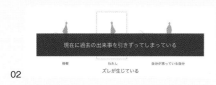
02

hipothesis　仮説
「部屋は人の心理状態を表す」という言葉があるが、これは住宅にも言えることである。住宅を見れば、性格、習慣がわかるということではないだろうか。つまり、住宅は個人個人の心理モデルを表していると言える（図03-06）。よって、私は最も長く住んでいる現在の自邸を敷地として選定する。

03　　　　04

05　　　　06

analysis　分析
自分と向き合うための3つの分析を行なう。
①人生曲線：谷の部分の出来事が自己嫌悪の原因である（図07）。
②場所と思い出の関係性：周辺地域の思い出を分析した（図08）。
③自邸の思い出分析：部屋や部材には家族の思い出が多く存在することがわかる（図09）。

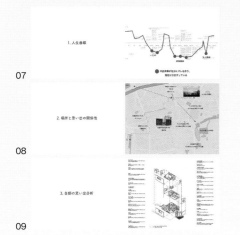
07

08

09

design process　人間関係に応じて自邸を改修する
その時々の人間関係に応じて自邸を改修する。最も大きなしこりを生み出している年代を対象とする。改修は10個の操作を行なう。
①家出少女の滑り台：家出をするようになった私の部屋と外をつなぐ滑り台を設置する（図10）。
②突き出し：引きこもりをする時期に、半ば半強制的に自然に触れさせる（図11）。
③次兄の専用玄関：次兄のために、外部からの専用階段、専用玄関が存在する（図12）。
④長兄部屋への直通階段：（図13）
⑤母の趣味空間の延長：母の趣味は料理とガーデニング。ガーデニング領域を広げ、自分だけの空間で心を落ち着かせる（図14）。
⑥次兄から逃れる：（図15）
⑦父の家族化：父が「これを見ると家に戻った実感がわく」と言う紅葉の木の望める開口部を父の部屋に作る（図16）。
⑧家族をつなぐ母の料理：家の中心にあるキッチンから母の料理する匂いや音が家全体に広がり、家族を和ませる（図17）。
⑨現実逃避を行なう大屋根：雨を見ることの好きな私は、家族の仲介役の私が家内で疲れないように雨と触れ合う空間をつくる（図18）。
⑩外部とつながる：父が転勤、長兄が社会人となり家を出て行く。母、次兄、私の3人暮らしが始まり、家族とのつながり、外部とのつながりを増やし、ほどよい距離感をつくる（図19）。

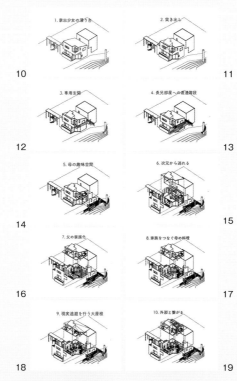
1. 家出少女の滑り台　　2. 突き出し
10　　　　11
3. 専用玄関　　4. 長兄部屋への直通階段
12　　　　13
5. 母の趣味空間　　6. 次兄から逃れる
14　　　　15
7. 父の家族化　　8. 家族をつなぐ母の料理
16　　　　17
9. 現実逃避を行なう大屋根　　10. 外部と繋がる
18　　　　19

Scene　シーン（場面）
青が既存部分、赤が変化した部分を表す（本書12〜13ページ参照）。
1階平面図：玄関以外のアプローチが生まれ、これまで使われていたドアがそれぞれ、父専用、母専用のドアとして使われるようになる（図20-21）。
2階平面図：窓がドアの役割を兼ね、外部へのアプローチが生まれる（図22-23）。

20　　　　21
22　　　　23

断面パース（透視図）：母の料理する匂いや音で、1階と次兄の部屋がつながる。また、家族の思い出のある共有の景色が生まれる。父に家族としての認識が生まれる。私の部屋で私は、思い出のクロス材やフェレットの思い出に包まれながら生活を送る。かつての長兄の部屋が空とつながる。同じ家にいながらも、家族それぞれに自分の空間を持つことがほどよい距離感をつくる（図24-28）。

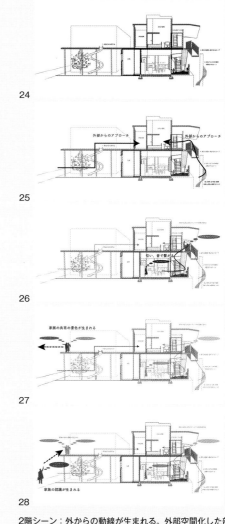
24
25
26
27
28

2階シーン：外からの動線が生まれる。外部空間化した部屋の窓枠を残し、窓枠は長兄と次兄の部屋の記憶をベランダに留める役割をする（図29）。
1階シーン：内部からの母の料理する音と匂いが1階と2階をつなぎ、かつての押入れが1階と静かにつながる場所となる（図30）。
外部：外部のみがつながり、自邸の領域が延長される。母のいる空間が家族をつなぐ（図31）。

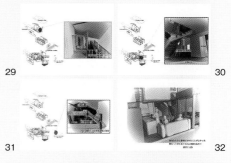
29　　　　30
31　　　　32

自分と向かい合える機会があって、あなたたちと家族になれて良かった。関わってきたすべての人に感謝を込めて。2021年1月29日（図32）。

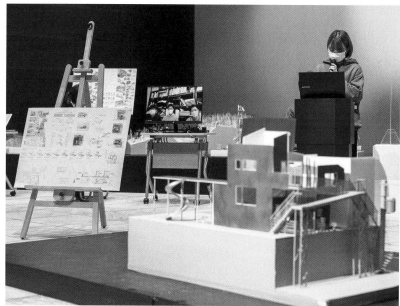

藤原：この設計プロセスは、自問自答によるものですか？　それとも家族との対話があったのですか？

森永（352）：実際に、母などと「こういう出来事があったね」という話はしましたが、「その部分に対してこうしようと思っている」というような話は全くしていません。「母に思っていることを伝えられていない自分」がいるので、完成したものを見せることで、この作品を通して、それをうまく伝えられたらいいと思っています。

藤原：他の家族とは話していない？

森永（352）：一番しこりがあった次兄とは話しましたけれど、離れて暮らしている父や長兄とは話せず……。でも、こういう卒業設計をやろうと思っている、ということは伝えました。

吉村：この作品をどういう提案として見ればいいのか、まだ理解し切れていないところがある。できたものはすごくおもしろいし、自邸を箱庭療法の砂箱のような位置づけで使う、という方法は、十分にあり得そうだと思う。実際に、トラウマの治療などに使えそうだ、というように、一種の手法として理解できるところはある。
自分の自由のために、自分の引きずっているモヤモヤの解消のために自邸の設計をした、という提案を、どうすれば一般化できるのか？　これを一般化しないのですか？

森永（352）：私はこの卒業設計を通して、自分を少しでも好きになれたらいい、と思って取り組みました。そして、自分が学んでいる建築という手法で、ある種のセラピーのような効果を少しでも実現できたらいいと思いました。自分と向き合うというか……。建築でなくても、その人が何か学んだり、何かに取り組んだりするのであれば、それを通して、自分の中で問題を解消する方法があるのではないか、と思うのですけれど。

乾：名称を忘れてしまったのですが、精神科医の斎藤環がよく言及する療法（オープン・ダイアローグ*1）があって、精神的にしんどくなった人を囲んでカウンセラーなどが5、6人集まり、その人の目の前で、その人のことを語り合って、精神的なセラピーを施すという方法です。
先ほど吉村審査員の挙げた箱庭療法が、「患者の作成した箱庭の中身を、読み取る人が見て判断して治療方法を決める」という一方的な療法であるのに対して、この新しい療法は、本人も巻き込みながら議論の中で治療していくところがおもしろいと思っていました。この作品がまず、その療法を示唆していることと、そもそも住宅設計が全般的に療法としての意味があるということを言っているような気がします。

森永（352）：今までは、私がいろいろと思っていたモヤモヤなどを母に伝えることに躊躇する部分が自分の中にありましたが、建築というものを介することで、この後、「こう思っていたからこういう空間にした」と、この作品を通してうまく伝えて、モヤモヤを解消できればいいと思っています。

小田原：乾審査員長が説明した療法は、オープン・ダイアローグのことですね。この提案をすごく興味深く見せてもらいました。気になったのは、ジェンダー・ステレオタイプ*2をさらに強化しているような印象を受ける点です。「母親が家族をつなぐ要の存在だ」と、強烈に印象づけてしまうような作りだと思いました。一方で、でき上がった模型などには、いろいろな手法で、逃げ道を用意していたりする。そのチグハグさが気になってしまいました。いわゆるジェンダーなどに関して、この設計の中で意識したことはありますか？

森永（352）：（答えに窮する様子）

小田原：あまり意識していない？

森永（352）：どういうことですか？　すみません。

小田原：では、あまりそういうことを考えずに作ったということですね。だったら、それで大丈夫です。

藤原：提案は自邸の内部が中心ですけれど、街や自邸の外側について、何か考えたことありますか？

森永（352）：自邸の周辺ということですか？

藤原：そう。模型では敷地外に不思議な段差はあるようだけれど？　家族の記憶は、隣家や道、公園など、自邸だけに限らない場合もあると思います。今回、計画を自邸だけに絞った理由と、自邸の外側で実はやろうと思ったけれども、あえてやっていない提案があれば教えてください。

森永（352）：まず、一番大きな家族の問題の起きたのが今回、改修をした部分で、その問題は外に漏れ出すことなく、家族の中だけで完結したので、こういう自邸を中心とした設計にしました。また、計画を自邸の周辺に広げなかったのは、自邸を飛び出して周辺の家を壊すといったことをしてしまうと、それはそれで、また、自分の中でうまく消化できない思いが生まれてしまうのではないかと思って、できる限り、自邸の中だけで設計しようと思いました。敷地外にはみ出して設計した、模型で崖になっている下の部分は駐車場になっていて誰も住んでいないので、まあ、そこだったらはみ出しても何も言われないだろうということと、電柱にも少し家族の思い出があるので、そこは少しはみ出そうと思って設計しました。

本江（進行）：「どう消化すればいいのか」という問題を作者が重く受け止めた、セミファイナル審査でも、大変、話題になっていた作品の1つです。
同じ家でも、先ほどの『所有と脚色』（114）とは、随分、ノリが違う提案だなと思って見ていました。「物としての家」（114）に対して「家族のこと＝FamilyとHouseが同じ言葉（意味）である文化」（352）という違いを感じさせられた2作品でした。

編註
*1　オープン・ダイアローグ：本書8ページ、編註1参照。
*2　ジェンダー・ステレオタイプ：社会における性差に対する固定観念。たとえば、「女性は甘い物が好き（男性は甘い物が苦手）」「男性は力仕事が得意（女性は力仕事に向いていない）」など。

353　成定 由香沙 Yukasa Narisada　明治大学　理工学部　建築学科

香港逆移植──映画的手法による香港集団的記憶の保存

プレゼンテーション　Presentation

2020年7月、香港で国家安全法が施行されたことをきっかけに、当局への批判活動は禁止され、2019年から続いてきた史上最大ともいわれたデモ活動は終息を迎えることとなりました。私たちは知らないことをどこまで語り継ぐことができるのか。新型コロナウイルス（COVID-19）によるパンデミックのさなか、自分自身が得られる情報だけででき上がっていく世界に恐怖心を覚えたのと同時に、その文脈の外側にいる私が香港に対して抱いた、どうしようもない感情をきっかけに、彼らが立ち上がった記憶を後世へ残すことを考え始めました。
『香港逆移植』。逆移植とは、香港をつくり上げた2国、中国（中華人民共和国）とイギリスへ、どちらの要素も併せ持つ香港をそれぞれに還元する、すなわち、香港を介してつながる2国の中に互いの不在をつくり出し、距離を超えてつなぐ操作を意味します。

02　01

敷地
①世界最大の国民広場である中国天安門広場（図01）
②イギリスの王立公園であるハイドパーク（図02）
国家を象徴するリジッド（厳格）な都市の中にある国民広場と、さまざまな動物、植物の生きる自然豊かな公園という対極的な存在をまたいで、鏡の関係に10の建築が建ち並びます（図03）。

05　06

建築の機能
それぞれの敷地における条件や問題点などの文脈から建築の機能を選定し、形をつくり出す（図04）。
①天安門広場：厳しい入場規定や広すぎる広場における問題点を逆手に取り、機能を選定（図05）。
②ハイドパーク：生き物の棲み処や人々のアクティビティ（活動）に合わせて機能を選定（図06）。
この建築群が表象するのは、1960年代の暴動から2020年のデモなどに加え、1997年の香港返還の際の風景など、香港を象徴する出来事です。イギリス統治時代の出来事は②ハイドパークに、返還以降の出来事は①天安門広場に移植します（図07）。

07

映画的手法
日常のふとした瞬間に、「香港」の記憶が形や体験となって現れる。
こうした体験を設計に取り入れるため、映画的手法を用い、香港要素の演出を行ないます（図08-09）。
ここで用いる映画手法は、香港アイデンティティを自身のテーマとし作品を作り続けてきたウォン・カーウァイ（王家衛）監督による1960年代香港を描いた連作『花様年華』と『2046』を引用します。60年代という香港激動の時代を「不完全さ」や「不在」の表現でノスタルジックに描いたこれらの作品において、効果的に用いられたと思われる表現と手法を転用します。
たとえば、このシーンは、全く別の場所でありながら、同一の人物が主人公の部屋を訪れたことを伏線として回想するシー

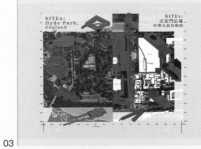

03

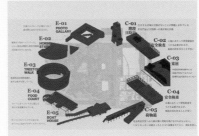

04

ンです（図10）。　①天安門広場横の中国国家博物館の中庭のC-03と、②ハイドパーク内のE-03は、どちらも香港返還を扱っていますが、スケール（規模）が全く異なる2つの建築です。同様の素材でできたカーテンやフレームに囲まれ連続する動線をぐるりと回って、中央の庭のモニュメント部分へ向かう同様の体験を挿入しています（図11）。
また、ウォン・カーウァイの映画においてたびたび用いられるスローモーションも、周囲の時間の流れに取り残されたような効果を演出しています（図12）。
②ハイドパーク：この「周囲の時間の流れ」を、実際の敷地の馬やランニングする人といった運動に置き換え、自分とモチーフの間に挿入し、それらをフレーミングすることでモチーフに注目させます。設置した馬小屋のE-02では、六七暴動[*1]における香港総督府での抗議で当時の人々が見た光景から引用しています（図13）。

08

①天安門広場：時間的に捕らわれていることや、2人だけの世界の演出となったこの格子のフレーミング（図14）をロッカー内での体験C-05に挿入（図15）。
②ハイドパーク：「過去は触れることのできない、薄汚れた窓から覗くようなもの」と映画にあるように（図16）、E-01では窓や鏡でのフレーミング、あるいは不透明な素材によってモチーフを隠しながら、大回りの動線を設けます（図17）。
①天安門広場：過去の出来事を同じ構図で思い返すシーン（図18）はC-04に挿入し、荷物検査を待つ列の一部が外部のため、雨の日はフレーミングされた雨傘運動（2014年香港反政府デモ）のフラッシュバックを起こします（図19）。

さて、これらの建築群の意義とは何でしょうか。映像などの編集可能なメディアとは違い、壊されることのない限りそこに存在し続ける建築という形で、映画的な体験を内包しながら、それぞれの場所に残ること。これは、香港の人々がどのようにして闘ったのか、という証を残すだけでなく、我々日本人も考えなければならない問題です。かつての支配国としての負の遺産、植民の歴史にどのように向き合っていくのか、という1つの形になり得ると考えます。

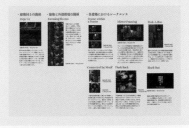

09

10

11

12

13

14　15

16　17

18　19

藤原：ウォン・カーウァイの映画の中で、『花様年華』と『2046』の2つを選んだ理由が何かあれば、教えてください。

成定（353）：これらの映画は実際には3部作です。ウォン・カーウァイの監督した1960年代を題材とした映画は、もともとある物事に対してある種の懐かしさを覚える、ノスタルジーの観点から研究されることが多いのです。そういった論文で引用されることの多い『花様年華』と『2046』はノスタルジーを表現する上で参考になる、と思ったことをきっかけに選択しました。

乾：プロット（筋立て）が複雑で、まだ、よく理解できていないのですが。

本江（進行）：確かに、複雑です。

乾：まず、敷地はイギリスのハイドパークと中国（中華人民共和国）の天安門広場。それぞれの敷地に建築を5つずつ建てます。そして、ウォン・カーウァイのスローモーションやノスタルジーの手法を使って建築を設計していきます。そこまで、わかりました。それで、何を作っているのですか？　要するに、1個1個の建築は、それぞれ何を表しているのですか？　建築1つ1つが1960年代暴動のシーンを表している、といったことなのですか？　それぞれが何なのかをもう少し説明してくれると理解が進みます。

成定（353）：建築それぞれに、それぞれの出来事のモチーフや、当時の建物の意匠を編集しながら展開しています。それぞれの建築の外側は、実際に必要な機能を果たす構築物となっていて、ハイドパークでしたら、鳥類保護区や、馬、船などのアクティビティ（活動）に合わせて、観察路とイベント・スペース、馬小屋、船乗り場などになっています。天安門広場では、荷物検査などをするためにセキュリティ・チェックを受けなければいけないので、それを待つ人の列をさばくための構築物や、ロッカーなどを設置しています。具体例として、ハイドパークの船乗り場（E-05）は（本書16ページ参照）、香港の集合的記憶として研究されることの多い2つの港、クイーンズ・ピアとスターフェリー・ピアが取り壊される際に起きた、取壊し反対運動を象徴しています。スターフェリー・ピアにあった大きな仰々しい門を引用し、白い室内壁で列柱が続く建物にしました。このように意匠を体験空間の中に展開したり、敷地に必要な建築の機能に合う自然な形で、モニュメントとしたり表象的なものが現れるように計画しています。

吉村：2点質問があります。最初に見た時、この作品は建築的デモというか、デモ的建築だと思いました。デモとは、建築を建てられない人たちの身体であり声であると思う。そうすると、これは誰が建てるのだろう？　誰にとっての建築であるのかが知りたい、というのが1つめの質問。2つめは、これは模型のとおり、本当に赤い建物だと思うべきなのか、実際に建ったら違う色だと思うべきなのか、という質問。もし、赤い色だとしたら、なぜ赤くしたのかを教えてください。

成定（353）：まず1つめの質問に対しては、プレゼンテーション（以下、プレゼン）の最後に述べた部分に関連します。デモなどの記憶を残す時、多くの場合は、いわゆる弱者の視点からどのようにこの事件を読み解いて残していくのか、というストーリーになると思います。私も、はじめはその視点で設計し

ていました。設計を進める中で、この建築がどのように利用されていくかを考えた時に、日韓問題など、いわゆる自分が経験していない歴史の責任を負っている我々の世代は、どのようにその問題に対して向き合っていけるか、が主題となり……。この提案ではイギリスや中国ですが、国として昔のあるいは今の、変えられない歴史に対して、どのように――ある意味でポジティブ（前向き）に向き合っていけるか、という問題設定です。対象は、昔の支配国として、香港の歴史にどう向き合うかということです。

2つめの赤い色についてです。なぜ赤くしたかと言うと、香港のデモでは、デモに賛成が黄色、反対が水色と、どちらの立場であるかを色で表すのですが、それに対してどちらでもない立場（赤色）であることを表しています。また、赤色と言うと、政治的には「赤の恐怖（共産主義体制に対する恐怖）の襲来」など、共産主義思想のシンボルカラーが連想されると思いますが、それとは全く異なる視点からの作品なので、赤色のもつ意味を変えたいとまでは言いませんが、赤色のそういうイメージが少し変わればいい、という思いで赤くしています。

小田原：「知らないこと」を語り継ぐ、というキーワードが説明に何回か出てきましたけれども、「知らないこと」とは成定さん（353）の主体性で受け止めて発した言葉だと理解していいのですか？

この建築が実現した時には、さまざまな人が建築を見にきますし、完成してからずっと残っていく、ということを考えると、設計者が「過去の歴史問題を知らないこと」と言うのは、すごく特権的な立場からの発言に聞こえてしまいます。その点について、少し考えを聞かせてもらえますか。

成定（353）：まず、「知らないこと」ということの主語は私です。つまり、プレゼンで説明した歴史的な文脈の中で、それに対して実際には関係していないのだけれども、責任を負ってしまっている立場としての「知らないこと」。そして、私が外国人として香港のデモ活動に共感したということで、文脈の外側にいる私にとっての「知らないこと」。とても主体的な話ですが、「知らないこと」の視点は、その2つになります。

藤原：敷地をイギリスと中国に設定していますが、なぜ3つにしなかったのか、という意図が知りたい。当事者である香港を敷地にしなかった理由が何かありますか？

成定（353）：プレゼンの最初に説明したように、香港では、表現の自由などの統制が始まるかもしれないという危機感があること、香港を介して2国がつながっていることが理由です。香港ではない場所にこの建築群があることによって、たとえば、どちらかの国がこの建築を壊してしまったら、もう片方の国にも影響が出るというか……。互いに補完する関係、香港がそうであるように、両国がそういう関係性を成り立たせていってほしいという願いから2国の敷地にしています。

編註
＊1　六七暴動：1967年に香港で起きた大規模な暴動事件。中国の文化大革命による混乱を背景に、劣悪な労働環境に対する小さなストライキから発展した。爆弾テロなども起こり、51人もの犠牲者を出した。

478 櫻井 悠樹 ＋ 小川 裕太郎 ＋ 鄭 知映 Yuki Sakurai + Yutaro Ogawa + Chie Tei　早稲田大学　創造理工学部　建築学科（オンライン参加）

「神の家族」の家のこれから——都心におけるキリスト教会の自己更新計画

プレゼンテーション　Presentation

迫害が終わり、ついに「建築」を獲得したキリスト教会は、ルネサンス、宗教改革以降、信仰が個人化するにつれて、「建築」を自ら手放していきました。しかし、それが行き着いた資本主義都市の教会は、あまりに主体性を失ってしまいました（図01）。特に東京都心部の教会は、建物を自力で維持する経済力がなく、開発圧力に対してますます従属的に振る舞うようになっています（図02）。

本計画では、生き残るためにテナントを収入源として受け入れる教会を想定します。こうした選択が増えるかもしれないという逆境を、むしろ、教会建築が再び主体的に自らの空間を決める契機ととらえます（図03）。

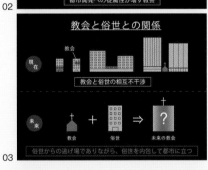

対象敷地

舞台は、東京の赤坂です。オフィスや商業施設の合間に建つキリスト教のプロテスタント教会、赤坂教会を舞台に、2棟のビルとの共同建替えを想定します（図04）。

建築計画

礼拝堂は、群れ合う俗世に挟まれた空隙となり、自身の輪郭を消し去ります。ボリューム（建物）部分にはテナントが入り、教会に駆け込んだ人が泊まるシェルターとしても開放されます（図05-06）。空隙の形は、光と道の2本の軸が交わる十字形です（図07）。礼拝堂はジェネリック（一般的）なファサード（立面）を纏いつつ、扉を持たずに開かれています（図08）。

空隙の中へ降りていくと、日曜日には礼拝が行なわれ、平日の昼休みには働く人が食事をしたり、時にはコンサートなども開かれたりするアトリウムのような空間として、礼拝以外の時間も常に人の姿があります（図09-11）。

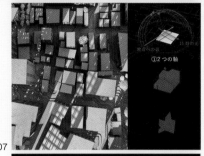

扉を持たない礼拝堂

礼拝の風景

日常の風景

催しの場としての解放

平面計画

1階平面図：空隙の奥には、牧師の住居があります。牧師に悩みを話すために訪れる人は、テナントで働く人々に紛れて、足を踏み入れる勇気を持てます（図12）。

2-7階平面図：平面計画では、人が通る回廊のようなテラスと、部屋に付属するプライベート（私的）なテラスを、礼拝堂のまわりに配置しました（図13）。部屋からテラスに出て、礼拝に緩やかに参加する人、窓から空隙を眺める人、行き交う人々が、互いの移ろう気配を感じながら群居しています。

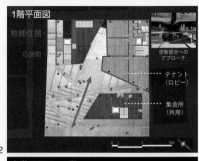

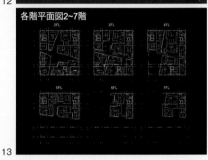

光環境

空隙に立った時、入口から講壇へ、地から天へ向かうにつれ、徐々に明るくなる光環境を、昼光の壁面反射を利用して計画しました（図14）。壁面の出寸法、角度、方向を調整し、スタディ（検討）を重ねました（図15）。

空間：形の初期案では、手前が明るく、奥が暗いという目標とは真逆の状態でしたが、講壇から入口へ、地から天に向かうにつれ、徐々に明るくなる礼拝堂を実現しました（図16）。

壁面：アイレベルでの壁面の見え方も検討しました（図17）。壁面は銅板で仕上げ、反射率も調整しています（図18）。

この教会にいる人にとって、頭上にある働く場所は、自分の居場所でありながら、同時に自分を疲れさせるものでもあります。しかし見上げた時に、そうした俗世がひしめく奥から、試練の中の祝福として、光がすべてを照らしながら舞い落ちるような場所。ここを新たな教会としたいと思います。

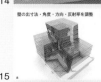

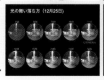

藤原：これはキリスト教のプロテスタントと書いてあるので、余計に疑問に思うのだけれども、なぜ礼拝堂が2つあるのですか？　理由があったら教えてください。

櫻井(478)：まず、主要な礼拝堂はこの空隙部分(図09参照)で、通常はここで礼拝を行ないます。ただし、天候などにより条件が悪くなった場合に、地下礼拝堂を使うように設計してあります。

藤原：それは、全くプロテスタント的でないように感じます。そんなことはないですか？

学生一同(478)：(しばし、沈黙)

鄭(478)：礼拝堂が1つであるということに固執しない、といった自由さがプロテスタント的であると考えております。

本江(進行)：なるほど。審査員一同、絶句しています(笑)。

吉村：ここに入るテナントは、どのような業種を想定していますか？

櫻井(478)：既存の事務所ビルと共同で建て替えた建物に入るテナントなので、選別などなく、一般的なテナントを想定しています。また、シェルターとしての役割に加え、テナントにも、社会的な困窮者、経営面で苦難に直面した会社や、その家族が入ることを想定しています。

吉村：この提案は、石を積んだゴシックの教会がどんどん高くなり、その残余空間が光の取入口になる、といった文脈から生まれていて、その石がテナントに置き換わっている、無名の石が無名のテナントに置き換わっている、という意味なのでしょうか？
一方、ここで獲得されている光の質から推察すると、この空隙は12世紀頃のロマネスク建築の修道院のように、すごく暗い空間になっていると思う。であれば、この建物全体が修道院のような機能を持つ建物の集合体になっていて、ワインを作っている場所もある、というように、もう少し教会と有機的なつながりのあるテナントを入れるというアイディアもある。けれど、そうではないわけですね？　無名のテナントということで。

本江(進行)：あえて無名ということです。

櫻井(478)：キリスト教が経済的に困窮している現状をプロジェクトの出発点としているので、テナントの業種などに関してはこちらから要求してはいないということです。

岡野：中央の十字型の空間に面して、バルコニーや開口がたくさんあることに疑問を感じます。礼拝の時は、静けさが必要だし、賛美歌も歌う。オフィスをはじめ、どんなテナントが入るかわからないわけだから、礼拝時に、たとえば、テナントの照明が点いたり、人が出入りしたり、バルコニーから覗いたりという状況が起きると思います。それでも、あえて意図的に開口を作って祈りの場に面するようにしているのですか？

櫻井(478)：そうです。

岡野：そうすると、教会空間に静謐さはなくなりますね？

櫻井(478)：まず、テナントは、基本的に礼拝のある日曜日は休みだろうという想定で、時間的な整合性は取れていると思っています。計画したかったのは、参拝者と神との関係性なので、エリア内に分居する人々誰もが、礼拝堂の空隙に直面する形を設計しています。

藤原：神との関係？　神とはどういうこと？

櫻井(478)：信仰の対象と個人個人の関係を、この建物において設計しようとしています。

藤原：この空間のどこかに神がいる、ということ？

櫻井(478)：ここでは、光に対して信仰の場をつくったということです。

藤原：その説明は、どこかカトリック的に感じる。プロテスタント教会の説明としては違和感がある。最初のリサーチ部分でもルネサンス期などで描かれている教会は、すべてカトリック教会のような気がした。だから、テーマはおもしろいけれど、何となくリサーチの焦点がぼやけているように感じる。

鄭(478)：カトリック教会のように光をただの象徴として扱うのではなく、むしろプロテスタント的に、人々の生活の姿が照らされる光として設計しています。そのために、テラスも単一のデザインではなく、礼拝堂中心からさまざまな距離感をもたせて、プライベートな場所や人々が通る回廊のような場所など、バリエーション豊かに設計しております。

櫻井(478)：カトリックでは、礼拝堂のような場所をオープン・スペースとして開放するケースはほとんど見られません。また、ボリューム(建物)としての教会建築を、完全に透明化した(オープン・スペース)という意味で、この形態は十分にプロテスタント的であると言えます。その上で、教会としての強度(存在感)がどのように保てるのかを検討した結果、光だけによって教会としての強度を保つために、このように緻密なスタディを重ね、銅板などを採用したということです。

藤原：プロテスタントに寛容さがあるのは事実だけれど、僕の理解では、やはりプロテスタントの中心となるのはモニュメンタルな光というより人間の対話で、互いの対話を介して、自分の内面に宗教や神を見出すということだと思うんだ。そういう意味で、ちょっと惜しいような気が……。

櫻井(478)：人と人のつながりは、この作品では空隙のまわりに設計しています。一方で、実際の教会では、牧師に悩みを相談しに来る人々が、ほぼ医者と患者のような関係になっている。それを踏まえて、私たちは、ここを信仰を持った人々が集まる場所として、信仰の対象と人の関係を設計したということです。

本江(進行)：なかなか宗教論争は尽きませんが、時間切れです。

PROCESS_3 Final Round

ファイナル（公開審査）
02_ファイナル・ディスカッション

＊文中の出展作品名は、初出を除きサブタイトルを省略。
＊文中の（　）〈　〉内の3桁数字は出展作品のID番号。
＊SDL＝せんだいデザインリーグ　卒業設計日本一決定戦
＊アドバイザリーボード：本書5ページ編註1参照。

Photos except as noted by Izuru Echigoya.

表1　1回めの投票：上位3作品への投票（1人3票）

ID	氏名	乾	吉村	藤原	岡野	小田原	合計得票	合計得点	
012	竹村 寿樹						0	0	
045	鈴木 裕香						0	0	
089	中野 紗希			◎	◎		2	2	受賞5作品仮候補
114	北垣 直輝	◎		◎		◎	3	3	受賞5作品仮候補
181	斎藤 拓 + 佐藤 雅宏 + 高橋 亮太						0	0	
346	工藤 理美	◎					1	1	
350	宮西 夏里武				★	◎	2	4	受賞5作品仮候補
352	森永 あみ	★	◎	★	◎		4	8	受賞5作品仮候補
353	成定 由香沙		★			★	2	6	受賞5作品仮候補
478	櫻井 悠樹 + 小川 裕太郎 + 鄭 知映		◎				1	1	

凡例（表1〜4）：
＊★は強く推す1票、3点
＊◎は普通に推す1票、1点
＊×は0票、0点を示す

＊2得点以上の作品が、仮に受賞5作品の候補となった。

本江(進行)：これよりファイナル・ディスカッションに入ります。今年は、コロナ禍（COVID-19）対策により会場の閉館時間が早まっているため、従来より10分間短い60分間で議論し、受賞作品を決定しなければなりません。では、最初にファイナリスト10作品を振り返っておきます。

友渕(進行)：まず、千葉工業大学の竹村案『商店街における公共的余白』(012)です。商店街をリサーチして、どういう余白空間を挿入していくことができるか、という提案です。
続いて、明治大学の鈴木案『トリビュート建築——建築的遺伝子の街への散種と生きられた美術館』(045)。宮城県美術館を題材に……。

本江(進行)：宮城県美術館のパタン（類型）を見つけて、それをもとに創造したものを街の中に挿入していくという作品。

友渕(進行)：続いて、立命館大学の中野案『まちの内的秩序を描く——意図せずできた魅力的な空間から導く住まいの提案』(089)。街の「内的な秩序」というものを読み解きながら、それをどういう設計手法に置き換えられるかを検討し、愛媛県の宇和島で実践した作品です。
4作品めは、京都大学の北垣案『所有と脚色』(114)。物を中心に、空間をどのようにつくっていくか、という提案でした。

本江(進行)：SNSでは、SDL2021のTwitterで、プレゼンテーション（以下、プレゼン）の姿が堂々としていると話題になりました。

友渕(進行)：続いて、早稲田大学の斎藤 + 佐藤 + 高橋案『縁環形態考——環筑波山文化圏の再編計画』(181)。茨城県の筑波を題材に、集落と研究学園都市などの地域をいかに結び付けていくか。さらに、そこに修験道をどう合体していくのか、という提案。
次は、信州大学の工藤案『道草譚——小学校通学路における100の遊び場』(346)。遊び場や、子供が実際に道草している状況をリサーチし、登下校路に多数の遊び場を設計することで登下校中の風景を少しずつ変えていけるのではないか、という提案でした。

本江(進行)：「些細な」という言葉を非常にポジティブ（肯定的）に使っていました。

友渕(進行)：7作品めは、信州大学の宮西案『繕いを、編む——千曲川水害後1年目の街の修復風景の集積による失われた児童館の再建』(350)。水害の被災地で、櫓の風景をもとに、何か新しい「繕い」の仕方を考えられないか、という提案でした。

本江(進行)：被災者たちが現地で施していた「繕い」の方法を集めて、そのコレクションのようになっている火の見櫓と公共建築でした。

友渕(進行)：芝浦工業大学の森永案『私の人生（家）——心理モデルとしての住宅と、その遡及的改修のセルフセラピー』(352)。自身の過去の経験を振り返りながら建築を設計することを通して、過去を消化し家族と話し合えるようになることを目的として、自邸を設計した作品です。
9作品めが、明治大学の成定案『香港逆移植——映画的手法による香港集団的記憶の保存』(353)。香港にあるモチーフをイギリスと中国（中華人民共和国）にどのように移植できるかを、映画的な手法を用いて提案しました。
最後は、早稲田大学の櫻井 + 小川 + 鄭案『「神の家族」の家のこれから——都心におけるキリスト教会の自己更新計画』(478)。再開発されていく都市を事例に、新しい教会のあり方を提案した作品です。
以上、10作品のラインナップになっています。

本江(進行)：全く違うタイプの10作品に順番を付けること自体にそもそも無理があります。やはり審査は難しそうです。ファイナリスト10作品には、現代社会の課題を浮き彫りにし、それをいかに建築で解決できるのか、を示唆してくれるのではないか、という期待と、ファイナリストそれぞれの建築家としてのデビューがかかっています。ファイナル・ディスカッションの審査で、

各作品にどんな意味があるかを見出していけるのか。

ここでの成果を一番問われるのは審査員ですので、大変な重責です。審査員には、休憩の間に推薦する3作品を決めてもらうよう依頼してありました。それでは、まず、各審査員それぞれ、「強く推す」1作品（★印＝3点）と「普通に推す」2作品（◎印＝1点）の合計3作品を推薦してください。後ほど、各作品のどこを評価したのかを説明してもらいます。

（審査員一同　投票）

本江（進行）：5人の審査員の投票結果が出ました。7作品に票が入っています。最多得票は、4票の森永案『私の人生（家）』（352）、「強く推す」2票と「普通に推す」2票で合計8得点、数で言えば頭が抜けています。次いで、「強く推す」2票で6得点の成定案『香港逆移植』（353）が2番手。その次からは微妙ですが、宮西案『繕いを、編む』（350）が「強く推す」1票と「普通に推す」1票の4得点で3番手になります。その直後を北垣案『所有と脚色』（114）が「普通に推す」3票の3得点で追っている。残りは、中野案『まちの内的秩序を描く』（089）が「普通に推す」2票で2得点、工藤案『道草譚』（346）が「普通に推す」1票で1得点、櫻井＋小川＋鄭案『「神の家族」の家のこれから』（478）が「普通に推す」1票で1得点となっています。ですから、受賞5作品の対象となる5番手まで決めようとすると2得点以上、中野案『まちの内的秩序を描く』（089）までが入るか、というところです（本書87ページ表1参照）。

ではまず、小田原審査員から推薦作品についてのコメントをどうぞ。

小田原：選出がすごく悩ましくて……。今回、SDL2021に参加して、一番見たかったものは、学生1人1人にとって建築というものが一体どういう営みであるのか、何を為せるものなのか、それに対して学生がどれだけ自覚的なのか、ということでした。私の批評に対して、建築について批判的な態度をもって臨んでくれる学生と出会いたいと思ってここに来ました。そういう意味で、いくつも気になる作品があって、3つに決め切れないのですが……。

「強く推す」成定案『香港逆移植』（353）は、建築に関わるいろいろな歴史や要件を引き受けて設計した作品だと思っています。もちろん、欠点や認識の甘さはありますが、建築の創造力を感じさせる魅力的な提案だと思いました。

それから、「普通に推す」宮西案『繕いを、編む』（350）は、復興は積み上げるもので、国や行政などから与えられるものではないことを前提に取り組んでいます。そこに建築家としてどう関わっていくのかをていねいにリサーチしていて、悩みながら考えたことがとても伝わってきたので興味を持ちました。

それから、もう1つの「普通に推す」北垣案『所有と脚色』（114）は、「建築の文法」の提案です。こういうものがあるという驚きもあり、「個」と「パブリック」を撹乱させるという意味でも、興味深いものがありました。

本江（進行）：では、続いて岡野審査員、お願いします。

岡野：私も3作品を選ぶのが非常に難しかったのですが、最終的には自分が共感できるものを選びました。

まず、「強く推す」宮西案『繕いを、編む』（350）は、対象とした被災地が作者の地元ということもあり、被災地で人々がいかに前を向くか、建築家に何ができるのか、を真摯に考えていると思いました。プレゼンの最後に、「建築が必要だ」と強く主張していたのが非常に印象的で、彼ならきっとこういった地域で活躍するのではないか、という期待を抱かせてくれたので評価しました。

2つめの「普通に推す」中野案『まちの内的秩序を描く』（089）は、非常に巧みにリサーチした上で、その中で見つけた断片を建築設計の方法論としてうまく組み合わせていくことができていると思いました。なぜ、この場所でこの建築を設計するのか、については気がかりな点がありますが、この手法にはさらに発展させられる可能性があるので、ぜひ発展させていってほしいと思いました。作者はずっと追求し続けてくれる人なのではないか、と期待して選びました。

3つめの「普通に推す」森永案『私の人生（家）』（352）は、当初、この個人的なストーリーを建築のつくり方として一般化する上で、果たしてどのように位置づけることができるのかが見えませんでした。プレゼンの終盤の説明を聞いて、ようやく腑に落ちたというところがあります。今後、この手法を人と対話するための手立てとして使っていきたいということと、自分の過去を振り返って、単に閉じこもって独り言のように語るのではなく、あえて建築を使って開いていきたいという作者個人の強く切実な思いがある。それだけで、この提案は一般化できるのではないか、という気がしてきた。また、こういう切り口の建築提案を今までに見たことがなかったので、そういう意味ではオリジナリティがある、ということで選びました。

本江（進行）：続いて、藤原審査員、どうぞ。

藤原：まだ、かなり迷っています。10分後に訊かれたら違うことを言いそうで（笑）。

本江（進行）：この投票で決まるわけではありません。ここで他の審査員の評価した内容を聞いて評価が変わることもあるでしょうし、もっと作者に訊きたいことがあれば、この後で質問もできます。質疑応答の回答次第で、作品の評価は上がったり下がったりする。そこがSDLの醍醐味であり、ファイナリストにとっては残酷な過程でもあります（笑）。投票結果をもとに、審査員間で議論する中で、受賞作品を決めていこうという流れです。

この後、推薦作品を変えてもいいので、まずは、現在の評価を聞かせてください。

藤原：現在「強く推す」森永案『私の人生（家）』（352）には、切実さが感じられたし、ある種の共感を覚えました。日本の近代の住宅というものが、どれほど多くの家族に影響を与えてきたかという問題を改めて突きつけられた。その問題を住宅として自己解決していく可能性が示されている、という意味で、高く評価できる作品だと思いました。

「普通に推す」北垣案『所有と脚色』（114）は、プレゼンの質疑応答での吉村審査員との議論がおもしろかった。今は、昔に比べて、物への意識や愛着が希薄になっている時代だけれど、住み手の所有物を拠り所にして、家や住宅地の作り方を考え直そうとしている。家を部屋の集合論としてではなく、物の置き場所としてでもなく、「円卓を中心として、その周囲に物理的に空間を広げていこう」というとらえ方で、家の新しい考え方を示しているように思いました。

3つめの「普通に推す」中野案『まちの内的秩序を描く』（089）については、「卒業設計とは何なのか」を改めて考えたいと思いました。例年、「この提案は研究としてすばらしいが、設計ではない」といった論議が各大学の講評会やこうした学外の講評会の場で繰り広げられる。しかし、そもそも卒業設計は研究なのではないか、と。卒業設計を研究の一部だと考えると、中野案（089）の研究には、相当価値がある。この研究に取り組んだ結果、これが新しい理論になっていくのであれば、そこに何の問題があるんだろうか、と疑問に思います。人類の宝のようなすばらしい場所があって、そこを空間論として言語化し、その言語を使って設計するという中野案（089）のプロセスを考えた時、それ以上に建築に必要なものはないのではないか。それについて、きちんと議論したほうがいいと思っています。

本江（進行）：続いて吉村審査員、お願いします。

吉村：僕もすごく悩んでいます。逆に「普通に推す」作品からでもいいですか？

本江（進行）：どうぞ。新しい演出が入ってきました（笑）。

吉村：「普通に推す」櫻井＋小川＋鄭案『「神の家族」の家のこれから』（478）は、キリスト教のプロテスタントとカトリックの厳密な違いにどれぐらい応えているか、については謎ですが、直感的に、ドイツの社会学者であるマックス・ヴェーバーの著書『プロテスタンティズムの倫理と資本主義の精神』における「禁欲主義が資本主義に合致する」という考え方には則っているような気がしました。たとえば、プレゼンの質疑応答で論題に上った「テナントの業種を限定しない」という姿勢は、とても資本主義的だと思っていたけれど、もしかしたら、むしろプロテスタンティズムに合致しているのかもしれない。一方、改めて「光を遮るものとは何なのか」と考えると、この提案に初期の教会建築のようなニュアンスを感じなくもない。それらを含めて、現代に教会がどうあるべきか、という命題にヒントを与えている気がしました。

もう1つ「普通に推す」森永案『私の人生（家）』（352）は、最初、自宅と自分の心理状態の癒着を扱った、「引きこもり系」のような提案だと思っていました。セミファイナルの審査で、コロナ禍の状況下でずっと家に籠っている状況とリンク（関連）していそうな作品をいくつか見ていて、たとえば、網戸の提案『編戸――網戸を編む』（031）や、覆面を被って想像力で空間を拡張してく『A＝A'――身体と想像力に関する実験』（074）など、非常に身近なところに、グッと凝縮した想像力のようなものを埋め込んでいく作業がすごくおもしろいと思った。そして、森永案（352）もそれと同様の作品だと思っていた。しかし、プレゼンを聞いてみると、設計した後に、対話をしていくプロセスのようなものが想定されている。そのプロセスを辿っていくと、この提案が一気に社会化する、つまり、単に個人の病理と向き合う作品ではないように見えてきて、その先にどんな展開があるのかに興味を覚えた。プレゼンの質疑応答でのオープン・ダイアローグ[*1]の議論も良かったし、社会のそういう分野に接続できそうな可能性を感じました。

それから、「強く推す」成定案『香港逆移植』（353）はテーマがすごくおもしろい。今回は、僕の頭の中が新型コロナや、東日本大震災から10年などの問題に占められていたため、やや予断を持って出展作品全般を眺めてしまったけれど、世界にはそれ以外にも、まだたくさんの問題がある。香港がどうなるのか、台湾がどうなるのか、アジアがどうなるのか、という問題は、ともすると後景化してしまう。つまり、新型コロナの問題の背後に隠れてしまいそうになりますが、すごく大事な問題で、成定案（353）はこうした問題を扱っている。1つ1つ

の建物や、その意味を読み切れてはいないけれど、プレゼンでの受け答えを見ていると、きっと十分に考えられているのだろう、と期待して推しています。

本江(進行): では、最後に乾審査員長お願いします。
乾: 高く評価できる作品ばかりで、どれも落としたくない。本当に作品のクオリティが高いと思いながら、他の審査員のコメントを聞いていました。しかしながら、決めなければいけないので、あえて差別化するという意味で聞いてほしいと思います。
先ほど小田原審査員から批評性に関する発言がありましたが、卒業設計の場合、作者本人が批評性を意識していない作品のほうが逆に批評性が鋭くなっている、という……。
本江(進行): なるほど。作者本人もわかってないけれど?
乾: 作者本人はわかっていないけれど、作品から批評性がにじみ出てしまう。時に、異常な鋭さで批評性を帯びる作品がある、というのが、建築の卒業設計のおもしろ味の1つだと思います。ですから、やはり、そういう鋭さをもった作品が新鮮に見えました。
また、「建築のブラックボックス化の問題」について言及している作品に興味があります。建築家は、クライアント(建て主)やユーザ(使用者)とは非対称的な関係にあるので、その構図を何らかの方法で壊していくような思考回路を持つことが、これからの建築家にとって、必要になっていくと思うのです。ですから、作者自身が意識しているにせよ、していないにせよ、そういう思考につながる可能性のありそうな作品に興味があります。
「強く推す」森永案『私の人生(家)』(352)は、そういう視点から選びました。こんな作品は見たことがありません。いろいろな意味で、建築の道具性を扱う提案はありますが、こういう道具性を開発するような提案は、今まで見たことがありませんでした。非常に新しく、正直に言えば、驚きました。ポートフォリオを見た段階では、少し疑いを持っていたのですが(笑)。
本江(進行): 率直に発言して、構いません。「何だろうな?」と思った。最後の謝辞も見ていますよね。
乾: セミファイナル審査のポートフォリオからは「大丈夫なのかな?」と疑念を抱いていましたが、プレゼンを聞いて、「この作品はすごいことを言っているんじゃないか?」と印象が反転しました。今日、話を聞けてよかったと思う作品です。
「普通に推す」工藤案『道草譚』(346)は、建築のプロフェッショナリズム(職能)がどこにあるのか、という問題に抵触する内容で、未来がありそうだと思いました。
もう1つの「普通に推す」北垣案『所有と脚色』(114)は、作者が意識的にそう見せている面もあると思いますが、手探り状態で取り組んでいる感じがすごくいい。たぶん、この作者はこういう取組みをこの後も続けていって、いつか、ものすごく大きい仕事を成し遂げるのではないか、という期待感をもてる作品でした。
本江(司会): 審査員の推薦作品が出揃いましたので、得票で決めれば、すぐに終わるのですが、SDLはそうではありません。これから議論をしたいと思います。

作品の中に批評性の原石のようなものがあったとしても、まだ学生の力では、それを掘り出したり、ましてやそれを磨き上げることまではできないかもしれない。だから、我々が代わりにこの場でそれを見つけて、磨いて、おもしろがる、という趣旨です。それができれば、すばらしいと思います。しかし、作者本人は、そのことを理解できずにきょとんとしている、という光景も、ファイナル・ディスカッションの醍醐味です(笑)。
この後、他の審査員の講評を聞き、上位対象としての議論の俎上に載せたいと思う作品がこぼれないように、現在の得票状況のバランスを見て、票を移動しても結構です。
各審査員は、「この作品がおもしろいと思っているけれど、本当にそうなのか?」など確信の持てない部分もまだ残っていると思います。せっかくファイナリストがこの場にそろっているので、対話の時間を少し取って、審査員から追加の質問や、確認しておきたいことを訊いてほしいと思います。ファイナリストの答えによっては作品のおもしろさを発見できて評価が上がるし、ファイナリストがうまく答えられないと、いいところまでいっていた作品でも、ここで谷底に落ちることがある(笑)、ということです。

乾: 難しいですね。けなすための質問はしないほうがいいですよね(笑)。
本江(進行): 基本的には、いいところを見つけて伸ばしたいという方針ではありますが、けなすための質問でもいいです。評価できない作品が上位にいて、「こんなことでは、いかん。こういう欠点があるのに、こんな作品を上位に上げていいのか」という質問でも。どうしても、建築としてよしとすべきでない提案というものはあって、そういう作品に対してきちんと釘を刺しておくのも、この場の仕事ですから。

小田原: 私だけが、最多得点の森永案『私の人生(家)』(352)に票を入れていません。プレゼンをおもしろく聞いていた一方で、この卒業設計をもとに、作者が自分を好きになれるかどうか、という問題に、「卒業設計の日本一を決定する」というこの場に提出されるものとして、最大限の評価に値するという確信が持てませんでした、ごめんなさい。すごく切実な問題設定だと思いますし、これがもっと普遍性を帯びる可能性ももちろんある。また一方で、この作品が建築関係の人々にとって、「こんなことができるのか」というほどの非常に新鮮な提案であった、ということに、私は驚きました。
確かに、すばらしい設計だと思ったけれど、私自身の評価基準からすると、なかなか上位には入ってこない。一番の懸念は、この提案が、固定化された家族観や男女の性役割規範を、建築を通じて強めてしまっているのではないか、ということです。
藤原: 小田原審査員の指摘は、少し違うと思いました。建築家というものは、そもそも社会の中で常に他者との「対話」を要求される職業なのです。ですから、本来、建築を設計する際には、設計する家や街や空間に関わるすべての人や環境、背景と「対話」をしながら進めなければならない。しかし、実際には、残念ながら、「対話」をせずに、すでにある同種の建築の設計論理をもとに建築

を設計する人がほとんどなんです。

しかし、森永さん（352）は、建築を設計するためには、論理だけではなくて、他者と「対話」をしなければいけないと思っている。でも「対話」するためには、まず自分の家族と向き合わなければならない。最も身近にいる家族とさえ「対話」できないのであれば、建築家としては先がない、と切実に考えたのではないだろうか。作品の表現のためにこうしたのではなくて。その問題に気づける人はほとんどいないから、この作品を設計する過程で彼女が考えたり発見したことはたくさんあるのではないか、と僕は思っています。

小田原：そうであれば、必要なのは、家族に対する「対話」がこれから行なわれるかどうか、ではないかと思うのですが？

岡野：通常は、建築をつくるために「対話」をするのですが、彼女の場合は、「対話」をするために建築をつくっている、という逆の構図になっています。だから、建築をつくる人間から見ると、逆の動きをしているところが新鮮だった、という面はあるかもしれません。

小田原：なるほど。

本江（進行）：矢面に立たされながら何も発言する機会を得られないのはかわいそうなので、森永さん（352）に問いかけるとすると何でしょう？

小田原：この設計の次の段階を考えているとしたら、どういうことをしたいのでしょうか？

森永（352）：ファイナリスト10選に入った時点で、父にSNSのLINEで報告したら、審査経過を見ていてくれたようで、プレゼンが終わった後にLINEで返事が来て。返事の内容はあまり詳しく見ていないのですが……。

（場内　笑）

電話で3～4分間ぐらい話しました。離れて暮らしていた分、私がどういう子供なのか、どういうことを思っていたのか、などを父が知る機会はあまりなくて……。そう思っていたところに、「家族のいざこざがあった時に、こう思っていたんだね、迷惑かけたね」と言ってくれたので、父とはもう少し話すことができるのではないか、と思いました。今後、家族との「対話」はしようと思っています。

小田原：それで、次に何か設計するとしたら、また、住宅ですか？

森永（352）：まだ、そんなに詳しくは決めていません。自分が他人に何かをしてあげたい時や、建築を建てることになった時に、自分が自分のことを好きになれない限り、他人にいいものを与えられないと思っていたので、まず、そこの段階をクリアして……。その先に何があるのか、何を設計するかは、まだ自分でもわかりません。けれど、この卒業設計に取り組んだことで、前の自分よりは、少なからず、他人にいいものを提供することができるのではないかと思っています。

乾：少し雲行きがあやしくなってきましたね（笑）。

この作品は、やはり手法論としてとらえたほうがいいと思います。これは、あなたの救済物語であると同時に、もう少し公共的な建築の問題でもあるんです。「建築とは何か？」という、もっと普遍的な問題として、今、評価されているのです。ですから、まだ原石とは言え、作者には、その点を少しは認識してほしいと思います。

本江（進行）：作者に起こったこと——救済と言ってもいいかもしれませんが——その価値は変わらないけれど、それをどう創作に接続できるかが問われている、ということです。

ここで投票結果を改めて確認しますと、受賞5作品の候補となる得点で上位5作品が、4票8得点の森永案『私の人生（家）』（352）、2票6得点の成定案『香港逆移植』（353）、2票4得点の宮西案『繕いを、編む』（350）、3票3得点の北垣案『所有と脚色』（114）、2票2得点の中野案『まちの内的秩序を描く』（089）です（本書87ページ表1参照）。特別賞は4位、5位という意味ではありませんが、得票していない作品を急に特別賞にはできませんから、概ね、この5作品が受賞5作品の候補になりそうです。

もちろん、「いや待て、全然票は入っていないけれど、この作品がこのまま落選するのは腑に落ちない」「こんなにこの作品の評価が低いのはおかしい」「今の議論を受けて、票を動かしたい」などがあれば、ここで、意見をください。また、審査員からファイナリストに訊きたいことはありませんか？　質問に対する答えが良ければ、票が増えることもある。下手な返答をするくらいなら、このまま黙っているほうが安全かもしれないけれど（笑）。

審査員一同：（笑）

本江（進行）：せっかくの機会ですから、作品に潜む原石を磨くディスカッションができればと思います。いかがでしょうか？

藤原：成定案『香港逆移植』（353）に訊きたいのですが、香港にどういう思い

入れがあるのですか？

成定（353）：香港に興味を持ったのは、ウォン・カーウァイ（王家衛）監督の映画作品がきっかけです。そういう文化的な面から、軽い興味を持った香港だったのですが、同年代や年下の人たちまでがデモに参加し、怪我をしたり亡くなったりしている様子を見て、香港で起きている事態の重要さをすごく感じました。また、ウォン・カーウァイ監督はドキュメンタリー作品も多数制作していて、そういう映画を見ていく中で、香港にのめり込んでいきました。昨年、2020年の国家安全法の施行によって、香港民主化デモのウェブサイトも閉鎖されるなど、自分では追いつけない状況になり、共感というか、思いが……。

藤原：2020年のデモによって、香港に強い興味をひかれるようになったのか、それとも、そもそも興味があったのですか？

成定（353）：そもそも香港に興味があって、香港民主化デモについての知識は全くありませんでした。その後、デモの特設ウェブサイトやインターネット配信を見て……。

藤原：それなら、なぜ香港を敷地にしないのか？　依然として僕には疑問が残る……。要するに、この作品では、香港の問題ではなくて、中国とイギリスの問題にしているからです。

現在でも、香港という国はあり、香港で生きている人々がいるけれど、国家安全法の施行によって、ある意味で、民主的な香港は、本当になくなってしまった。そこには、中国が一国二制度の約束を破って民主的な香港をなくした、という面もある。そうは言っても、イギリスは香港を中国に返還したんだから、国家間の理論としては成り立つ。けれど、現実にそこで生きている人々を無視して変化が進んでいく時に、建築家は何をするのか。

このプロジェクトは、ある種のデモンストレーションとしてはおもしろいと思うけれど、一方で、香港で暮らしている人々は、どうなるのか。このプロジェクトが、香港で暮らす人々にどんな影響を与えられるのか、と疑問に思ったんです。

成定（353）：それについては、すごくジレンマがあって、イギリス支配下の香港にいた人々の中には、イギリスに永住権を持ってる人もいるし、亡命者を受け入れる体制ができていると表明する国もあります。そういう状況の中、国外に出る人たちがいる一方で、香港に残されてしまっている人たちもいる。どちらも香港の人たちです。そこで自分に何ができるかを考えた時に、特に今年は現地に行くことができなかったこともあり、すごく……。

はじめは、イギリス時代の香港らしさとして残っている雑多な雰囲気などについてリサーチをしていたのですが、卒業設計としてリアリティを出すことに限界を感じてしまい……。もちろん、卒業設計はフィクション（虚構）ですけれど、自分ができることとして、そして日本で私が考えられることとして、この敷地と計画を選びました。

吉村：今のインターネットについての話は、とても大事なことだという気がしました。僕たちはインターネットやSNSなどのメディアを通じて、世界中で起きていることに関する情報を得ることができる。一方で、インターネットは、人による情報のコントロールが容易なメディアでもあり、意図的に情報を遮断するためにも使えるわけです。そういう時に、建築が何ができるか、と考えると、実体のある形を残すことによって、遮断を拒むことができる。実物の建築のもつ力や、重さ、難しさ、遅さ、などのほうが人はコントロールしづらくて、香港の真の状況を伝えるためのメディアとしては、むしろインターネットより信頼性がある。そのような「情報を伝えるメディア」として建築を見ると、必ずしも香港になくてもいいのではないか、という気もする。むしろ、建築が中国に乗り込んでいったり、イギリスにあることによって、人々に伝わる部分があるのではないか、と思いました。

本江（進行）：という、成定案『香港逆移植』（353）への応援がありました。

藤原：この建築をつくることは、行為としては何の意味があるのですか？　葬式のようなもの？

成定（353）：今、吉村審査員からメディアという話が出ましたが、卒業設計の参考にした文献は、ヴァルター・ベンヤミンの著作『複製技術時代の芸術』で、映画などの編集可能な芸術の長所について書かれています。その内容を前提として、映画を編集不可能である建築の中に閉じ込めてしまうことで、この建築がそれぞれの国（イギリスと中国）で、ある種のメディアとしての役割を果たす……。

香港の人々へのインタビューでも、「イギリスからの視点が伝わりづらい」などの意見が出ました。情報の統制もある中で、建築として形にして残すことに意義を感じています。

乾：成定さん（353）の能力はものすごく高い、作品としてのクオリティもメチャ

クチャ高い、と思っています。それを前提としての話ですけれど、この提案があまりにも間接的な手段を取っていることに対して、なぜ、こんなに回りくどく手数をかける方法をとったのだろう、という疑問があります。その疑問に、成定さん(353)は、結局、答えられていません。この、ものすごく単純な疑問に答えられない、ということは、作品として少し弱いのではないでしょうか。私も藤原審査員と同様、何度も香港に通っていました。香港の人々の生々しい生活を知る立場からすると、どうして、足元にある、一般の人がどのぐらい苦しんでいるのかという問題にもっと目を向けようとせずに、いくつかの事件だけを取り出して記録化するのか、という疑問が、どうしても残ります。問いの立て方や、その問いに対してやるべきことは何か、という視点からすると、この建築がそんなに必要だと思えないのです。

成定(353)：「回りくどいやり方」についてです。まず自分の問題に置き換えた時に、日本の外交的な問題(香港のデモに対する姿勢)を、どうしても直視できない、というか、直視することに対して少しえぐみを感じてしまうところがあります。そういった中で、香港と遠く離れた場所にいる外国人としての私が、遠い敷地を選んで、香港を投影していくような形で設計したのは、少し客観的に——というと上からの目線に思われるかもしれませんが、少し離れた視点で事態を見ることができるのではないかと思った、ということと……。

乾：あなたが、あなたの立場で香港の人々に何かをしたい、ということが本心だとすれば、シンプルに自問したほうがいいと思います。「たぶん、香港の人々が、この建築を見ることによって救われることはないのではないのか?」ということです。

本江(進行)：問題作なので議論が次々に起きるし、作者がきちんと応答しているので、例年になく静かな中、じわじわと焦点が絞り込まれていますが、これはこれで実におもしろいと思っています(笑)。

とは言え、この作品についてだけ議論しているわけにもいきません。もう1つ「強く推す」票の入った千曲川の水害、宮西案『繕いを、編む』(350)も力作であり問題作だと思います。応援や疑問があればお願いします。

藤原：「繕い」とは、本当にいいことを言っていると思う。でも、「編む」というところが全くわからない(笑)。

本江(進行)：作品名ですね?

藤原：いえ、作品の構成が、大きく「繕う」パートと「編む」パートの2つに分かれているんです。「編む」ことに向かわなければ、相当高く評価できる作品なのだけれど、なぜ「編む」ことに向かってしまったんだろうか。それこそ、「宮西(350)さんが取り上げたのは、本当に批判すべき問題ではなかったのか?」と思えてしまいました。

本江(進行)：なるほど。プレゼンの質疑応答での「コンセプトがぶれても、何か建築を作らなければいけない」(本書79ページ参照)という説明ですね。

藤原：「建築作品主義」と言うのかな?　「編む」ことは建築を作品化することだから、「繕う」という無名の人々の日常的な実践を、なぜ、わざわざ「編ま」なければいけないのか、が理解できない。「繕い」に着目して、それから都市計画を考えるところまでの過程は最高にいいと思うのですが、「編む」ことがその

過程の根底にあるとわかった瞬間、前段の「繕う」に着目したこと自体の説得力や魅力がすべて崩れてしまうように思う。むしろ「建築作品主義」に対して批判精神を持つべきではないのか、と思います。

学生が、建築作品をどうとらえているのかにもよるけれど、これまで、千曲川の流域や都市などの問題が「編む」こと＝建築作品で本当に解決できてきたのか?　自分が着目した「繕い」とは、それほど軽視していいものだったのか?　せっかく見つけて大切に扱ってきた「繕い」なのに、最終的に、それを捨てて「建築作品」づくりに向かってしまったことで、結果的に、自分自身(作品)を崖から突き落とすようなことをしている、と思っています。その点で少し疑問が残りました。それは宮西(350)さんだけの問題ではなくて、建築学生や卒業設計全般に対して、同様の問題を感じています。

本江(進行)：リサーチをたくさんしたから、やはり何か建築を作らなければ、という強迫観念……。

藤原：と言うか、リサーチで見たはずの人間的な行動の蓄積を忘れて、形態や物質の問題だけに変換すれば、容易に建築として編集できるだろうけれど、本当に、そこで見た人間性を忘れて設計していいのか?という疑問です。

本江(進行)：という批判です。宮西さん(350)、どうですか?

宮西(350)：「編む」ことについてですが、前提として、「繕い」を「編まない」状態、つまり「繕い」だけの状態が今、現地にはあふれています。その「繕い」自体に住民は価値を見出していないけれど、僕のようなよそ者が現地に行って見ると、いろいろな「繕い」があって、何だかおもしろそうだな、と思いました。でも、住民にとっては、雨が降ったら濡れるからブルーシートを掛けるしかない、など、生きるためにしている行為で、「繕い」はポジティブ(前向き)な建築ではないと思うんです。彼らの根底には、何なら早く「繕い」を取り去って新しい家を建てたいという思いがあるのではないかとも思った。けれど、僕には、その「繕い」をしている行為自体に本当に価値がある、ということを住民に伝えたい、自覚してほしいという思いがあります。そういう意味では、単に「繕い」を集めて建てるだけでは弱い気がしました。具体的に「繕い」を組み合わせて1つの建築へ集積することによって、魅力的な建築にする。そういう建築を、住民へ投げかけることがまず必要だと思って……。回答になっているかどうか、わかりませんけれど、自分ではそういう投げかけをしたつもりです。

本江(進行)：回答になっていると思いますけれど、どうですか?

乾：「編む」という部分を否定するつもりはありませんし、思いもよくわかります。でも、やはりデザインが悪いというか……。

審査員一同：(笑)

本江(進行)：それは、もっとひどくない?

乾：いや、プレゼンの質疑応答で、少しもったいないと思ったのが、「後年、行政の計画で児童館ができるから、この提案は、それが完成するまでのつなぎだ」という説明(本書79ページ参照)。その諦めが良くない。やはり、これは実際の建物になり得るんだ、と本気で臨まなければ。行政の計画する建物に取って代わるような児童館を、頑張って「繕い」だけで作らないといけなかったんだけど、「自分の建築は仮設なのかな?」と疑いながらやっているから、

妙な造形になっているような気がしました。

宮西（350）：ええと、火の見櫓に対しては……。

乾：千曲川の被災地は知らないけれど、東日本大震災の津波による被災地では、こういう「繕い」で巨大な仮設建築を建てている人たちがいた。テントをいくつも継ぎ足して、かなり衝撃的な建築になっていたんです。それは役目を終えた後で壊されてしまったんだけれど、残すべきだったと思う。このように、残すべきだと私が心から思えた仮設建築は、たくさんあります。だから、そういう経験からしても、仮設建築だと軽視せずに、「繕い」でも建築になるんだ、という意欲を示したほうがいいと思いました。

宮西（350）：指摘のとおりだと思います。一応「本体」と定義してはいますが、「本体」である火の見櫓自体にも寿命があるので、そこに付加する「繕い」は、火の見櫓より寿命の短いものである必要があると考えています。それは「本体と繕いの関係性」を定義する中で、火の見櫓という「本体」を土台として、そこに「繕い」を継ぎ足していくという手法が、復興のあり方だと思ったからです。この街の「繕い」にもいくつか種類があり、この地域はもともと低地で、今までにも多くの水害に見舞われてきたため、今回の水害によって生まれた「繕い」がある一方で、もっと前に起きた水害のために、蔵の1階部分を金属にした、などという「繕い」もあります。時間軸で見ると、いろいろな時点で生まれた「繕い」が残っているので、時間軸に沿って「繕い」を建築に当てはめていきたいという思いがありました。

火の見櫓には、短い時間軸による即物的な「繕い」を与えていますが、児童館本館では、たとえば、石垣などのように、もう少し長い時間軸で見たこの地域の「繕い」を「本体と繕いの関係性」のルールで継ぎ足していって、もう一度建築を作っていこうという提案をしたつもりです。

藤原：すごくいいことを言っている。けれど、そうだとすると、やはり、自分

の建築物だけで「繕い」は完結しないということじゃない？　過去の歴史的な「繕い」がたくさんあって、「繕い」という状況の中にこの地域があることになるよね？　そうしたら、「繕い」の建築はどういう姿になるのかを考える時に、形態の問題ではなく、もっと別の質の問題として追求できそうな気がしませんか？　そこをもっと掘り下げてほしい、というわけ。

宮西(350)：はい。

本江(進行)：というように、まさしく今、原石を掘る議論をしているところですが、あと2分間で受賞作品を決めなければなりません。

審査員一同：(騒然)

本江(進行)：もう時間ですからね。上位3作品についてはかなり議論しました。もちろん、不足もあると思いますが、作者と質疑応答ができました。
受賞は5作品なので、上位3作品が入るとすると、残りは2作品。順番を入れ替える理由が特になければ、得点順とするのが順当なので、このままいくと、3票3得点の北垣案『所有と脚色』(114)、2票2得点の中野案『まちの内的秩序を描く』(089)までが上位5作品です。
4〜5位の2作品について、少し議論したいと思いますが、いかがでしょうか？

藤原：北垣案『所有と脚色』(114)に吉村審査員が票を入れていないのは、意外です。

吉村：いいとは思っているんだけれど、持ち票が足りなくて(笑)。本人を目の前にして何だけれど、宮西案『繕いを、編む』(350)が3位になるよりは、北垣案『所有と脚色』(114)を3位にしたほうが座りがいい(上位3作品のバランスがいい)のかもしれない。でも、どちらにも票を入れていませんが(笑)。もし、どちらかに票を入れるとしたら、北垣案『所有と脚色』(114)です。北垣案『所有と脚色』(114)は3票、宮西案『繕いを、編む』(350)は「強く推す」票が入って

場所にも物を配置するという意味で、敷地の境界という既成概念を超えられる可能性があると考えています。

藤原：要するに、みんなが集まる場を中心に物を置いてくと、敷地境界が関係なくなる。それは普通におもしろいと思う。けれど、それよりも、投票後の小田原審査員から北垣案『所有と脚色』(114)への講評、「建築から考えると、こんなとらえ方があるのか」(本書88ページ参照)、という意味では、この作品が一番おもしろいと言えるのではないか。

吉村：この作品は、おもしろいです。

藤原：小田原審査員が北垣案『所有と脚色』(114)に感心した部分について、補足して説明してくれますか？

小田原：北垣案『所有と脚色』(114)は、かなり意識的に、建築の権威的な部分を新しい方法で、新しい文法で、しかも自分の身体の感覚を通して問い直しているように見えたのです。説明する言葉もすごく魅力的な使い方をしていると思ったので、興味を持って「普通に推す」1票を入れました。でも、わからないこともたくさんある（笑）。

本江(進行)：そろそろまとめにかかりたいと思います。中野案『まちの内的秩序を描く』(089)が2票2得点ですが、いかがでしょうか？

藤原：岡野審査員は、この作品をどういう点で推していますか？

岡野：今後の可能性という意味で、期待しています。ただし、建築設計の最終的な方法論としては可能性を感じるのですが、最後に実際の建築に落とし込むところまで到達してほしかった、と思うと残念です。

藤原：本当にそうなんでしょうか？　方法論としては、最後に、建築まで到達することが、すごいことなのか、実際の建築に向かわない（到達しない）からすごいのではないか……。クリストファー・アレグザンダー[*3]の方法論などは、実際の建築に到達していないけれど、方法論そのものを高く評価できるではないですか。だから、方法論そのものだけで高く評価できる場合もあり得ると思う。

中野さん(089)は、建築家、芦原義信の著書『街並みの美学』に深い敬意を抱いていると思います。どう感動したのか、それをもとに自分の理論としてどう進めたのか、について説明してください。

中野(089)：私は設計者が設計した街ではなくて、自然発生的にできた街に魅力を感じていて、なぜその空間が魅力的なのか、その理由を知りたいということから、今回、このテーマに取り組むことにしました。その後、たまたま、芦原義信の著書『街並みの美学』を読んで、いろいろな路地空間や道の作り方、その比率など、私が何気なく魅力的だと思っていた空間について、なぜ魅力的なのかが非常に論理的に説明されているところに感銘を受けました。

本を読んで自分の建築論理を組み立てていく中で、一見違って見える複数の街並みの調査をもとに、近景から遠景まで、さまざまな視点の項目における共通点を自分なりに見出していって、そこから「なぜ魅力的に感じるのか」というところを選出して建築を設計するルールを作成し、最終的に、建築の設計に適用したという経緯です。今回は、愛媛県宇和島の1つの街並みにこのルールを適用してプロット（描画）しました。

藤原：僕の興味は、この作品は、芦原義信の定義を超えていないのか？という点です。あなたの取組みによって、芦原義信の定義を発展させた部分があるのか？　あるならそれはどこなのか？　その点を聞かせてください。

中野(089)：具体的に、ということですか？

藤原：たとえば、設定していた5〜6つのルールの中に、あなたの足したものがあるのか、ということです。

中野(089)：私は、中庭空間風の場所がすごく好きで、チステルニーノ（イタリア）の袋小路などは、中庭空間の周囲に壁が立っているから、中庭空間だけを切り取ったように少し落ち着いた空間になっているところが魅力的だと思いました。そういう空間を「囲い込み」のルールとして適用しています。

本江(進行)：そこが独自に追加した、新しいところですね？

中野(089)：はい。

本江(進行)：今までにないような、静かでじりじりと追い詰められるような雰囲気になっています。これで本当に大丈夫なのか？という気もしますが、得点順に改めて上位作品を確認します。

森永案『私の人生（家）』(352)が4票8得点、次いで、成定案『香港逆移植』(353)が2票6得点、宮西案『繕いを、編む』(350)が2票4得点、続いて、北垣案『所有と脚色』(114)が3票3得点、中野案『まちの内的秩序を描く』(089)が2票2得点、これらが上位5作品です(本書87ページ表1参照)。

賞の選定に入る前に、ここまでの議論に上りませんでしたが、念のため、0票と1票の作品について確認させてください。ここで特に強く推す意見が出なけ

いるけれど、2票ではないですか？

本江(進行)：だから、3位については微妙なところがあります。

吉村：北垣案『所有と脚色』(114)は、おもしろいとは思うんです。でも、それこそ家の中の物を引きずり出す書籍『地球家族』[*2]は、室内の持ち物をすべてさらけ出したこと自体が文明批評になっていますけれど、北垣案『所有と脚色』(114)は、あの1軒の住宅を見ただけでは、まだ、そこまでの域には達していない気がする。同様の実験を別の敷地でいくつか試みていれば、すごくおもしろくなったのではないか、と残念に思っていました。それで、票を入れられなかった。

藤原：北垣案『所有と脚色』(114)は土地所有の問題にも言及しているのではないかな？　飛地というか、道を挟んだ向かい側にも敷地がある。

北垣(114)：敷地の隣の畑を借りて、離れとして設計しています。そういう

表2　受賞対象作品決定(協議)

ID	氏名	乾	吉村	藤原	岡野	小田原	合計得票	合計得点	
012	竹村 寿樹						0	0	受賞対象外へ
045	鈴木 裕香						0	0	受賞対象外へ
089	中野 紗希			◎	◎		2	2	受賞候補
114	北垣 直輝	◎	×→◎	◎		◎	3→4	3→4	「日本三」決選投票へ
181	斎藤 拓 + 佐藤 雅宏 + 高橋 亮太						0	0	受賞対象外へ
346	工藤 理美	◎					1	1	受賞対象外へ
350	宮西 夏里武				★	◎	2	4	「日本三」決選投票へ
352	森永 あみ	★	◎→×	★	◎		4→3	8→7	上位2作品決定
353	成定 由香沙		★			★	2	6	上位2作品決定
478	櫻井 悠樹 + 小川 裕太郎 + 鄭 知映	◎					1	1	受賞対象外へ

＊協議の結果、1回めの投票で、1票以下の作品を受賞対象外とし、上位2作品を上位作品として保留し、4得点の2作品を対象に3位(日本三)の決選投票をすることとなった。

れば、受賞5作品の対象外とします。

まず、0票の3作品、竹村案『商店街における公共的余白』(012)、鈴木案『トリビュート建築』(045)、斎藤 + 佐藤 + 高橋案『縁環形態考』(181)を受賞対象外としていいですか?

審査員一同:(了承)

本江(進行): では0票の3作品は、受賞対象外となります。
続いて、1票1得点の工藤案『道草譚』(346)、櫻井 + 小川 + 鄭案『「神の家族」の家のこれから』(478)の2作品はどうですか?　受賞5作品の対象外として、よろしいでしょうか?

審査員一同:(了承)

本江(進行): 1票1得点の2作品は、受賞対象外となります。
それでは、異論がなければ、このまま、残りの上位5作品を受賞作品としてもいいと思いますが、審査員のみなさん、いかがでしょうか?

乾: ちょっと待って。問題は、千曲川の宮西案『繕いを、編む』(350)と北垣案『所有と脚色』(114)の順位についてですよね?

本江(進行): その問題もあります。「強く推す」票が入っているけれど得票は2票のみの宮西案『繕いを、編む』(350)と、「普通に推す」票だけだが幅広く3人から支持された北垣案『所有と脚色』(114)をどう評価するか、ということかと思います。

吉村: 得点で言えば、森永案『私の人生(家)』(352)から僕の票を抜いても1位は変わらないから、僕の「普通に推す」票を抜いて北垣案『所有と脚色』(114)に入れてください(笑)。

本江(進行): 吉村審査員が、森永案『私の人生(家)』(352)への推しを気持ちの上では温存しつつ、票では北垣案『所有と脚色』(114)を推すということですね?

(吉村審査員の「普通に推す」票を、森永案『私の人生(家)』(352)から北垣案『所有と脚色』(114)に移動)

本江(進行): そうすると、北垣案『所有と脚色』(114)が4票4得点、宮西案『繕いを、編む』(350)が2票4得点、と同点になって、却ってややこしいけれど(笑)、そういうこともあります(表2参照)。

岡野: 宮西案『繕いを、編む』(350)は、「繕い」と、その延長線上の「編む」との間に断絶があるように見えます。もう少し「繕い」と「編む」の双方を関連づけて説明できませんか?

宮西(350):「繕い」を集めて、組み合わせて建築にするのが「編む」という行為だと思っていて……。

岡野: その「編む」が、「繕い」を組み合わせているように見えないのです。

宮西(350): たとえば、抽出の仕方で言うと、住民から見てわかりやすい要素として、建材となる壁、床、柱、梁、開口部といった要素を集めました。柱に使っていたパイプを屋根に使う、木材とパイプを組み合わせて作った階段をそこに加える、というように、「繕い」を組み合わせて空間をつくっていくのが、自分の中では「編む」行為だったのですけれども……。

吉村: 僕が思うに、「繕う」とは、時間の尺度の問題もあるけれど、それ以前に、設計する主体(設計者)と作る主体(施工者)が一致しているという点で、何らかの根源的な原理を備えているような気がしています。それは、単純に、ブルーシートを張るといった手法の問題ではなくて、もっと根源的な問題で、「繕う」とは、たとえば、原始、人間が洞窟に植物の葉をかけた、といったレベルの始源的な行為だと思う。

ところが、ここで提案している「編む」は、設計と施工が明確に分かれていて、通常の建築設計とそれほど変わりません。それでは、従来の建築家という概念を更新することにはならないような気がする。「編む」として提案した建築は重機がなければ作れないし、鉄骨をまたいで四角いボックスが貫入しているようなデザインは、「繕う」の感覚だったら絶対にしない。そういう点で「編む」は従来の建築に負けていくと思う。「繕う」から「編む」に進むことで、概念としては後退して、弱くなっている気がします。

宮西(350): 施工の段階で、「繕い」を集めることができるのは、この地域の住民の強みだと思っています。たとえば、住民の多数が軽トラックを持っているリンゴ農家で、軽トラックを運転して「繕い」に参加していくという雰囲気がある。そこに建築家が介入することで、単なる「繕い」だけではない、それ以上の空間が生まれる、ということをやりたかったんです。そこに違和感が出てしまったのは……。

藤原: 竹村案『商店街における公共的余白』(012)も関係するのだけれど、竹村さん(012)がパブリック・マージン(public margins)と呼ぶ「公共的余裕」はすごく重要な定義だと思う。「公共的余裕」があることによって、宮西案『繕いを、編む』(350)の個々の「繕い」やさまざまな建築的実践が可能になる。そして、私的領域と公的領域の間にはマージン(余裕)があるべきで、そのマージンが歴史の中でいかに重要な役割を果たしてきたか、と建築の専門家なら言えると思うんだ。

だから、宮西案(350)は、その「繕い」が重要だと思った時に、次に考えるべきことは――竹村(012)も同じだけれど――「公共的余裕」がどうあるべきかという問題なんだ。やはり、僕ら建築家にしかできない仕事があって、この問題に建築家が向き合わないと、個を救えない。そして、その時、建築家がすべきことは、「公共空間はこうあるべきだ」という理屈をつくることではなくて、「近代が過去に置き忘れてきてしまった重要な建築の原理がある」ことを明らかにすること。

そういう建築の原理は、この千曲川の地域にもたぶん、たくさんある。都市計画法にも建築基準法にも書かれていない、マスタープラン(全体計画)にも描かれていない建築の原理がある。建築学の観点からは、そのように「建築の原理を探す」領域こそが批判性であり批評性である、と言うべきだと思います。宮西案『繕いを、編む』(350)は、人々の「繕い」を見ていくことで、それを発見できる可能性があったと思うんだ。だから、その探求が足りなかったという点で、すごく惜しいと思う。同様に、竹村案『商店街における公共的余白』(012)も惜しいと思う。

乾: 1ついいですか?　ここまでの議論で少し気になっていたのですが、北垣案『所有と脚色』(114)は模型がないから、少し得しているんですよね?

審査員一同:(笑)

本江(進行): そうだと思います。

乾: 宮西案『繕いを、編む』(350)は、模型があるのでアラが見えてしまう。北垣案『所有と脚色』(114)が得していることを一応、指摘しておきます。

本江(進行): 模型を出す、出さないは選べるので、戦略的に模型を出さないという選択は「アリ」かもしれません。

今の議論の内容からして、それほど大きな異議がないとすれば、得点順に「日本一」が3票7得点の森永案『私の人生(家)』(352)で、「日本二」が2票6得点の成定案『香港逆移植』(353)。推している人数は違いますが、2票4得点の宮西案『繕いを、編む』(350)と4票4得点の北垣案『所有と脚色』(114)が同点で、どちらかが「日本三」。その後、中野案『まちの内的秩序を描く』(089)が続いています(表2参照)。

上位2作品は上位決定ということで、3位の「日本三」を決める決選投票をしてから、すべての受賞作品を決めるというのはどうでしょうか？

藤原：「日本三」しか議論しなくて大丈夫なの？
吉村：「日本三」が2つという選択肢はないんですか？
本江（進行）：それはないです。

藤原：そうではなくて、「日本一」「日本二」については？
本江（進行）：「日本一」「日本二」は最後に確認しますが、ここまでの議論で見ると、森永案『私の人生（家）』（352）が「日本一」、成定案『香港逆移植』（353）が「日本二」、「日本三」を宮西案『繕いを、編む』（350）と北垣案『所有と脚色』（114）が争っていて、どちらかが「日本三」になります。

藤原：賞は、作品に出すのですか？　作者に出すのですか？
本江（進行）：作品です。まあ、それほど厳密に定義されていませんが、プレゼンの内容や質疑応答も含めて、総合的に決めます。今までは、漠然と「日本三」を2つも3つも選ぶ、といったことはしていません。もともと比較すること自体に無理がある卒業設計を審査し、無理にでも「日本一」を決める、というのが約束のゲームです。だから、「日本一」「日本二」「日本三」は1作品ずつ、特別賞が2作品です。
それで、「日本一」「日本二」にそれほど異論がなければ、宮西案『繕いを、編む』（350）と北垣『所有と脚色』（114）で「日本三」の決選投票をして、残念ながら落ちたほうを特別賞の1つにしてはどうかと思います。乾審査員長どうでしょう？
乾：なんと、審査員長としての仕事が急に降りかかってきました。

本江（進行）：ここで審査員長が決めるという方法もありますけれど。
乾：投票にしましょう。

本江（進行）：では、決選投票で「日本三」を決めるということでいいですか？異論のある審査員は、今、発言してください。
乾：あと30分ぐらいあるなら、もっと議論したいところです。それぞれの作品に言いたいこともあるのですが……。すみません、逃げになるようですけれども、投票でお願いします。
本江（進行）：では、宮西案『繕いを、編む』（350）と北垣案『所有と脚色』（114）のどちらが「日本三」にふさわしいか、1人1票で投票してください

（審査員一同　投票）

本江（進行）：4対1、「日本三」は宮西案『繕いを、編む』（350）に決まりました。北垣案『所有と脚色』（114）は特別賞となります（表3参照）。
ということで、例年になく静かに決まりましたが、順に確認していきたいと思います。「日本一」は、森永案『私の人生（家）』（352）でよろしいでしょうか？
審査員一同：（了承）

表3　日本三の決選投票（1人1票）

ID	氏名	乾	吉村	藤原	岡野	小田原	合計得票	合計得点	受賞
114	北垣 直輝		◎				1	1	特別賞
350	宮西 夏里武	◎		◎	◎	◎	4	4	日本三
352	森永 あみ								上位2作品決定
353	成定 由香沙								上位2作品決定

表4　協議により日本一、日本二、特別賞を決定

ID	氏名	乾	吉村	藤原	岡野	小田原	合計得票	合計得点	受賞
089	中野 紗希			◎	◎		2	2	特別賞
114	北垣 直輝	◎	×→◎	◎		◎	3→4	3→4	特別賞
350	宮西 夏里武				★	◎	2	4	日本三
352	森永 あみ	★	◎→×	★	◎		4→3	8→7	日本一
353	成定 由香沙		★			★	2	6	日本二

＊協議の結果、改めて、1回めの投票で、2得点以上の作品を入賞5作品とすることになり、
2得点の089を特別賞、上位2作品を得点順に日本一、日本二、と決定した。

（会場　拍手）
本江（進行）：おめでとうございます。
続いて、「日本二」は、成定案『香港逆移植』（353）です、おめでとうございます。
（会場　拍手）

本江（進行）：「日本三」は、議論の過程では、あんなにディスられて（批判されて）、引きずり下ろされそうだったのに、多数が推した宮西案『繕いを、編む』（350）です。おめでとうござます。
（会場　拍手）

本江（進行）：そして、「特別賞」です。まず1作品めは、たくさんの議論を引き起こしてくれて、惜しかった、北垣案『所有と脚色』（114）です、おめでとうございます。そして、もう1作品は、最後まで食い下がりました、中野案『まちの内的秩序を描く』（089）です、おめでとうございます。
以上のように、SDL2021の受賞5作品が決まりました（表4参照）。
（会場　拍手）

本江（進行）：長くなりましたが、大変に重要な議論ができたのではないかと思います。どうもありがとうございました。

編註
＊1　オープン・ダイアローグ：本書7ページ、編註1参照。
＊2　『地球家族』：本書73ページ「質疑応答」の吉村審査員の発言参照。
＊3　クリストファー・アレグザンダー（Christopher Alexander, 1936-）：オーストリア、ウィーン出身の都市計画家・建築家。『パタン・ランゲージ』をはじめとする多数の建築や都市計画の理論が建築界に大きな影響を与えた。本書63ページ編註4参照。

JURY

審査員紹介

FINAL & SEMI-FINAL JURY

ファイナル&セミファイナル
審査員

乾 久美子

審査員長

それぞれの卒業設計

事件いっぱいの日々と意外な先取り

卒業設計(以下、卒計)では、何かと変なことが起きる。タコ足配線のし過ぎで火事の一歩手前までいったり、徹夜続きでひたすら作業をしていたら、周囲から「臭いから風呂に入れ」と怒られたり、敷地調査で廃業した旅館に忍び込んだら、行き倒れになった死体を発見したり、手書きの時代らしく提出締切の前日に、大型コピー専門店に同級生と一緒に図面を持ち込もうとしたところ、ちょうど大雪になり、徹夜続きの疲弊した身体で豪雪の中を歩くうちに、八甲田山の雪中行軍の様相を呈したり……。というように、何ともいえない事件だらけであった。

卒計の作業に必死過ぎて異常な日々が続いたわけだが、卒計もその混乱がそのまま出てしまったようなもので、大学での評価が高かったわけではなかった。しかし、今から4半世紀ほど前のバブル経済がはじけた瞬間にもかかわらず、縮退や都市のリノベーションについて、いち早く考えていたことは、少し自慢してもいいかなと思っている。

*smt=せんだいメディアテーク
*SDL=せんだいデザインリーグ 卒業設計日本一決定戦
Photos except as noted by Izuru Echigoya.

いぬい・くみこ
建築家、横浜国立大学大学院教授

1969年　大阪府大阪市生まれ。
1992年　東京藝術大学美術学部建築科卒業。
1996年　イエール大学大学院建築学部(アメリカ合衆国)修了。
　　　　青木淳建築計画事務所に勤務(~2000年)。
2000年~　乾久美子建築設計事務所設立、主宰。
　　　　東京藝術大学美術学部建築科常勤助手(~2011年)。
2011年　同、准教授(~2016年)。
2016年~　横浜国立大学大学院都市イノベーション学府・研究室建築都市デザインコース(Y-GSA)教授。

主な建築作品に、『フラワーショップ日比谷花壇日比谷公園店』(2009年／2010年度日本建築士会連合会賞優秀賞、2010年度グッドデザイン賞金賞)、『共愛学園前橋国際大学4号館 Kyoai Commons』(2012年／2012年度グッドデザイン賞、2015年日本建築学会作品選奨)、『七ヶ浜中学校』(2015年／2017年日本建築学会作品選奨)、『釜石市立唐丹小学校・釜石市立唐丹中学校・釜石市児童館』(2017年／2018年度グッドデザイン賞グッドフォーカス賞〈復興デザイン〉ならびにベスト100選出、2019年復興デザイン会議第1回全国大会「復興設計賞」)、『延岡駅周辺整備プロジェクト』(2018年／2020年日本建築学会賞〈作品〉、2020年度グッドデザイン賞金賞)、『宮島口旅客ターミナル』(2020年)など。
主な著書に、『そっと建築をおいてみると』(INAX出版刊、2008年)、『小さな風景からの学び さまざまなサービスの表情』(TOTO出版刊、2014年)、『Inui Architects』(LIXIL出版刊、2019年)など。

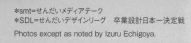

共愛学園前橋国際大学4号館
Kyoai Commons／2012年／
Photo: Daici Ano

吉村 靖孝

よしむら・やすたか
建築家、早稲田大学理工学術院教授

1972年　愛知県豊田市生まれ。
1995年　早稲田大学理工学部建築学科卒業。
1997年　同学大学院理工学研究科建築学専攻修士課程修了。
1999年　文化庁派遣芸術家在外研修員としてMVRDV(オランダ)に勤務(-2001年)。
2002年　早稲田大学大学院理工学研究科建築学専攻博士後期課程満期退学。
2005年-　吉村靖孝建築設計事務所設立、主宰。
2013年-　明治大学理工学部建築学科特任教授。
2018年-　早稲田大学理工学術院創造理工学研究科建築学専攻教授。

主な建築作品に、『Nowhere but Sajima』(2008年／2010年住宅建築賞金賞、2011年日本建築学会作品選奨)、『レッドライト・ヨコハマ』(2010年／JCDデザインアワード2011大賞)、『中川政七商店新社屋』(2010年／2010年度グッドデザイン賞、2014年日本建築学会作品選奨)、『窓の家』(2013年)、『フクマスベース』(2016年／2018年度日本建築設計学会賞大賞、2018年日本建築学会作品選奨)など。
主な著書に、『超合法建築図鑑』(彰国社刊、2006年)、『EX-CONTAINER』(グラフィック社刊、2008年)、『ビヘイヴィアとプロトコル』(LIXIL出版刊、2012年)など。

凪を破った震災

卒業設計(以下、卒計)の提出締切日を2週間後に控え、夜な夜な作業をしていた1995年1月17日の明け方、阪神・淡路大震災が起こった。揺れは感じなかったが、虫の知らせか、たまたまテレビを点けると、そこに黒煙を上げる神戸の姿があった。潰れたビル、倒れた高速道路、目を疑うような映像の数々に言葉を失った。以来、卒計はパタリと進まなくなって、結果は惨憺たるものだった。何もできない自分に苛立ち、苦い感情だけが残った。3月にはオウム真理教の地下鉄サリン事件、11月にはWindows95の日本語版がリリースされ、突如インターネットの波が押し寄せた。

私の学部在籍時代は、バブル崩壊後の91年から卒業の95年までの、いわば「凪の時代」だった。その空白の4年間を取り戻すように大学院に進学し、博士後期課程在籍時にはオランダで働くため休学もしたので、結局30歳になるまで足掛け11年間も大学に在籍し続けることになった。今にして思えば、何とかして卒計を成仏させたいという気持ちもあったのではないか。

コロナ(COVID-19)一色となった今年1年は、凪のようにじっと過ごした人も、津波のように慌ただしく過ごした人もいたのではないかと思う。いずれにしても厳しい1年だっただろう。厳しい状況を耐えたからこその確かな思考の中に、明るい未来の兆しを期待したい。

フクマスベース／2016年／
Photo: Yasutaka Yoshimura

藤原 徹平

ふじわら・てっぺい
建築家

1975年　神奈川県横浜市生まれ。
1999年　横浜国立大学工学部建築学科卒業。
2001年　同学大学院工学研究科計画建設学専攻修士課程修了。
　　　　隈研吾建築都市設計事務所に勤務(-2012年)。
2009年-　ドリフターズインターナショナル設立、理事。
2011年-　隈研吾建築都市設計事務所パートナー。
2012年-　フジワラテッペイアーキテクツラボ設立、主宰。
　　　　横浜国立大学大学院都市イノベーション学府・研究室建築都市デザインコース(Y-GSA)准教授。
2013年-　宇部ビエンナーレ選考委員(2018年より運営委員、展示委員を兼務)

主な建築作品に、『等々力の二重円環』(2011年／東京都建築士会住宅建築賞2013、2015年日本建築学会作品選集新人賞)、『代々木テラス』(2016年／2017年度日本建築士会連合会賞奨励賞)、『稲村の森の家』(2017年／東京都建築士会住宅建築賞2018、住まいの環境デザイン・アワード2019準グランプリ)、『那須塩原市まちなか交流センター　くるる』『クルックフィールズ』(2019年)など。
主な著書に、『7 inch Project〈#01〉Teppei Fujiwara』(ニューハウス出版刊、2012年)、『アジアの日常から』(共著、TOTO出版刊、2015年)、『応答 漂うモダニズム』(共著、左右社刊、2015年)など。その他の受賞に、第67回横浜文化賞文化・芸術奨励賞(2018年度)など。

自分の建築のテーマの源

私が学生の時、卒業設計(以下、卒計)は指導がほとんどなく、自力で取り組むものだった。みんな気負っていて、私もひたすら空回りをしていた。

大晦日に地に足が着かないような絶望的な気持ちになり、年明けとともに敷地もプログラムも全部変えることにした。提出の締切日まで3週間を切っていたと思う。

敷地に選んだのはJR横浜駅前の人工の運河で、たしか全長3kmくらいあった。リサーチを終えて、残り14日。いよいよ、やばい。がむしゃらに製図版にかじりつき、丸2日、家に帰らず設計を仕上げ、そのまま段ボールでエスキス模型を作り上げた。何もかも粗削りだが、やりたいことはやり切れた。

無機能の人工地盤。プレゼンテーションの質疑応答で「機能は無い。無機能の建築。しかし活動を起こすアフォーダンス(環境が与える意味)を設計した」と言い切って、随分と清々しい気持ちになったのを覚えている。

建築によって土地の形質をいかに整えるのか。最近、自覚しつつある自分の建築のテーマは、遡れば卒計に辿り着くのだと思う。

代々木テラス／2016年／
Photo: Hideki Okura

岡野 道子

おかの・みちこ
建築家

1979年　埼玉県上尾市生まれ。
2001年　東京理科大学理工学部建築学科卒業。
2003年　同学大学院理工学研究科建築学専攻修士課程修了。
2005年　東京大学大学院工学系研究科建築学専攻博士課程中途退学学。
　　　　伊東豊雄建築設計事務所に勤務(-2016年)。
2016年　岡野道子建築設計事務所設立、主宰。
　　　　東京理科大学理工学部建築学科非常勤講師。
2017年　芝浦工業大学建築学部建築学科特任准教授。

主な建築作品に、『益城町テクノのみんなの家』『檸檬ホテル』(2016年)、『宮城野の家』(2018年)、『甲佐地区住まいの復興拠点施設』(2019年／甲佐町住まいの復興拠点整備プロポーザルコンペ最優秀賞)など。

それぞれの卒業設計

原点としての卒業設計

卒業設計(以下、卒計)は今振り返ると気恥ずかしいが、当時の自分の力を出し切った証として一生、心に残るものである。

私の卒計は建物の内部が見えないものだった。模型の大きさは畳1.5畳分ほどあり、一応断面が見えるのだが、奥までは見えない。なぜなら、細長い管状の空間がグネグネと曲がりくねって複雑に絡まり合っていたからである。その空間は、子供の頃から馴染みのある東京、池袋の地下街の体験が、地上へと連続し、どこまでも続く街となっていくというものだった。地上に上がってもひたすら曲がったり交差したりするのだが、建物の外観は内部空間の結果でしかなく、中の様子が窺い知れないのである。

大学の講評会で発表するも、小型の胃カメラを入れない限り模型の中を覗けないので、はじめはほとんど理解されなかったのだが、講評者であった1人の建築家の言葉で2位争いとなった。結果、3位にとどまったが、講評会での議論がおもしろく、自分の考えていたことが多様に展開していくエキサイティングな瞬間だった。

卒計は、楽しくも苦しい体験であり、かつ熱く議論が広がる貴重な場でもあった。間違いなく、実際に設計をしていく時のスタート地点となっている。

甲佐地区住まいの復興拠点施設／2019年／Photo: 新建築写真部

小田原 のどか

おだわら・のどか
彫刻家、評論家

1985年　宮城県仙台市生まれ。
2008年　多摩美術大学美術学部彫刻学科卒業。
2010年　東京藝術大学大学院美術研究科先端芸術表現専攻修士課程修了。
2015年　筑波大学大学院人間総合科学研究科芸術学専攻博士課程修了　芸術学博士号取得。
2019年　多摩美術大学美術学部情報デザイン学科非常勤講師。
2021年　同、芸術学科非常勤講師。

主な彫刻作品に、『山』(2008年／第12回岡本太郎現代芸術賞入選)、『↓』(2015年／群馬青年ビエンナーレ2015優秀賞)、『↓』(1923-1951)』(2019年／あいちトリエンナーレ2019出展)、『ロダンの言葉／高村光太郎をなぞる』(2020年／PUBLIC DEVICE(東京藝術大学大学美術館陳列館)出展)など。
主な編著書に、『彫刻の問題』(白川昌生、金井直との共著、トポフィル刊、2017年)、『彫刻1：空白の時代、戦時の彫刻／この国の彫刻のはじまりへ』(編共著、トポフィル刊、2018年)など。
また、『芸術新潮』『東京新聞』『美術手帖(ウェブ)』にて美術評を連載。文芸誌への評論寄稿多数。
その他の受賞に、2018年度ALLOTMENTトラベルアワード大賞(2018年)など。

それぞれの卒業設計

変わらないもの

私は美術大学の彫刻学科を出ているので、取り組んだのは「卒業設計」ではなく「卒業制作」であった。

はじめて公立美術館で作品を発表したのは24歳、大学院1年生の時で、そこで卒業制作を展示した。高さ5mほどの発泡スチロールの塊を、三角形のおにぎりのような形に仕上げ、頂点からシンナーを振りまいて溶かしていくと、溶けたスチロールは樹脂化して、氷山のような表面が生まれる。作品タイトルは『山』。洋の東西を問わず、彫刻史においては人物像ばかりが主題として取り上げられ、風景がモチーフとして扱われることはほとんどない、という事象に応答した作品であった。

それから私は評論を書くようになり、都市や公共空間へと関心は広がっていった。とは言え、美術史や彫刻史という既存の「語り」をどのように読み直すか、どのような問いを立てるのか、という姿勢は今も変わっていない。

卒業制作には、その作家の姿勢や態度が色濃く出るものだと感じる。それは、卒業設計でも同様ではないだろうか。

↓(1923-1951)／2019年、あいちトリエンナーレ2019の展示風景／Photo: Takeshi Hirabayashi

PRELIMINARY JURY
予選審査員

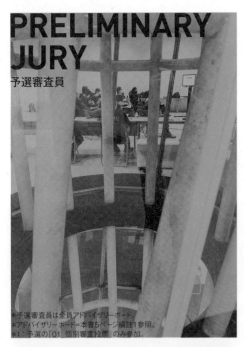

*予選審査員は全員アドバイザリーボード。
*アドバイザリーボード=本書5ページ編註1参照。
*1：予選の「01 個別審査投票」のみ参加。

小杉 栄次郎[*1]

こすぎ・えいじろう
建築家、秋田公立美術大学教授、
team Timberize副理事長

1968年　東京都生まれ。
1992年　東京大学工学部建築学科卒業。
　　　　磯崎新アトリエに勤務(-2001年)。
2002年　KUS一級建築士事務所を設立(-2015年)。
2011年-　NPO法人team Timberizeを設立、副理事長。
2013年　秋田公立美術大学美術学部美術学科景観デザイン専攻准教授
　　　　(-2018年)。
2017年-　一級建築士事務所コードアーキテクツを設立、共同代表。
2018年-　秋田公立美術大学美術学部美術学科景観デザイン専攻教授。

建築・都市の設計理論と実践を専門とし、木質・木造建築の新たな可能性を追求している。
主な建築作品に、『下馬の集合住宅』(2013年／第41回東京建築賞「共同住宅部門」奨励賞(2015年)、他)、『JR秋田駅待合ラウンジ』(2017年／Wood-Design賞2017最優秀賞(農林水産大臣賞)」など。
主な著書に、『都市木造のヴィジョンと技術』(共著、オーム社刊、2012年)など。

櫻井 一弥[*1]

さくらい・かずや
建築家、東北学院大学教授

1972年　宮城県仙台市生まれ。
1996年　東北大学工学部建築学科卒業。
1998年　同学大学院工学研究科都市・建築学専攻修士課程修了。
　　　　伊藤邦明都市・建築研究所に勤務(-2000年)。
2000年　東北大学大学院工学研究科都市・建築学専攻助手
　　　　(-2007年)。
2004年　博士(工学)取得。
2007年-　SOY source建築設計事務所を共同設立。
　　　　東北大学大学院工学研究科都市・建築学専攻助教(-2010年)。
2010年　東北学院大学工学部環境建設工学科准教授(-2014年)。
2014年-　同、教授。
2017年-　学校法人東北学院理事長特別補佐。

主な建築作品に、『日本バプテスト仙台基督教会』(2007年／グッドデザイン賞2008、他)、『S博士の家』(2008年／第5回キッズデザイン賞、他)、『田郷医院』(2012年／第1回北上市景観賞)、『富谷ファミリーメンタルクリニック』(2014年／日本建築学会第36回東北建築賞作品賞)など。
http://www.soy-source.com

五十嵐 太郎[*1]

セミファイナル コメンテータ

いがらし・たろう
建築史家、建築評論家、東北大学大学院教授

1967年　フランス、パリ生まれ。
1990年　東京大学工学部建築学科卒業。
1992年　同学大学院工学系研究科建築学専攻修士課程修了。
1997年　同、博士課程単位取得後退学。
2000年　博士(工学)取得。
2005年　東北大学大学院工学研究科都市・建築学専攻准教授(-2008年)。
2008年-　同、教授。

第11回ヴェネツィア・ビエンナーレ建築展日本館(2008年)コミッショナー、あいちトリエンナーレ2013芸術監督、『戦後日本住宅伝説』展(2014-15年)や『インポッシブル・アーキテクチャー』展(2019-20年)の監修、『3.11以後の建築』展(2014-15年)のゲスト・キュレーター、『窓』展(2019-20年)の学術協力を務める。第64回芸術選奨文部科学大臣芸術振興部門新人賞(2014年)を受賞。
主な著作に、『建築家の東京』(みすず書房刊、2000年)、『ビルディングタイプ学入門』(共著、誠文堂新光社刊、2000年)、『日本建築入門』(ちくま新書、筑摩書房刊、2016年)、『モダニズム崩壊後の建築』(青土社刊、2018年)など。

小野田 泰明

セミファイナル コメンテータ

おのだ・やすあき
建築計画者、東北大学大学院教授

1963年　石川県金沢市生まれ。
1986年　東北大学工学部建築学科卒業。
1993年　同学にて博士号(工学)取得。
1997年　同学大学院工学研究科都市・建築学専攻助教授(-2007年)。
1998年　UCLA(アメリカ合衆国)客員研究員(-1999年)。
2007年-　東北大学大学院工学研究科都市・建築学専攻教授。
2010年-　重慶大学建築学院(中華人民共和国)客員教授。
2012年-　東北大学大学院工学研究科都市・建築学専攻長(-2014年)。
　　　　同大学院災害科学国際研究所災害復興実践学教授。
2015年　香港大学客員教授(-2016年)。

建築計画者として参画した主な建築作品に、『せんだいメディアテーク』(2000年)、『横須賀美術館』(2006年)、『東北大学百周年記念会館 川内萩ホール』(2008年)など。
東日本大震災後は、岩手県釜石市にて復興ディレクター、宮城県石巻市復興推進会議副会長、宮城県七ヶ浜町復興アドバイザーなどを務めながら各地の復興計画に参画。アーキエイド発起人(2011年)。
主な受賞に、日本建築学会作品賞(2003年、阿部仁史と共同)、同作品賞(2016年)、公共建築賞(2017年、阿部仁史らと共同)など。
主な著書に、『プレ・デザインの思想』(TOTO出版刊、2013年)など。

齋藤 和哉

セミファイナル コメンテータ

さいとう・かずや
建築家

1979年　宮城県仙台市生まれ。
2001年　東北工業大学工学部建築学科卒業。
2003年　同学大学院工学研究科建築学専攻修士課程修了。
　　　　阿部仁史アトリエに勤務(-2004年)。
2004年　ティーハウス建築設計事務所に勤務(-2009年)。
2010年-　齋藤和哉建築設計事務所を設立、主宰。

主な建築作品に、『八木山のハウス』(2012年)、『浦和のハウス』(2019年)、『金蛇水神社外苑 Sando Terrace』(2020年)など。

恒松 良純

セミファイナル コメンテータ

つねまつ・よしずみ
建築計画研究者、東北学院大学准教授

1971年　東京都生まれ。
1995年　東京電機大学工学部建築学科卒業。
2001年　同学大学院工学研究科建築学専攻博士課程修了。
　　　　博士(工学)取得。
2002年　秋田工業高等専門学校環境都市工学科助手(-2006年)。
2006年　同、准教授(-2015年)。
2015年-　東北学院大学工学部環境建設工学科准教授。

主な著書に、『建築・都市計画のための　空間の文法』(共著、彰国社刊、2011年)、『建築・都市計画のための　調査・分析方法[改訂版]』(共著、日本建築学会編、井上書院刊、2012年)、『建築設計テキスト　図書館』(共著、彰国社刊、2016年)、『建築・都市計画のための　空間学事典[増補改訂版]』(共著、日本建築学会編、井上書院刊、2016年)、『空間五感――世界の建築・都市デザイン』(共著、日本建築学会編、井上書院刊、2021年)など。

友渕 貴之

セミファイナル コメンテータ
ファイナル 司会

ともぶち・たかゆき
建築家、地域計画者、宮城大学助教

1988年　和歌山県海南市生まれ。
2011年　神戸大学工学部建築学科卒業。
2013年　同大学大学院工学研究科建築学専攻博士課程前期課程修了。
2016年-　一般社団法人ふるさとの記憶ラボ理事。
　　　　　和歌山大学COC＋推進室特任助教（-2018年）。
2018年-　宮城大学事業構想学群価値創造デザイン学類助教。

主な活動に、宮城県気仙沼市大沢地区における復興計画（2021日本建築学会賞（業績・復旧復興特別賞））、造成計画、住宅設計、コミュニティデザインなどの総合的な集落デザイン、オープンスペースにおけるアクティビティ促進に向けたデザイン活動、国土交通、『直島建築──NAOSHIMA BLUEPRINT』（2016年）の制作といったアートワークなど。
主な受賞に、気仙沼市魚町・南町内湾地区復興まちづくりコンペ　アイデア賞（2012年、気仙沼みらい計画として）、気仙沼市復興祈念公園アイデアコンペ総合部門／モニュメント部門　優秀賞（2018年、共同受賞）など。

西澤 高男

セミファイナル コメンテータ

にしざわ・たかお
建築家、メディアアーティスト、
東北芸術工科大学准教授

1971年　東京都生まれ。
1993年　横浜国立大学工学部建設学科建築学コース卒業。
1994年-　メディアアートユニット Responsive Environmentを共同設立、共同主宰。
1995年　横浜国立大学大学院工学研究科計画建設学専攻修士課程修了。
　　　　　長谷川逸子・建築計画工房に勤務（-1998年）。
2002年-　ビルディングランドスケープ一級建築士事務所を山代悟と共同設立、共同主宰。
2007年　東北芸術工科大学デザイン工学部プロダクトデザイン学科准教授（-2012年）。
2012年-　同、建築・環境デザイン学科准教授。

近年の主な建築作品に、LVL厚板による木造準耐火建築『みやむら動物病院』（2015年／第19回木材活用コンクール 林野庁長官賞、ウッドデザイン賞2015、他）、リサーチとワークショップの積重ねで実現した『上島町ゆげ海の駅舎』（2017年／SDレビュー2016入選）など。

福屋 粧子

セミファイナル 司会

ふくや・しょうこ
建築家、東北工業大学准教授

1971年　東京都生まれ。
1994年　東京大学工学部反応化学科卒業。
1996年　同、建築学科卒業。
1998年　東京大学大学院工学系研究科建築学専攻修士課程修了。
1999年　妹島和世＋西沢立衛／SANAAに勤務（-2004年）。
2005年　福屋粧子建築設計事務所を設立（-2013年）。
2006年　慶應義塾大学理工学部システムデザイン工学科助教（-2010年）。
2013年-　AL建築設計事務所を小島善文、堀井義博と共同設立、共同主催。
2015年-　東北工業大学工学部建築学科准教授。

主な建築作品に、『梅田阪急ビルスカイロビー tomarigi』（2010年）、『八木山ゲートテラス』（2017年）など。
『東日本大震災における建築家による復興支援ネットワーク［アーキエイド］』から始まった宮城県石巻市牡鹿半島での復興まちづくりから、建築設計、家具デザインまで幅広いスケールでデザイン活動を行なっている。
主な受賞に、日本建築学会賞績賞（共同受賞、2015年）、第3回吉阪隆正賞（2015年）など。

本江 正茂

セミファイナル コメンテータ
ファイナル 司会

もとえ・まさしげ
建築家、東北大学大学院准教授、宮城大学教授

1966年　富山県富山市生まれ。
1989年　東京大学工学部建築学科卒業。
1993年　同大学大学院工学系研究科建築学専攻博士課程中退。
　　　　　同、助手（-2001年）。
2001年　宮城大学事業構想学部デザイン情報学科講師（-2006年）。
2006年-　東北大学大学院工学研究科都市・建築学専攻准教授。
2010年　せんだいスクール・オブ・デザイン校長（-2015年）。
2015年-　東北大学大学院工学研究科フィールドデザインセンター長。
2020年-　宮城大学事業構想学群価値創造デザイン学類教授（クロスアポイントメント）

システムデザイン作品に、『時空間ポエマー』、『MEGAHOUSE』など。
主な著訳書に、『シティ・オブ・ビット』（W.J. ミッチェル著、共訳、彰国社刊、1996年）、『Office Urbanism』（共著、新建築社刊、2003年）、『プロジェクト・ブック』（共著、彰国社刊、2005年）など。
http://www.motoelab.com/

中田 千彦

セミファイナル 司会

なかた・せんひこ
建築家、宮城大学教授

1965年　東京都生まれ。
1990年　東京藝術大学美術学部建築科卒業。
1993年　コロンビア大学大学院建築・都市・歴史保存学科　Master of Architecture（建築修士課程）修了（アメリカ合衆国ニューヨーク州）。
1994年　東京藝術大学美術学部建築科常勤助手（-1997年）。
1997年　京都造形芸術大学通信教育部専任講師（-2000年）。
　　　　　コロンビア大学大学院建築・都市・歴史保存学科研究員（-2000年）。
2000年　京都造形芸術大学芸術学部環境デザイン学科助教授（-2003年）。
2003年　新建築社に在籍。『新建築』誌、『a+u』誌副編集長（-2006年）。
　　　　　東京藝術大学大学院美術研究科建築専攻博士課程満期退学。
2005年　rengoDMS：連合設計社市谷建築事務所プロジェクトアーキテクト。
2006年-　宮城大学事業構想学部デザイン情報学科准教授（-2016年）。
2016年　同、教授（-2017年）。
2017年-　同学事業構想学群価値創造デザイン学類教授。価値創造デザイン学類長（-2020年）。
2020年-　同、学群長、事業構想学研究科長。

主な活動に、企業のブランド・ビルディングと空間デザインに関連する記事の作成、国土交通省、慶應義塾大学、日本建築センターとの共同によるプロジェクト、建築・空間デジタルアーカイブス（DAAS）の設立など。

濱 定史[*1]

セミファイナル コメンテータ

はま・さだし
山形大学助教

1978年　茨城県石岡市生まれ。
2002年　武蔵野美術大学造形学部建築学科卒業。
2004年　筑波大学大学院芸術研究科デザイン専攻修士課程修了。
2005年　里山建築研究所に勤務（-2007年）。
2009年　筑波大学大学院人間科学研究科芸術専攻博士課程修了。
2010年　東京理科大学理工学部第一部建築学科補手（-2012年）。
2012年　同、助教（-2017年）。
2017年-　山形大学工学部建築・デザイン学科助教。

主な活動に、日本およびアジアにおける伝統的な建築構法の研究、歴史的建築の保存・再生設計など。
主な共著に『小屋と倉』（建築資料研究社刊、2010年）、『建築フィールドワークの系譜』（日本建築学会編、昭和堂刊、2018年）など。

厳 爽

セミファイナル コメンテータ

やん・しゅあん
建築計画学者、宮城学院女子大学教授

1970年　中華人民共和国北京市生まれ。
1992年　中国礦業大学建築学科卒業（中華人民共和国）。
1998年　東京大学大学院工学系研究科建築学専攻修士課程修了。
2001年　同、博士課程修了。
　　　　　日本学術振興会特別研究員（東京大学大学院）。
2002年　東北大学大学院工学研究科リサーチフェロー（-2004年）。
2004年　宮城学院女子大学学芸学部生活文化学科准教授（-2011年）。
2011年-　同、教授。

専門は医療福祉建築の建築計画。主な受賞に、2006年度日本建築学会奨励賞など。
主な共著書に、『環境行動のデータファイル 空間デザインのための道具箱』（共著、彰国社刊、2003年）、『超高齢社会の福祉居住環境 暮らしを支える住宅・施設・まちの環境整備』（共著、中央法規出版刊、2008年）、『建築大百科事典』（共著、朝倉書店刊、2008年）など。ほか論文多数。

■芸術と文化を尊ぶ仙台

東北最大の繁華街である「国分町通り」と、かつて「日本の道100選」にも選ばれ、四季折々の祭りやイベントが開催される文化地区「定禅寺通り」、そして、仙台市の新市庁舎が計画されている官公庁地区「勾当台通り」。これら3つの通りは、仙台に新しいムーブメントが起きるきっかけとなる中心的なエリアであった。そして「定禅寺通り」に立つ「せんだいメディアテーク」(以下、smt)は、多様な世代に利用され、現在、芸術と文化を尊ぶ仙台を象徴する文化施設であると言っても過言ではないだろう。

もともと「東京エレクトロンホール宮城(宮城県民会館)」や「トークネットホール仙台(仙台市民会館)」などの公共施設が近接する「定禅寺通り」のエリアは、ミレニアム以降、さらに最先端の施設が加わった上に、デザイン性の高い新築マンションやブライダル施設、美しくリノベーションした美容サロンやレストランが軒を並べる、仙台でも指折りの文化エリアとなった。しかし、今回の新型コロナウイルス感染症(COVID-19)の拡大が、これら3つのエリアから人通りをすっかり奪ってしまったかのように見える。

■20年前の大雪の日

smtが開館した2001(平成13)年の1月26日、仙台は60年ぶりに大雪の日だった。大きなガラスの外壁面に映り込む真っ白なケヤキ並木と、ガラスを透過して浮かび上がる屋内の美しいデザインの家具や照明の姿が重なって微妙に変化し、smtは各階ごとに幻想的な表情を見せていた。そして、設計者である伊東豊雄の後の回想には、「はじめてsmtを訪れた仙台市民は、まるで以前からsmtを知っていたかのように、各階の隅々に至るまで、とても自然な振る舞いで楽しげに利用していた」とある。

そうしたsmtの開館時から活動を続ける団体の1つが「仙台建築都市学生会議[*1]」(以下、学生会議)である。学生会議は、世界的に有名な建築であるsmtが、仙台の「定禅寺通り」という自分たちの身近な場所にできたことをきっかけに、現在も学生会議のアドバイザー[*2]を務める阿部仁史、小野田泰明両名が呼びかけ、近県で建築を学ぶ学生たちによって組織された。週に1回、smt7階のスタジオと呼ばれるエリアを活動の拠点とし、数年後に「卒業設計の日本一」を決めるイベント「せんだいデザインリーグ 卒業設計日本一決定戦」(以下、SDL)を立ち上げた。

■SDLの成長とサポート体制

その後、SDLは知名度も出展者数も、あっという間に全国規模へと拡大し、右肩上がりの成長を続けてきた。しかし、その運営組織である学生会議は学生だけで構成されるため、SDL運営の主力となった実行委員会[*3]の学生たちは、毎年、卒業していく。このため4月になると新入生をスカウトし、先輩たちからの業務の引継ぎをもとに、毎年同じことを一から繰り返し作り上げなければならないという組織上の短所があった。むろん、毎年、違った個性の代表に率いられたフレッシュな顔ぶれの学生たちが活動することは学生会議の魅力の1つではあるが、彼らを周囲でサポートする側の苦労は大きかった。

■新たな緊急事態を乗り越えて

そんな折、新型コロナウイルス感染症の世界的な拡大である。

学生に限らず、人と人が集って密に連携し合うこと自体が難しい状況の中、SDLにおいても、従来のような大勢の学生たちによる人海戦術は使えない。

Curator's View

「UNDER CONSTRUCTION」であること。──せんだいメディアテーク開館20周年

清水 有(せんだいメディアテーク 企画事業係長、学芸員)

また、これまで先輩たちから引き継いできたスケジュール、タイミング（決定、依頼、告知など）、方針などをすべて見直さなければならず、学生会議の代表や主要なメンバーは、幾度となく途方に暮れる局面に直面した。

しかし、昨年、SDLを「SDL: Re-2020」としてすべてオンライン方式で実施した際の反省点を踏まえ、今年は、オンラインとオフラインのどちらでも参加できるというハイブリッド方式による審査とし、遠隔地から参加する出展者でも受賞できるチャンスをつくった。

また、限られた数の模型しか展示できない状況を逆手に取り、一定数の模型をできるだけ鑑賞しやすく展示。展覧会を実際に見ることのできない人へ向けたていねいな紹介映像を作成し、インターネット上に配信した。

中でも一番大きな成果は、昨年以来、出展作品それぞれのデジタル・データ（パネル、ポートフォリオの画像）を収集し、出展作品データのアーカイブの基礎をつくったことだ。こうして、今年の学生会議は、周囲のさまざまな心配をよそに、これまでデメリットととらえられていた点もメリットに変え、次の代へとバトンを渡したのである。

■節目ごとの警鐘──新陳代謝とsmtの無限の成長

さて、改めてsmtの開館からの20年を振り返ると、節目となる年は大抵「非常事態」に見舞われてきたように思う。開館した2001年は、アメリカ合衆国で「9.11同時多発テロ」が起き、2011年は、smt10周年の記念事業の最中に「3.11東日本大震災」に見舞われ、そして20年めの2021年は「新型コロナウイルス」が世界的に蔓延する、といった具合だ。

仙台では、最近、宮城県美術館（設計：前川國男、1981年竣工）の移転問題（2020年、現地改修が決定）、新たな市庁舎の建設（設計：千葉学建築計画事務所、2030年竣工予定）をはじめ、公共施設の移転や建替えの計画が次々と起こっている。smt開館から時代は一巡し、次の新たなステージを迎えているという感をぬぐえない。次の20年、「定禅寺通り」は、そしてsmtはどのように変貌していくのか？ 仙台市の中でどんな役割を果たしていくのか？ コロナ禍以降、多くの価値観が変化しているが、smtにおいては、社会やメディアの変化に対応しつつも、これまで同様、利用者や協働者と正面から向き合い、細やかに対応していくというスタンスは変わらないだろう。

全国的に見ても特別な場所であるsmtが、いつまでも多世代が交じり、それぞれの好奇心を刺激し合う「施設」であり続けるために、これからの20年も日々環境を整え、見直し続けること（UNDER CONSTRUCTION）を大切にしていきたい。

編註
*1 仙台建築都市学生会議：本書5ページ編註2、156～157ページ参照。
*2 アドバイザー：本書5ページ編註1参照。
*3 実行委員会：SDLの運営にあたるため学生会議内に、大学や各種学校3年生の学生を中心に結成される組織。毎年、SDLを終え4年生になると学生会議を引退する。

しみず・たもつ
1971年、山口県下関市生まれ。1994年、多摩美術大学美術学部芸術学科卒業。1994-99年、山口県徳山市美術博物館（現・周南市）美術担当学芸員を経て、1999年からはせんだいメディアテーク学芸員。現在は企画・活動支援室、企画事業係長。主な共著書に『博物館の歴史・理論・実践──挑戦する博物館』（京都造形芸術大学 東北芸術工科大学 出版局 藝術学舎刊、2018年）など。

Photo by Izuru Echigoya.

EXHIBITOR
SDL2021

出展者・作品一覧

本書105-144ページのリストは、「SDL2021」に応募した出展者の登録申請時の情報をもとに作成。学校学部学科名は、学校の改組再編などにより入学時と卒業時の名称が異なるものがあるが、原則として出展者の登録申請時の名称を優先し、混在する場合は「SDL2021」開催時点の名称に統一した。作品名は、原則として出展時のものに変更した。「作品概要／コンセプト」は、読者の混乱を避けるために、原文をもとに、一部、文章を変更したり、意味の取りにくい点を修正したり、数字や記号などの表記を統一した。

100選に付記した「審査講評」は、予選の100選選出審査で審査にあたった予選審査員8人が執筆。
執筆：[小]＝小野田 泰明、[齋]＝齋藤 和哉、[友]＝友渕 貴之、[中]＝中田 千彦、[西]＝西澤 高男、[福]＝福屋 粧子、[本]＝本江 正茂、[厳]＝厳 爽

*SDL＝せんだいデザインリーグ 卒業設計日本一決定戦
**1：予選通過作品の内、ID131、221はセミファイナルを辞退。
**2：出展全377作品の内、ID387は本人の意向により未掲載。

377 作品**2

作品名

| 顔写真 | ID 氏名 しめい 学校名 学部名 学科名 |
| 作品概要／コンセプト | 作品パネル |
| 審査講評 |

ID ＝SDL2021応募登録時に発行された出展ID番号。下3桁表示
百 ＝予選通過作品（100選）
S ＝セミファイナルの個別審査投票で選出。
　　セミファイナルの10選選出審査（せり）の対象となった作品
F ＝ファイナリスト、受賞名は別記
一 ＝日本一 　二 ＝日本二 　三 ＝日本三
特 ＝特別賞

*100選には審査講評を付記。
*原則として出展ID番号順に掲載しているが、スペースの関係上、一部前後を入れ替えている。

綴る
拝啓、400km先のあなたへ

001
海老原 耀 えびはら あきら
芝浦工業大学
建築学部 建築学科

東京と宮城、かつて紙がつないだ2つの街の関係は、東日本大震災をキッカケに途切れてしまった。震災から10年、400km離れた2つの街を建築がもう一度つなぐことで、「被災地」と「非被災地」を結ぶ、真の復興を考える。

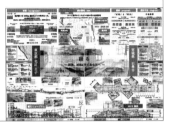

■ 審査講評

人為的な再開発行為は、震災などの自然災害と同様に、街に固有の産業や文化を奪っていくという着眼点が秀逸。産業や街並みについても緻密に分析されている。街の産業や街並みの再生計画に期待していたが、ポートフォリオを読み込んでいくと、「製紙業」を「手紙」に置き換え、建築形態の提案（手紙建築）に留まっている点に、やや表面的な理解による設計という印象を受けた。[厳]

ミチへの補助線
伊豆稲取を歩路で紡ぐ断片的建築群の提案

002
箭内 一輝 やない かずき
芝浦工業大学
建築学部 建築学科

探検が好きだ。見知らぬ場所を歩き、全身でそこの「日常」を感じ取り、解釈することにワクワクする。そんな感覚は、観光の表層化によって失われつつある。街を歩いて巡り、暮らしや地形を理解する「町内一体型観光施設」を提案する。

生死一如
街と接続し再構築される高架下空間

003
中川 遼 なかがわ りょう
立命館大学
理工学部 建築都市デザイン学科

現代の世の中において、すべての人が「死」に向かう存在でありながら、日常生活に「死」が入り込むことはあっても、「死」を意識して過ごすことは稀である。「生」の有限性を意識させる空間を構築する。

水門建築

004
小川 晃由 おがわ てるよし
東京都市大学
工学部 建築学科

川や海に囲まれた日本という島国になくてはならない水門。数年に一度だけ機能する巨大で無機質なインフラ。この水門の上に水門を管理する水門守が住み、日常的に利用できる避難施設の機能をもつ水門建築を提案する。

■ 審査講評

2020年は水害の続いた1年であった。恐ろしい水の力に抗すべく水門は、ヒューマンスケールを超えて、しかし街中の水際に立っている。水門は管理と制御の無人化が進むが、実際の災害時には遠隔操作が失効し、結局、人が行かねばならなくなって事故も起きてしまうという矛盾を孕んでいる。そこで、既存の水門3カ所に「水門守」の住居と避難施設を載せる。共通のデザイン言語で造形をまとめつつ、個々の水門の特徴を反映させた変化形を生み出す力量には確かなものがある。水害とともに生きる覚悟を示す建築である。[本]

鼓動するホール
鼓動化建築による新しい大規模ホールの在り方

005
浜島 涼平 はましま りょうへい
千葉工業大学
創造工学部 建築学科

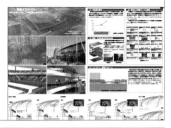

近年、音楽ライブは規模が大きくなり、ドームやアリーナでの開催が増えてきた。しかし、このような大規模会場は音楽用に特化していないため、ライブを真に楽しめない。音楽ライブ専用の大規模ホールを提案する。

ツルハシ…紀行空間が生まれる場所
マチに育てられながら、まちを味わう

006
山根 滉平 やまね こうへい
大阪工業大学
工学部 空間デザイン学科

「紀行空間」とは、たとえるなら「小説の映画化」。目に映る風景から妄想が始まり、コトバが浮かぶ。直感が動かすエンピツは空間をつくり出す。

今日、キリンと話をした。
路地の先はイキモノミチ

007
橋本 侑起 はしもと ゆうき
大阪工業大学
工学部 空間デザイン学科

大阪市の天王寺に現れた「イキモノミチ」。そこを歩くと生きものと心が通じる。「他人ごと」であった生きものの絶滅や密度が「自分ごと」に。「今日、キリンと話をした」。そんなことを当たり前のように感じる「いつものミチ」を提案する。

■ 審査講評

大阪の繁華街に隣接する天王寺動物園の中に、滞在機能を備えた通り抜け通路を設計することで、街と動物の共生関係を再考する作品。平面計画では通路がキリンの網目模様のように曲がりくねり、全貌をつかみにくいサバンナが現れる。都会人がここに迷い込めば、野生の勘を研ぎ澄まされそうだ。しかし、作者は、街の分断には意識的な反面、イキモノの居場所側を裏側として扱い、再び街を分断する状況を自らつくり出してしまっている。楽観的でのびやかな生き物視点で、人間と動物がほんとうに入り交じる空間構成をつくることもできたのではないか。[福]

神とシロアリ
死生を見つめる場

008
橋本 遼平 はしもと りょうへい
大阪工業大学
ロボティクス&デザイン工学部 空間デザイン学科

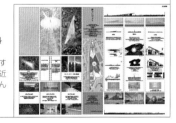

梅田は大阪市のキタに位置し、多くの超高層ビルが林立するオフィス街。死を悼む場所を日常にある場所として身近な存在に。この地は新たなコミュニティの場であり、みんなが共有すべきことをここから発信するよう願う。

さぬき　お遍路　明日への心路
時代を超える、美しき廻国文化の継承空間

009
坂本 茉優 さかもと まゆ
大阪工業大学
工学部 空間デザイン学科

お遍路は古から四国の日常であったが、近年、簡略化されいく中で本当の価値は歩くことと、その道中での経験にあると考える。お遍路を体現する中での気持ちの変化を幻想空間としてデザインした。お遍路は日々更新されていくだろう。

地霊園
集積していく記憶の空間化

010
小栗 由梨乃 おぐり ゆりの
慶應義塾大学
理工学部 システムデザイン工学科

墓は大切な人との記憶をつなげてくれる場所である。再開発が進み、日々の何気ない生活景を失いつつある東京の月島において、地域の記憶とそこに生きた人々の記憶が蓄積し、空間となって現れていく霊園を提案する。

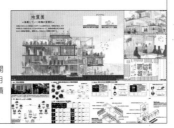

人間というノイズ
集団的生存確率を意識する空間

011
千賀 拓輔 せんが たくほ
大阪工業大学
工学部 空間デザイン学科

絶滅危惧種を無菌状態の中で、人が増やそうとしても絶滅を防げない。ある生命の生存にはまわりの生命が深く関わっている。人もまた然り。人だけではなく生命全体の生存確率を意識することが人の生存確率を上げる。

商店街における公共的余白

百 S
F

012
竹村 寿樹 たけむら としき
千葉工業大学
創造工学部 建築学科

本設計は過密な都市の余白としての公共空間（＝公共的余白）の可能性に着目した都市の代謝手法の提案であり、その実践として旧来型の商業空間である商店街に、公共的余白を持った4つの建築の挿入を提案する。

審査講評

衰退が予想される従前の商業空間に、リサーチにより顕在化させたニーズを満たす公共的な場を設けていくという試みである。商店街特有の「振る舞い」について調査した上で、空間構成の要素を抽象化した「公共的余白」を生み出す建築を提案し、これまでの商業空間の常識であった、最大の売り場面積を確保するという経済合理性の先にある、通りの魅力をつくり出している。ていねいなリサーチと敷地の読み込みをしていて、説得力を持つ作品である。[西]

建土のうろ

百

013
杖村 滉一郎 つえむら こういちろう
東京理科大学
工学部 第一部 建築学科

東京の飯田橋に巨大なボイド（空隙）を空け、現れる土木構造物に建築スケール（寸法体系）による要素を挿入し8層のレベルをつなぐ。建築と土木を合わせた空間により、大樹のうろのように人が寄り添える場所を提案。

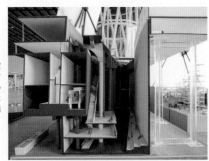

審査講評

巨大な土木構築物である地下空間は、大きなボイド（空白）空間というそれだけで、見る人の美意識を刺激する。しかしながら貯水槽や防空壕、倉庫や工場など、その存在の合理的な理由、必然性があるからこそ実現するもので、建築家の夢想する「そうあってほしい」というセンチメンタルな動機だけではなかなか実現し難い。他方、その合理的理由や必然性を見出すための試行錯誤も建築家の仕事であるならば、この提案の造形の魅力を評価しても良いと思えてくる。[中]

"ただいま"と"おかえり"を
子どもが社会と接続するための商店街

014
今野 隆哉 こんの りゅうや
東北工業大学
工学部 建築学科

私が子供の頃に過ごした街では、かつて社会と触れる機会が数多くあったが、街の衰退に伴い、そういう機会が失われてきた。そこで子供たちが放課後に過ごす場所を商店街の中に設計し、子供と社会との接続、商店街の今後のあり方ついて提案する。

縁を漉く
美濃和紙の構造化による公園工房の創出

百

015
加藤 亜海 かとう あみ
神戸大学
工学部 建築学専攻・建築学科

長い歴史を持つ伝統工芸である美濃和紙も、時代に合わせた変化を求められている。美濃和紙を構造体化することで、和紙の概念を拡張すると同時に建築の概念をも拡張し、新たな美濃和紙工房のあり方を提案する。

審査講評

つくられた空間としては、やや単純で、建築として弱く感じられたものの、内部のイメージなどはていねいに描かれており、和紙を用いてつくられた、やさしい空間が美しいという意見が多かった。和紙を建築全体に展開することの可能性を示した作品である。[友]

長島協奏曲

百

016
篠山 航大 ささやま こうだい
神戸大学
工学部 建築学専攻・建築学科

1世紀近く続いたハンセン病の強制隔離の島、岡山県の長島。土地に結び付いた隔離の記憶を後世に伝えるための、建築とランドスケープ（地形）の提案。

審査講評

瀬戸内海に浮かぶ、岡山県の長島に現存する国立のハンセン病療養所。現在、ここに住んでいるのは強制隔離された元患者のみであるため、将来的には人も記憶も無くなってしまう。この島の歴史を象徴する土地を5つ選定し、そこに元患者の記憶を追体験できる施設と宿泊施設を計画した。彼らの生きる糧であった音楽活動に着目し、各建築に小さな音楽ホールを設けることで、その記憶を継承するという物語と、提案された建築の世界観に説得力があったため100選に残った。[齋]

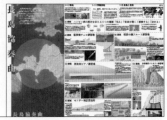

古都工園
浦口駅ー廃線工業文解

018
楊 頌南 よう しょうなん
芝浦工業大学
建築学部 建築学科

工業地域でありながら、多くの観光客が訪問する中華人民共和国、南京市浦口区。100年前に廃線となり、独特の雰囲気を持つ浦口駅の「工業」の特性を活かして、歴史的建造物と新しい建物を融合させ、駅周辺を住民と観光客の「工園」に進化させる構想である。

「タワマン」解体
"着脱するイメージ"

019
石崎 晴也 いしざき はるや
山田 隆介 やまだ りゅうすけ
東京理科大学
工学部 第一部 建築学科

資本主義社会により構築されたニュートラルなランドマーク、「タワマン（タワー・マンション）」を、その「イメージ」とともに転用、解体しながら、都市における新しい履歴として「タワマン」の現れ方を提案する。

■ 審査講評

将来の処理が都市問題として理解されながらも、効果的な処方箋が難しかったタワー・マンション（以下、タワマン）について、徐々に容積を減らしながら、集合住宅→物流施設→美術館→複合施設と、新たな機能を展開させる計画となっている。
最終的にはタワマンがあったところをボイド（吹抜け）として抱える複合施設となり、地域の拠点に育っていく。重要な問題を対象として選び、その問題を時空間のデザインとして解いたアプローチは独創的で、読み込めば読み込むほど味のある作品である。[小]

いにしえの眺めに想いをはせる
失われた風景の再編と環境順応建築

020
橋本 拓歩 はしもと たくほ
京都精華大学
デザイン学部 建築学科 建築コース

滋賀県草津市「矢橋帰帆島」には古くより人と自然が共生する美しい風景があった。しかし、下水処理場や人工島が建設されたことによって風景は失われ、環境は大きく変化してしまった。人と自然との両方が一体となって生まれる美しい風景と空間を再編。

窓際族
都市ストックに生活景を

021
野村 晃紀 のむら こうき
関西学院大学
総合政策学部 都市政策学科

埋立てによって、高波から人の生命や財産を守るという本来の機能を失った防潮堤。そこは、人々に忘れ去られた「窓際族」的な存在の場である。「窓際族」の防潮堤が再び都市の中で新しい生活景を生み出すまでを提案する。

■ 審査講評

忘れ去られた土木構築物を、職場の「窓際族」に見立てて、生活に密着した「人の居場所」として作り替えていくことによって、豊かな日常が生まれるという提案である。着眼点と作品のネーミングがユニーク。作品を1枚のパネルにわかりやすく表現するプレゼンテーション力も高い。一方で、「居場所」としての趣や建築としての造形には、検討の余地がまだあると感じる。[厳]

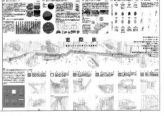

ひとが、ものが、ひとつになる
住民参加と廃材再利用を助長する設計手法の提案

022
石川 直樹 いしかわ なおき
東京理科大学
工学部 第一部 建築学科

衰退する地方で街の活性化を図るための地方公共建築の建築空間の構成を、計画時から住民が思考する。完成後に、住民の空間リテラシー（読解力）を育む建築とその設計手法の提案。

伊勢ノ水面ニ柱ハ眠ル
御用木の水中乾燥を祭事とする計画

023
小笠原 隆 おがさわら ゆたか
名城大学
理工学部 建築学科

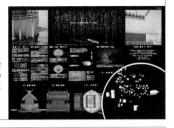

三重県、伊勢神宮の御用材を扱う工作場に、新たな社を建立する。いつの日か堂々たる柱となるために、丸太を水中に眠らせて目覚めを待ち望む。それは、揺れ動く船舶のような神明造。水面に浮かぶ126社目の所管社として。

湖浄の堰堤
瀬田川洗堰の環境装置化

024
大西 健太 おおにし けんた
神戸大学
工学部 建築学専攻・建築学科

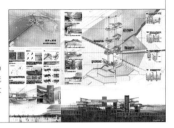

自然の美しさと土木構築物の力強さ、これらを取りまとめる建築のあり方とは何か。近畿地方の治水を司る瀬田川洗堰に水質浄化の機能を付与し、洗堰の空間的な魅力を最大限に引き出す。

まちに滲出する海床
青島と生きる大地の建築

025
小野原 祐人 おのはら ゆうと
神戸大学
工学部 建築学専攻・建築学科

宮崎県にある青島は、「鬼の洗濯板」や植物群落などを内包する自然豊かな島である。青島の豊かな空間体験や景観と並行するような「虚の青島」を、ジオ・パークの機能と絡めて陸側に設計する。

地形をつくる
人工地盤上にあらわれ積層する暮らし

026
依藤 一二三 よりふじ ひふみ
関西大学
環境都市工学部 建築学科

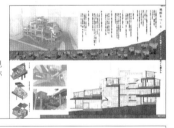

各場所に「人の暮らし」という背景がなく、人との分断が見られる土地に、人それぞれが持つ我の表れる地形を人々が共有して生きていくことのできるかたちを提案する。

煙突
町に絡ませ、昇華する

027
千葉 遼 ちば はるむ
東京理科大学
工学部 第一部 建築学科

かつて東京の千住には「お化け煙突」と言われた街のシンボルが存在していた。煙突の消えつつある現代における原風景の保存と継承。同時に、煙突を用いて、低層の建物や細い路地を上部方向に伸ばして昇華することを本提案の目的とする。

自然に応答する
アフターコロナにおける分散型オフィスのあり方

028
藤谷 優太 ふじや ゆうた
神戸大学
工学部 建築学専攻・建築学科

現代のオフィスは、これまで「機能」を重視した均質空間を求めてきた。しかし近年、情報社会の発展に伴い、不均質な知的生産の場を求める流れが生じている。そこで、自然という「ムラ」を取り入れ創造性に富んだ郊外型オフィスを提案する。

花渦
イキバのない花たちの再資源化場

029
櫻田 留奈 さくらだ るな
立命館大学
理工学部
建築都市デザイン学科

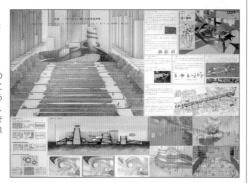

花の総生産量の64％以上は人の目に触れずに殺されている。これはフードロスの2倍以上であるが、一般の認知度は低い。そこで、ただ殺される花たちに生まれてきた意味を持たせ、人々が花に触れる機会をつくる場を提案する。

■ 審査講評
フードロス（食品の廃棄問題）ならぬフラワーロスによって、国内で生産される花卉の64％以上が廃棄されている。捨てられるはずの花を集め、加工したり、家畜の飼料にしたりして、最後は土に戻して花畑に返す。人々がそのフロー（流れ）を経験するための空間を、つぼみから開花までの動きをモチーフとした螺旋の形状にまとめた。
花を無駄にしないというロマンチックな着眼と環境問題と接続した斬新な問題設定、それを的確な造形に落とし込んだ力量が評価された。[本]

編戸
網戸を編む

031
山下 裕子 やました ゆうこ
慶應義塾大学
環境情報学部　環境情報学科

本設計は、自宅の網戸に風景を編んだものである。私は、網戸などの物理的にそこにあるのにないことにされてしまう黒子のようなものに光を当てて、設計を行ないたい。

■ 審査講評
網戸を「風景を写し込むスクリーン」ととらえ、実際に網戸を編む作品。建築の一部でありながら黒子であり続ける部材に着目し、表現媒体とした鋭い視点の作品である。クロスステッチなどの刺繍技法を参照しながら、黒の濃淡のみで風景を写し取るために、プログラムと自動編機を制作し、製作した縮尺1:1（原寸大）の網戸そのものが作品となる。
新型コロナウイルス（COVID-19）感染拡大による外出自粛によって生活が一変した2020年に、大きく意味を変えた開口部と真正面から向き合った作品として満票を獲得。[福]

町ウツシ
醤油蔵遺構と町並み景観の再編

032
松野 泰己 まつの たいき
立命館大学
理工学部　建築都市デザイン学科

老朽化する醤油発祥地である街。都市部の発展に伴って、ここは高齢者が残る街となる。そこで醤油蔵遺構をそのままに、街並みの立面の組替えを行ない、新たな空間構成を生む。

■ 審査講評
産業の衰退とともに街並みが失われつつある地方都市において、醤油蔵の外観を残した上で銭湯にコンバージョン（用途転換）して活用。直接的な機能を持たない部分については、立面や屋根面の角度をずらすことでこの場所の価値を転換していこうという、大胆な空間再編の試みである。壁を斜めに、屋根を水平面にするという形態操作によって立体を切り開き、連続性と開放感を生み出すことで、歴史的に貴重な産業遺構を保存しながらも、非日常感にあふれる空間体験を生み出している。[西]

学び続ける道
覗いたその先に見える交通空間での学習と伝播

034
小林 みらの こばやし みらの
東洋大学
ライフデザイン学部　人間環境デザイン学科

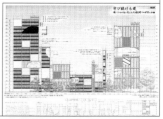

コロナ禍（COVID-19）による授業の遠隔化により、学校での「休み時間」の存在が希薄となる昨今。休み時間に「交通空間」で和気藹々と過ごすことにも価値があると再認識させる提案。学びの基礎「繰り返す」「続ける」を形態コンセプトとした。

共存スル残映
小山市中地区を対象とした地域振興の提案

035
木村 龍汰朗 きむら りょうたろう
小山工業高等専門学校
建築学科

かつて栄えた宿場町は、その面影を残して衰退した。時代の流れとともに、沈みゆく風景。過去の「宿場」と今の「農業」を共存させ、栃木県小山市中地区を対象に消えない記憶を未来へつなぐ。

rhythms
site: Kyobasi, Osaka, Japan, Earth(, cosmos)

036
周戸 南々香 しゅうど ななか
京都大学
工学部　建築学科

たとえば時刻表のように、日常、私たちが意識する律動（リズム）はとても限られている。しかし、この世界を俯瞰すると、あまりに多くのリズムの中に生活があることに気づく。ヒトも含んだ自然のリズムを可視化する駅。

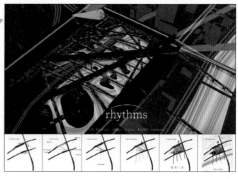

■ 審査講評
計画地は大阪の中でも水辺に近接した立体的な都市構造が複雑に交錯する場所で、その空間の中に、ある種の音楽性（musicality）を見出していることはとても興味深い。都市開発は、近年の梅田のように、一旦更地に戻してから行なうと均一化した風景になりがちである。
しかし、通路や河川、線路などの既存の都市構造を前提として、それらを掻い潜るように計画しなければならないということを、逆に設計の味方につけると、こうした動かしがたい一見、邪魔な存在が、通奏低音のように都市の旋律の骨格として意味を持つ、という示唆に富む設計である。[中]

Complex Prism
Book Bankが魅せる本の一生

037
久保 雪乃 くぼ ゆきの
近畿大学
工学部　建築学科

本の価値は、本を開き日の目を浴びた時に生じる。ページをめくる度に、その人の思い出や経験に変わるから、本棚で眠る本をもう一度目覚めさせる。この光り輝く塔で煌めく本に誰かが気づいた時、何かを思うきっかけとなりますように。

■ 審査講評
本と人の関係性を解き直すとともに、本自体の意味を見つめ直した作品である。年々、電子化が進んでいく世の中で、本という物質を集合させることの可能性を建築として表現し、さらには本と人との新しい関係性を構築し直そうとする作者の意欲的な態度が評価された。[友]

復興のランドスケープ
仮設住居の建材を再利用した住居群と大屋根と円形広場が作り出す新しいバヤン村

038
川端 歩実 かわばた あゆみ
近畿大学
建築学部 建築学科

2018年のロンボク島地震を機に、対象地のインドネシア、バヤン村では豊かな文化が失われてきている。バヤン村の復興のため、仮設住居の建材を利用した新たな住居、これまでバヤン村になかった新たな体験ができる空間を提案する。

流れ着いた先の波紋

039
鍵谷 新 かぎたに あらた
新潟工科大学
工学部 工学科

砂浜への漂着物を利用したアート作品を展示することで、海洋ゴミ削減の啓発を目標としたミュージアムの提案。近年、世界で問題となっている海洋ゴミという環境問題に、建築を通して向き合うことができないかと考えた。

忘れない、けれど変わりゆく
歴史的観光都市ならまちにおける保存と開発の棲み分け

040
森 風香 もり ふうか
大阪市立大学
生活科学部 居住環境学科

保存と開発という二項対立の問題を抱える歴史的観光都市。その両立の手法として、自治体の選択する「外形的な保存とその内部の開発」に疑問を感じる。両立ではなく共存をめざし、より活気のある都市を提案する。

再生の場

042
平山 茉歩 ひらやま まほ
日本大学
理工学部 建築学科

2020年に疫病が流行し目まぐるしく社会が変化する中、あらゆる場所で孤立し、社会に追いつけず疲労する人々がいる。これはとある都市に建つ、とあるビルの地下を敷地に、彼らが「再び生きる力」を得る建築である。

Microcosmos

043
佐藤 春樹 さとう はるき
北海道芸術デザイン専門学校
建築デザイン学科建築士専攻

人々の記憶の器として美しく汚れ、何気ない日常の中に溶け込み、その日常を見守るかのように佇む建物たちは、築50年を目途に取り壊される。破壊して更新するのではなく、既存建物を残しつつ、その上部に増築する方法で更新することはできないだろうか。

Anime Line
ナニワ廃線跡にできた非日常空間

044
東條 鴻介 とうじょう こうすけ
金沢工業大学
環境・建築学部 建築デザイン学科

私は現実から距離を置きたい時にアニメを観る。アニメという非日常の世界を容易に体験できる要素を抽出、空間化させることで、そこは現実から逃げ出したい人にとっての新たな拠点となるのではないか。

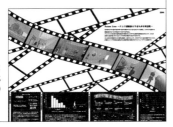

トリビュート建築
建築的遺伝子の街への散種と生きられた美術館

045
鈴木 裕香 すずき ゆうか
明治大学
理工学部 建築学科

文化的価値のある建築の遺伝子を受け継ぐ新しい建築を創れないだろうか。保存問題が露呈した宮城県美術館を題材に、トリビュート建築を提案。この建築を街の中に分散配置することで、建築と美術を街や日常に溶かすことをめざす。

▶ 審査講評
保存問題で揺れ動いた、前川國男設計の宮城県美術館。建築の遺伝子を受け継ぐ、9つの「トリビュート建築」を都市にちりばめることで、建物の機能的欠陥を補いつつ、周辺住民などが日常的に介入できる次世代の美術館として再整備する計画である。
トリビュート＝再構築、再解釈することで、オリジナルの良さを再認識するという考え方は、今後の建築物の保存方法として有効だと思われた。また、それぞれの建築もていねいに設計されているため100選に残った。[齋]

朽ちる建築
変化に柔軟な建築の提案

046
長野 太一 ながの たいち
九州産業大学
建築都市工学部 建築学科

人が利用した後のことを考えていない現在の住宅に対して、はじめから人が利用した後のことを考えて設計する。建築が朽ちる過程で、人から動植物へと、利用者が変化する住宅。

居住的酒場道

047
大林 賢矢 おおばやし けんや
琉球大学
工学部 環境建設工学科 建築コース

酒場と住居は、酒場道を媒介して1つの建築物となる。地上階から屋上階まで、建築物の表面に酒場道を巡らせ、酒場と住居が複合した施設をつくる。酒場道は、両者の機能を担い、この場所ならではの新しい生活が生まれる。

気風に蒼より深く染まりゆく

049
松原 育幹 まつばら いくみ
近畿大学
建築学部 建築学科

日本を象徴する伝統色、藍色。藍の生産地である徳島県で、藍生産の各工程が地域固有の風景に共鳴し、阿波の風景地をつくる。

歩道橋横丁
行き場をなくした歩道橋の逆襲と侵食

050
園部 裕子 そのべ ゆうこ
名古屋工業大学
工学部 第一部 建築・デザイン工学科

現在、存在意義が薄くなっている歩道橋。しかし、そこに存在した概念、歴史、合理性は残るはずだ。歩道橋を撤去せずに、どうにかして残したい。そのために通行の空間から滞在の空間へと変えるコンバージョン（用途転換）計画。

境界から考える
郊外住宅地更新計画

051
今野 琢音 こんの たくと
東北工業大学
工学部 建築学科

地方都市の郊外。どこにでもある均質な街は高齢化、空き家、住居の劣化など、さまざまな問題を抱える。擁壁や塀によって周囲と断絶された敷地境界周辺を、住宅地再編のための「余白」としてとらえ、更新計画を模索する。

都市の散らかし
近視眼的主体による既存システムのセミラティス化

052
柿島 静哉 かきしま しずや
明治大学
理工学部 建築学科

「モノ」が既存のシステムを越境するような使われ方をすることにより、別のネットワークに上書きされ、システムがセミラティス（網状交差図式）化する。これを「散らかし」と定義する。部屋の散らかり方を分析し、そのメカニズムを都市に転用する。

農と住宅をつなぐ回廊
生産緑地と住宅地の関係の再編とこれからのコミュニティの提案

053
間宮 里咲 まみや りさ
明治大学
理工学部 建築学科

2022年から宅地化の進むことが危惧されている生産緑地と住宅地の関係を再編することで、生産緑地が地域の中心の場として生まれ変わる未来の風景をつくる。多様な住人と農業を織り交ぜることで農地を継承する。

浸水想定地域におけるこれからの消防署

054
服部 馨斗 はっとり けいと
名古屋市立大学
芸術工学部 建築都市デザイン学科

浸水想定地域にある消防本部は全体の4割である。災害時に救助の拠点としての機能を失わず、市民の防災意識を醸成し、消防士、消防団、市民が一体的な関係を築いていくことを目的とした複合型消防署の提案。

鳥獣塔
想像を誘う 街の塔

百 S

057
八木 このみ やぎ このみ
東京理科大学
工学部 第一部 建築学科

多様な想像を誘発する東京の高田馬場に、都市軸となる鳥獣塔を作り出す。街に点在するすき間を巻き込み、つなぎ、道とする。そこは、生活とともに変化する人々の拠り所となる。街に新たな都市軸、そして、ストーリーが生まれていく。

■ 審査講評

塔状に空間を積層させた作品は近年の卒業設計で数多く散見されるスキーマ（計画）だが、本作品では、東京、高田馬場の雑多でありながら魅力的な環境をサーベイ（調査）し、その結果に着想を得た小空間を鳥獣と人が共生する建築として構築している。
一見、凸状の形態が前面に出る印象だが、ていねいに読み込むと、街に点在するすき間を巻き込み、つなぎ、道となった凹状の空間が新たな都市軸としてつくられていることが見えてくる。美しいパース（透視図）が独自の世界を提示する魅力的な作品である。[小]

畝る混凝土
緑在る調節池と空間を内包する丘

056
筒井 宥剛 つつい ゆうご
東洋大学
ライフデザイン学部 人間環境デザイン学科

自然環境の変化は、現代建築を再構築させることとなるだろう。人間の持つ高等技術を、今日よりも他の動植物のために使用することで、いずれ人間にも利益として返ってくる、畝る混凝土とは互恵的利他主義な建築そのものだ。

被服建築

百 ▨

058
杉野 喬生 すぎの たかお
明治大学
理工学部 建築学科

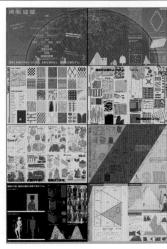

建築の特性を取り込んだ建築的衣服と衣服の特性を取り込んだ衣服的建築を設計する。上記を実現するべく、建築と衣服をさまざまなスケール・トピック（評価軸）で比較・分析した雑誌の設計を行なう。

■ 審査講評

ファッション誌のような体裁のポートフォリオ。衣服と建築の比較においては、技術の進化や素材の多様化が両者へ与える影響、サステイナビリティ（持続可能性）の視点など、問題を掘り下げていく余地はまだまだ残っている。建築もファッションのいずれも、その本質は「強・用・美」であるが、最終的に提案された作品において「美」が十分に実現できているだろうか。[厳]

産土に巡る
粘土鉱山を街に織り込む巡歴路

059
西田 造 にしだ いたる
京都大学
工学部 建築学科

やきものの産地である愛知県、瀬戸。しかし、窯業を支える巨大な粘土鉱山は次第に樹林で隠され、隣接する市街地からも見ることができなくなった。忘れられゆくこの土地のルーツを再び思い起こさせるため、山と街をつなぐ道を、ここに構想する。

Nowhere but Enoshima
これは、小さな世界の小さな逃避行だ

060
小柳 凪紗 こやなぎ なぎさ
工学院大学
建築学部 建築デザイン学科

舞台は神奈川県の江の島。観光客は自然と景観を求めてこの地にやってくる。しかし、多くの人でにぎわう観光地で本当に自然を感じられるのだろうか。この場所に、喧騒から逃れ、自然の中に逃げ隠れるための7つの隠れ処を提案する。

外に中る
コロナによって大学は変わるのか

061
高瀬 暁大 たかせ あきひろ
東京理科大学
工学部 第一部 建築学科

新型コロナウイルス（COVID-19）によって、日本の大学は現在、そのあり方を問われている。withコロナとも呼ばれる現代社会において、学生だけでなく地域住民にとっても、自由で快適な外部空間を持った大学を提案する。

水と向き合う、この街の巡り方

062
中村 遼 なかむら りょう
東京大学
工学部 建築学科

近年、アートとカフェの街として名を馳せる東京の清澄白河だが、街に張り巡らされた運河は都市の空地となっている。潮の干満や生命を救うインフラを主役とし、舟でこの街を巡りながら「水」を肌で感じ取るための提案。

時の痕跡
過去を重ね、未来を作る

063
鐘江 大輔 かねがえ だいすけ
茨城大学
工学部 都市システム工学科

島に流れる時間は古いもの、使われなくなったもの、記憶に対して寛容だ。ここでは自然が島を包み、島が建築を包み、建築が人を包む。この関係は時を重ねるごとに曖昧になり、最後は遺跡として人と自然との共存の道標となる。

徘徊個処
渋谷の屋上に寄生して

064
矢田 瑛己 やだ えいき
法政大学
デザイン工学部 建築学科

似た者同士が集まる経済的な都市空間に私たちの「個」はあるのだろうか。東京、渋谷にいる、それぞれ個性を持った人々がもう一度都市を徘徊し、各自の「個」を認識できる都市空間を考える。

景験
土地の裂け目に宿る神性

065
星野 雄一 ほしの ゆういち
東洋大学
理工学部 建築学科

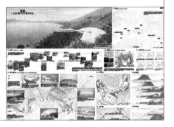

伊勢神宮参詣者の「おはらい町」として栄えてきた三重県、二見町の形式化・簡略化した観光体験を更新する。名所、二見の風景を切り取り、さまざまなアクティビティ(活動)を通じて風景を体験でき、「聖」と「俗」が交錯する「場所」を設計する。

ながれとよどみ
みち的空間によるまちとインフラの融解

百

067
古田 祐紀 ふるた ゆうき
大阪大学
工学部 地球総合工学科

「ながれ」(移動的行為)と「よどみ」(滞留的行為)が同一空間に存在し相乗効果を生み出している空間(みち的空間)を用いて、切り離されている街とインフラを融解し一体化させることができるのではないか。

最期を歩き、最期を知る
歩く新たな都市型火葬場の提案

百

068
鶴井 洋佑 つるい ようすけ
芝浦工業大学
建築学部 建築学科

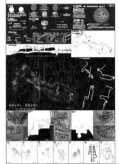

都市における火葬場は、都市の生活から死が分離されている様を具現化する公共施設である。本提案では、火葬場の普及とともに、遺族と故人がともに歩く時間の失われたことに主眼を置き、都市と火葬場の関係を再考するための建築を設計する。

日本橋2035年構想

069
杉山 真道 すぎやま まさみち
芝浦工業大学
建築学部 建築学科

日本の建築の特徴として新陳代謝が挙げられる。新しいものが取って代わり、古いものは都市の歴史的な文脈から世に作り出されたとしても、残り続けることが許されない。歴史を積み上げてきた東京の日本橋に、首都高速道路の残る建築の提案。

CITY SLOW LIVING
気ままに過ごす都市風景

072
遠藤 瑞帆 えんどう みずほ
九州大学
工学部 建築学科

現代社会のスピード感に疲れ、ストレスを抱える人々が多い都市の中に、ゆっくりと時間が流れる「City Slow Living」を提案する。そこでは、路上に人々が集い、スローライフを楽しむ。

サカリバヤクバ
包摂と共存のパブリックライフ

073
平田 颯彦 ひらた たつひこ
九州大学
工学部 建築学科

人々を社会的に包摂してきた盛り場と役場。それらを複合した建築と公共空間によって、都市の中で分断される個人それぞれの居場所の獲得や相互理解を達成する提案。本庁舎のヒロバヤクバと街に分散するエダヤクバの2つを設計する。

A＝A'
身体と想像力に関する実験

074
山崎 健太郎 やまざき けんたろう
東北工業大学
工学部　建築学科

現代の、視覚に頼った脆弱な空間体験を鑑み、この世界には、もう1つの世界があるのではないかと考えた。物理的な形の断片に触れて連想する、個人の想像力で空間を認知する世界。そんな「A'」の空間を設計する。

審査講評

人間はどのように空間を知覚しているのか。木造アパートの1室で視覚情報を遮断して過ごした24時間の滞在を克明に記した、体験による空間の記述である。おそらくそこは、視覚情報をもとに認識すると「何の変哲もない」木造アパートの1室であったのだろうが、彼の知覚によって描かれた世界は、発見に満ちた体験の集積となっている。彼にとってこれは、産まれたての乳児が世界を獲得していく過程を記述していくかのような、新鮮な体験だったのではないだろうか。[西]

都市の農場
農業をベースとした持続可能な都市の研究

075
高橋 裕哉 たかはし ゆうや
東京造形大学
造形学部　デザイン学科

私は日本の食料自給率の低さを危惧している。その根底に潜むのは農民の苦境である。本作品は、農民の苦境を解決し、食料自給率向上の第1ステップになるであろう大規模農業建築の構想である。

Composition for colony
形態から考える宇宙建築

076
青木 快大 あおき かいと
東京理科大学
理工学部　建築学科

近年、宇宙を舞台とした計画案が多く見られるが、その空間については建築の視点から考えることが必要である。しかし、既存の計画には宇宙空間の敷地条件を組み込み切れていない。そこで、宇宙環境の条件をもとに、宇宙建築の形態と構成を検討する。

第三台場　遺構とアートのミュージアム
歴史・文化・風土の記憶とアイデンティティを共有する空間

078
大坪 さわこ おおつぼ さわこ
日本女子大学
家政学部　住居学科

現存する東京の品川台場の1つ、第三台場。現代都市の陰に隠れ、取り残されていくこの場所の過去の記憶とアイデンティティ（存在意義）を、遺構とアートによって顕在化し、社会と共有し、新たなストーリーを創出するミュージアムを計画する。

審査講評

歴史的に重大な理由により設けられた土木構造体が、現代において改めて何かの役割を果たすべき存在として注目される時、その要件が芸術活動の一環として定義されるということは大いに議論されるべきだと思う。では、その議論の主題は何か。造形的な魅力や新しい芸術性をもたらす創造の場としての空間性、生産や制作を促すための機能性といった、一気にまとめて解くことのできない複雑な話題に発展してしまうが、その総体を絡め取るような建築のかたちに大いに魅力を感じている。[中]

沁みだす街
生國魂神社の町生玉町活性化

079
中山 結衣 なかやま ゆい
京都工芸繊維大学
工芸科学部　造形科学域デザイン・建築学課程

「聖」と「俗」が入り混じった大阪の生玉町。かつては大阪最古の神社、生國魂神社を中心に賑わった。今回、計画するこの小さな街は、混沌とした生玉町を統合しながら新たな潤いと活気をもたらす。

待つ、という散歩

081
力武 真由 りきたけ まゆ
神戸大学
工学部　建築学専攻・建築学科

なぜ、この世界に自分が存在しているのか。その理由を探し求めていた。「待つ」という行為を空間化し、さまざまな空間に立った時の自分の感情に触れる。その空間を知覚している自分の存在を浮き上がらせられるか、という思考実験。

審査講評

さまざまな「待つ」というシチュエーション（状況）を設定し、それぞれの場に自己を投影しようとする作品である。1つ1つがていねいに、美しく表現されている。そして、建築化するに至るプロセスも明解に記されている、作者の気持ちのこもった作品である。各パーツが集合した時、そこでどのような化学反応が起こるのかというところまで表現されると、なお良し。[友]

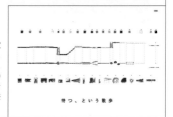
待つ、という散歩

もぬけの国

082
塚本 貴文 つかもと たかふみ
明治大学
理工学部　建築学科

天皇解放後、日本の民主主義空間を現在の皇居に計画する。既存の民主主義空間から抽出した大陸的建築エレメント（要素）の反転によってつくられるこの国の中心の姿は、主体なき民主主義、「もぬけの国」の様相を映し出している。

審査講評

今の日本の民主主義は、戦後に押し付けられた大陸的思想をもとに形成され、空虚な皇居はその象徴であると作者は考えている。その皇居を国民の場にすることで、日本独自の民主主義をつくり出そうという計画である。
具体的な手法として、大陸的民主主義の要素をひっくり返すことで、日本的な思想を持つ建築空間を設計している。大胆な提案だが、建築とランドスケープ（景観や地形）の独特な世界観は魅力的である。また、計画に合った表現方法もその魅力を引き立てていると評価され、100選に残った。[齋]

映し建築

083
金原 武尊 かなはら たける
九州大学
工学部　建築学科

アートのかたちが変わってきたため、新たな展示空間が必要である。鑑賞方法をもっと多様にできる空間、空間自体がキャンバスとなり人を魅了できる空間をめざした。

映し建築

借りぐらしの公共空間

085
増田 真由 ますだ まゆ
慶應義塾大学
総合政策学部 総合政策学科

公園には今、さまざまな制約やルールが課され、汎用的な公園ばかりになっている。これらをあえてポテンシャル（潜在力）と読み替えてハックする（高い技術力を駆使してシステムを操る）足がかりにした。小さなハックにより、制度ではなく個人の視点からスペースがつくられる公共の姿をめざす。

生業に界隈性を帯びた、或る漁港の設計
復興時代を終えて荻浜を支える

086
伊奈 恭平 いな きょうへい
武蔵野大学
工学部 建築デザイン学科

東日本大震災前まで海沿いにあった暮らしは高台へと離れ、生活と生業の場は防波堤によって仕切られている。そこで、なだらかな丘の上に港町を開くことで、浜と海の関係をつなぎ直す。

都市構造を変える公園駅
コロナを契機としたこれからの駅の在り方

087
石川 健太 いしかわ けんた
武蔵野大学
工学部 建築デザイン学科

現在の鉄道駅は、入口からプラットフォームまで人の動線が規制されているため、コロナ禍で避けるべき3密（密集、密接、密閉）が発生しやすい。そこで、従来の都市構造を変え、新たな駅のあり方を形にし、駅で過ごす人々のほんの僅かな時間を豊かな時間に変えたい。

舞手はをどり、神はわらふ
神楽のショー化と地域の風景

088
大本 裕也 おおもと ゆうや
熊本大学
工学部 土木建築学科

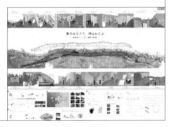

島根県に昔からある石見神楽は、時代の変化により「ショー化」が進んだ。この地区に神楽の雰囲気がなくなることを危惧し、神楽の舞や地域のコンテクスト（背景）をもとに、神楽をアーカイブ（保存）する建築を提案する。

まちの内的秩序を描く
意図せずできた魅力的な空間から導く住まいの提案

百S特

089
中野 紗希 なかの さき
立命館大学
理工学部
建築都市デザイン学科

どこか魅力を感じさせる、自然発生的にできた空間に私がひかれるのには、何か理由があるのだろうか。魅力的な街並みを観察し、街の中の隠れた秩序を学ぶことで得たルールを用いて、新たな心地良い居住空間を提案する。

■ 審査講評

卒業設計では、ていねいなサーベイ（調査）を行なっても、その結果を実際の設計に的確に反映するのは難しい。本作品では、勢力的な精査によって選び出した魅力的な敷地に、サーベイによって得られた内的秩序を構成単位としたディメンション（寸法体系）がていねいに展開されている。
敷地として愛媛県の宇和島水荷浦を見出した観察力、さらにはそうした魅力的な場所の探求から出発して、自らが街の中に発見した隠れた秩序を建築化しようとする執着心には、建築を設計する者が持つべき真摯な態度が感じられて気持ちよい。[小]

計画的偶発空間

090
木村 哲 きむら てつ
東京理科大学
理工学部 建築学科

人々の能動的で自由な行為を引き起こす空間とはどんなものか。あらかじめ「自由な行為」を想定した設計では、行為を定めた空間となってしまう。空間の構成要素と人の行為の関係をもとに、自らの思考から離れた設計し過ぎない設計を考える。

東京リトリート イン ジャンクション

092
森下 かん奈 もりした かんな
工学院大学
建築学部 建築デザイン学科

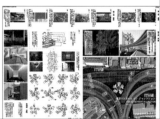

東京、首都高速道路の江戸橋JCTには、高速道路に囲まれ孤立した三角地帯が存在する。そこにリトリートという名の隠れ家をつくり、新しい都市的ツーリズムを提案する。宿泊者は壮観な都市景観を独占し、孤独のひと時を過ごす。

解体文化録

094
小竹 隼人 こたけ はやと
芝浦工業大学
建築学部 建築学科

日本の都市はスクラップ・アンド・ビルドにより形成されてきた。古来より、日本の街並みは木材の老朽化や火災により壊れ、建て替えることで、その姿を変えていった。壊す行為によって変化し続ける都市。これは日本の文化、風土と呼び得るものとなるはずだ。

海洋ごみのマテリアルアーカイブ
関西空港島・資源再考の百年

095
小坂 康貴 こさか こうき
近畿大学
建築学部 建築学科

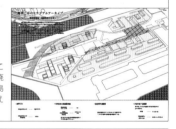

近年の海洋ゴミ問題や、廃棄物が隠すように処理されることに違和感を覚えた。そこで、諸問題に人々が気づき、廃棄物や資源について再考する場所を、和歌山の関西空港島に作る。100年間の風景の変化とともに、世界中へと訴えかける。

子どもが道行く集合住宅
内外が混じり合う「見守る」道のあり方

097
山根 千尋 やまね ちひろ
京都工芸繊維大学
工芸科学部 造形科学域デザイン・建築学課程

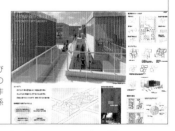

回遊する道が平面的にも立体的にも巡り、敷地全体を遊び場として子供が走り回る。視覚的に透過性の異なる9種の壁の組合せにより、道の部分ごとに公共性の度合いを操作し、道での多様な遊びと壁の内外で「見る」「見られる」関係をつくる。

霧散する花街の骨
宝山寺門前町・傾斜地集落の解体と展開

098
多田 樹弘 ただ みきひろ
近畿大学
建築学部 建築学科

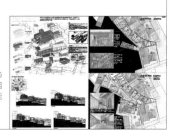

奈良県生駒市門前町。寶山寺の膝元、生駒山の傾斜地にあるかつて花街であった旅館街。衰退した観光地、解体が困難な斜面地参道沿いに、人口減少社会における観光街の能動的縮小モデルを提案する。

遊び×学び
世田谷区の高架下こども図書館の提案

099
高木 舜典 たかぎ みつのり
職業能力開発総合大学校
建築専攻

子供の遊びは学びへとつながることから、学びの施設には遊びの要素が必要である。学びの施設である図書館においても、遊びから学びを促す空間が必要だと考え、「遊べる子ども図書館」をコンセプトとした。

Capacity for adaptation
状況変化に適応する、可変性の設計

百 S

100
赤嶺 圭亮 あかみね けいすけ
大阪大学
工学部 地球総合工学科

昨今、目まぐるしい社会状況の変動。竣工時で完成ではなく、「将来的な要求」に対応できる可変性を持たせることが、建築には重要だと考える。今後数十年住まい続ける「住宅」を対象として、可変性に着目した設計を提案する。

■ 審査講評

パネルの密度の高さに圧倒された。可変性により包容力を持たせることは、住宅を含めて建築の永遠のテーマである。本作品は、過去の事例へのていねいなレビュー（批評）、法制度の変遷への考察をもとに、敷地形状別に非常に緻密な提案をしている力作である。一方で、システマティック（規則的）に操作していくことに固執するあまり、自由度が失われていないだろうか。[厳]

地の皺を刻む
夕陽ヶ丘における土地と暮らす住環境群の設計

101
松岡 桜子 まつおか さくらこ
関西大学
環境都市工学部 建築学科

人の生活が便利になり、それと引き換えに私たちは空間を感じ取る豊かな感覚を手放しつつある。土地に目を向け、生活を営むことによって、自身の空間感覚を育むことができるような住環境群を提案する。

Nomadic Trees
貯木場の再生と街路樹の持続可能なシステムについての提案

百 S

102
本木 祐宇 もとき ゆう
芝浦工業大学
建築学部 建築学科

大木となった街路樹を無駄に伐採せず、移植または木材として利用できる持続可能な循環システムを提案するとともに、システムの要となる製材場を東京の豊洲貯木場跡地に設計する。

■ 審査講評

戦災復興期に作られた並木道の街路樹が、今や管理に困る大木となり、伐採されてしまうことが増えている。その木を集めて貯木し、製材して出荷する、街路樹を循環させるセンターである。
乾燥する間、桟積みされた状態を壁とするユニークな空間を利用したり、枝を挿木して新たな街路樹の苗木に育てたり、市民が関わる機会も用意されている。貯木場の水面上をリニア（直線状）に伸びるシステマティック（規則的）な造形も、都市林業のインフラとして似つかわしい。[本]

visible incisible

103
阿部 友希 あべ ともき
東北工業大学
工学部 建築学科

見えないものにこそ本当の価値はある。

海洋都市計画
「陸」から「海」への移住

104
鈴木 佳祐 すずき けいすけ
東北工業大学
工学部 建築学科

地球の表面は30%の陸と70%の海で覆われている。これは、「海洋環境への憧れ」。沿岸地域の自然災害への対処、全人類の課題」を主題として海上に都市をつくり、人々がそこに移住するための計画である。

里潟の記憶とこれから
暮らしと自然環境を体感する施設の設計

105
藤原 吏沙 ふじわら りさ
昭和女子大学
生活科学部 環境デザイン学科

「人間と自然環境と生物の共存」をテーマに設計した。体験を通して現地の生物と環境に触れ、自然環境の大切さを学ぶことが目的である。自然環境と生物を守るために、建築に何ができるかを考えデザインした。

Breathing Park

106
楠本 奈生 くすもと なお
近畿大学
建築学部 建築学科

大気汚染を目に見える形にすることで、忘れられつつある公害病への再認識と、環境問題への問題意識向上を図る。また、設計した空気浄化機能を持つ建築が、環境問題の解決を前進させることを期待する。

本の森の分水界
大切な一つの物語に逢う旅

百

109
國弘 朝葉 くにひろ ともは
立命館大学
理工学部 建築都市デザイン学科

分水界。それは人間において「人生の重要な分岐点」のことを指す。「人生」と「水の流れ」のあり方を合わせて、図書館として映し出す。大切な1つの物語に出合う旅へ出かけないか？

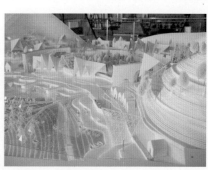

■ 審査講評

人生の分岐点と水の分水嶺を「本の森」の連想によって重ね合わせ、福井県若狭町の湖の畔に構想した宿泊型図書館の計画。山の麓から始まり、「人生すごろく」ゲームのように分岐する道の連続によって地形的な空間を体験しながら、分かれ道を歩んでいくことで、1冊の本を手に入れ、海上の宿泊室に辿り着く。
絵本のようなやわらかいドローイングで展開する物語世界には引き込まれるが、あたかも自然のように見せながらも海の上空でループする動線はテーマパークのような閉じた世界をつくり出しており、評価できない。[福]

まちなか道草物語
雑司ヶ谷に根付く場所愛

108
遠山 大輝 とおやま だいき
法政大学
デザイン工学部　建築学科

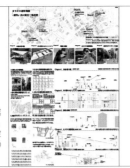

住宅地における人の居場所の欠如に対し、街全体で乗り越えていくようなメカニズムの提案である。建物のすき間を、人々が主体的に使いこなせる空間に再編していく。その空間は寄り道をしたり、休日を楽しんだり、といった道草の舞台となる。

CAAS
Construct An Art Situation

110
津田 智哉 つだ ともや
工学院大学
建築学部　建築デザイン学科

アートには人々のアイデンティティの確立や、想像力の育成などといった重要な役割が存在し、公共性が必要である。アートを都市に開き、日常的に人々がアートに触れられる状況を構築する。

形と空間のTypology

112
岩見 歩昴 いわみ ほたか
京都大学
工学部　建築学科

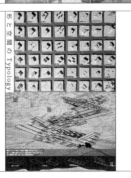

地表面を1つの大きな平面とすると、建築は地球に水平面を追加し続ける行為だった。敷地は滋賀県の琵琶湖上。水面のみが存在するこの場所に、新たな平面を定義する。

芸能都市

113
岩崎 伸治 いわさき しんじ
京都大学
工学部　建築学科

2020年、急速な通信技術の発展普及を背景に、都市の現れ方は市場原理とは別の視点を探り始める。東京都渋谷区、代々木公園に面した82,000m²の敷地を舞台に公共放送の製作を行なう放送局を設計する。

所有と脚色

百 S F 特

114
北垣 直輝 きたがき なおき
京都大学
工学部　建築学科

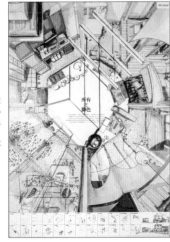

画一化した現在の住宅を変革するため、住み手の所有物に注目した。自身の必要から確保した住民の所有物を先に配置し、それをもとに暮らしの基盤を形成していくと、より自由で明るい場を獲得できるのではないか。

■審査講評
住み手の所有物に注目して住空間を構成し、現代の画一的な住宅のあり方に一石を投じる、オリジナリティあふれる提案である。
象徴的な円卓を中心に、こだわりの感じられる所有物と、その周囲の動作空間から人の生活行為が空間化されていくという、まるで巣のような様は住居の根元的なあり方を思わせる。さらに敷地の境界すら飛び越えて住居が展開していく痛快さも感じさせる。
独特のドローイング表現も魅力的で、この作品の持つ固有の世界観が十分に伝わってくる力作である。[西]

live and a let live
農業が人と都心に出会う

115
髙木 玲那 たかぎ れな
東京理科大学
工学部　第一部　建築学科

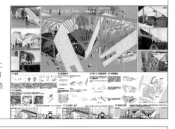

生産地と消費地が「ゼロ距離」となる、農業のための空間と人のための空間とが混在した都心のマーケットを提案する。マーケットを「アグリテクチャー(農地)」として再構築する。

愛宕山霊園
傾斜地のゆらぎによる静動空間

116
中田 洋誠 なかだ ひろのぶ
立命館大学
理工学部　建築都市デザイン学科

京都の愛宕山ケーブルカー跡に樹木葬地と山道の起点となる麓の複合施設を計画する。四季折々の景観に囲まれた静寂の中、魂が浄化されるこの地に、人々は各々の目的を持って訪れる。心の潤いを求めて、また、登山の出発点として。

舞い上がる風景

百

117
塚本 千佳 つかもと ちか
東京理科大学
工学部　第一部　建築学科

東京の西新宿一丁目商店街に、人々の活動が風景の中にあふれ出る新たなビルを計画する。地上から引き上げた道は建物に巻き付き、豊かな西新宿の風景をつくり出していく。道は、いずれ周辺の建物をもつなげていく。

■審査講評

混沌の中に混沌を「計画する」ということは、理屈として難しい。この作品のコンテクスト(背景)と造形はどちらも、その混沌を表象させようとしているように見える。
「ノイズ」(雑音)とはフィルタのかけられていない情報である、という解釈をかつて耳にしたことがある。情報そのものは解析可能なものでも、それが重層化することで人々の理解を難しくしている。重層化した情報から必要なものだけを拾い出すことができれば、それぞれを構造的に解釈することが可能であり、建築にすることもできるのではないかと期待させる。その視点で観察すると、この作品は興味深い。[中]

KANSAI HUB
陸・海・空を繋ぐ交通ネットワークの核

119
村岡 歩美 むらおか あゆみ
武庫川女子大学
生活環境学部　建築学科

日本を訪れる外国人観光客が増加を続ける中、日本と世界をつなぐ国際空港の重要性はさらに高まっている。空港の機能を拡充し、世界に開かれた日本の玄関口として、和歌山の関西国際空港の新案を計画した。

NISHIO GREEN APARTMENT
住居地域における「生産緑地」を媒介とした自然と生きる集合住宅

121
加藤 勇磨 かとう ゆうま
日本文理大学
工学部　建築学科

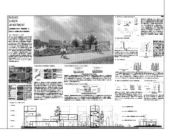

「生産緑地」が宅地として市場に出回り、従来型の住居へと変換される。これを機に地縁的なコミュニティの再編が必要となるのではないか。本提案では、生産緑地を持続可能にする、自然と生きる集合住宅を提案する。

京都府立植物学校

120
小野 由梨子 おの ゆりこ
京都造形芸術大学
芸術学部通信教育部
デザイン科
建築デザインコース

植物に関する実務（京都府立植物園）と研究（京都府立大学）の現場から最高水準の教育と研究環境を提供する「京都府立植物学校」。人間と植物のそれぞれに必要な環境を実現する建築を計画した。

▎審査講評

植物を身近に感じるとともに、研究の拠点として成立する方法を考案した作品である。意匠、環境、構造まで含めて検討するとともに、具体的にどのように運営されていくのかということを非常にていねいに示しており、それが建築物としての佇まいに説得力として現れている。また、建築形態もシンプルながら美しく、リアリティが高い点も含めて評価された。[友]

あそびイノベーション基地
成熟型都市のストックを再活用したあそび創造・発信拠点

123
田中 花梨 たなか かりん
松本 玖留光 まつもと くるみ
冨澤 佑介 とみざわ ゆうすけ
早稲田大学
創造理工学部 建築学科

余白のない現代人に「あそび」を取り戻すため、ストックを再活用した建築を提案する。東京の野川沿い、小田急電鉄の車両基地である喜多見検車区を改築。そこで人々は自由に遊び、生まれた物、事、概念を電車に乗せて発信する。

「見える」と「見えない」とそのあいだ
都市と海の関係から新たな暮らしのあり方を想起する

124
櫻井 彩乃 さくらい あやの
関西大学
環境都市工学部 建築学科

「見える」と「見えない」の間を考えよう。普段は気にすることがないけれど、生活の基盤として常に身近にある物事が見え隠れする建築では、暮らしていく上での人それぞれの考え方が変化していく。

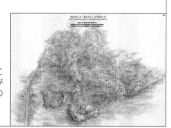

me（め）

125
東 龍太郎 ひがし りゅうたろう
芝浦工業大学
建築学部 建築学科

人の振る舞いは2つの「め」により変化する。1つの「め」は視点者が空間をとらえるもの。もう1つの「め」は他者の存在。2つの「め」は視点者と他者の間にある物や視点者の動きによって変化し、視点者の空間像もともに変化する。

▎審査講評

自分と他者の視点、2つの「め」の間にある物や距離によって、空間像は変わる。「視点者」が動くことで、とらえる空間像が変わっていく建築をここでは提案している。3mの防潮堤と10mの防塵壁で覆われている東京、旧・江戸川の妙見島を敷地とし、外からの見え方を維持しつつ、内からの見え方を時間とともに変化させ、島全体の空間像を再構築している。既存の構築物を利用しながら知的な思考実験を建築的に実現できていることが評価され、100選に残った。[齋]

ゆとり荘

126
井本 圭亮 いもと けいすけ
九州大学
工学部 建築学科

都心部での仮設住宅用地の不足と、仮設住宅から公営住宅に移る際に生じるコミュニティ再形成の課題に対し、仮設住宅を建設できる「ゆとり」をあらかじめもった公営住宅の提案。

汚された生業
日本一汚い湖の漁業

127
大久保 宜恭 おおくぼ のぶよし
千葉大学
工学部 総合工学科建築学コース

住宅地に囲まれた静岡県の佐鳴湖という湖。湖周の緑地化された美しい景観に反して、COD（化学的酸素要求量）濃度が全国ワースト1という暗い過去を持ち、地域住民には「日本一汚い湖」の印象が今も根付いている。そんな湖で漁業をする人々の話。

千載古墳
東京タワー延命計画

128
黒田 尚幹 くろだ よしき
工学院大学
建築学部 建築デザイン学科

私は東京タワーが大好きだ。どうにかこの重要なモニュメントを延命させることはできないだろうか。東京タワーに人々を弔うセレモニーを司るプログラムを与え、1000年後もタワーが生存する可能性を考えたい。

▎審査講評

東京タワーの足元に古墳があることは意外と知られていないが、この対比から着想を得て、東京タワーの減築と人を土に返す斎場を組み合わせて、全く新しい都市構造を生み出そうとした魅力的な提案である。
物理的寿命を迎えても、人々から親しまれたものを残すにはどのような方策があり得るのかについて、真剣に考えた力強さが感じられる。「1000年後のタワーの生存可能性」という気宇壮大な心意気こそ、卒業設計が必要としているものに違いない。[小]

Invisible Tokyo
時空を超えて想起する通り道

129
松井 奈菜子 まつい ななこ
昭和女子大学
生活科学部 環境デザイン学科

現代の都市は急速に更新を続けているため、過去の記憶を無くしている。更新により塗り固められた人工的な景観の一部分を剥がすことで、過去の記憶を掘り返した。過去に進む時間軸を表出させ、過去と現代を接続した。

▎審査講評

東京の象徴的な場所の歴史、文化、地形を時系列でていねいに調べ上げ、消えてゆく過去を辿るような「道」を提案した作品である。ヒューマンスケールを超えるダイナミックな迫力に圧倒される一方で、各時代を象徴した「道」はどれもトンネルのように感じられ、内部空間や空間ディテール（細部の収まり）の検討不足、「居場所」として訪れる人にとっての魅力は何なのかが伝わってこないなど、検討と提案はやや荒削りな印象を与える。[厳]

生と死の日常

130
西 那巳子 にし なみこ
池田 悠人 いけだ ゆうと
西入 俊太朗 にしいり しゅんたろう
早稲田大学
創造理工学部　建築学科

多死社会に向けて、過剰医療や団地更新による保育園の待機児童増加の解決案として、ガン患者のための病院外緩和医療施設と保育園の複合施設を提案する。死を特別なものとせず、遺される人が日常として死と向き合う空間を実現する。

大地の延長
新たな脈絡の造形と展開

百

131
小林 美月 こばやし みづき
東京電機大学
未来科学部　建築学科

周辺の自然を延長し、新しい大地そのものを造形した山荘。既存の自然が絡み合い、新しい脈絡を織り成す。無秩序な自然のスケールや形状から生まれたランドスケープ(地形)の中に、人々の居場所が展開されていく。

🏷 審査講評

長野県と山梨県にまたがる、八ヶ岳山頂付近。ゴロゴロと転がっている火山性の巨石のすき間に、短冊状の木製床を何枚も差し込むという単純な操作によって、巨石は時に建物の基礎に、床に、壁になり、登山者の利用できる多様な空間が生み出される。人工物の幾何学形態と隣り合うことで、元あった巨石の表情の豊かさ、関係の複雑さが出現している点がおもしろい。冬は雪に沈むという寂寥感もまた良い。[本]

感覚の間隔
屯田防風林と人の在り方

132
坂田 楓 さかた かえで
星槎道都大学
美術学部　建築学科

建物の部屋には名称があり、生活は名称によって誘導されている。しかし、もっとフレキシブルに生活してもよいのではないか。時間帯や天候、季節で心地よい場所は違うものであり、望ましい生活リズムは自然から導かれる。

階段の詩学

百

133
波多 剛広 はた たかひろ
芝浦工業大学
建築学部　建築学科

階段は物語の起点となり、都市に物語を取り戻す。東京都内に点在する8つの階段を対象に物語を予感させる些細な操作(ハッキング)を行ない、階段八景を立ち上げる。

🏷 審査講評

階段の持つ物語性に着目し、東京の武蔵野台地のエッジ(周縁)に点在する、有名階段や典型的階段に対して、仕上げや構法の点で微細な変更を加える。階段がもともと持つ「高低差を移動する意味」を書き換えた、「階段八景」が作品となる。
物語の起点をつくり出すために、物語を予感させる些細な操作(ハッキング)を行なっているが、そこでつくり出される物体の表現がカタログ的であるのと並行して、展開する物語すらもカタログのように見える。アンソロジー(詞華集)のように共通性をもった「階段物語」が感じられると良かった。[福]

ヘテロトピアの森
都市空間の裏側に与える自然の居場所

134
山田 航士 やまだ こうし
日本大学
生産工学部　建築工学科

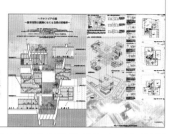

人々に安らぎを与える自然、人々に娯楽や賑わいと与える都市、という切り離された2つのコンテクスト(状況)を混在させる。そこで、都市的空間をもつ建築の内側に、森のような大自然空間をもつヘテロトピア(異所)を提案する。

石にトドマリ、
石を感じるワイナリー

百 S

135
前橋 宏美 まえばし ひろみ
東京理科大学
理工学部　建築学科

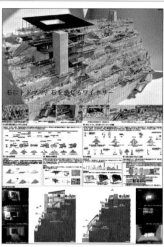

膨大な凝灰岩の地層に恵まれる栃木県大谷町には、200カ所もの採石場跡地が放置され、荒廃の一途を辿っている。この地が死を迎える前に、ワイナリーという新たな産業の芽を植えることで、かつての「ヤマ」の価値を取り戻す。

🏷 審査講評

栃木県の大谷石採掘場跡に新たな産業と風景を生み出すワイナリーの提案である。この敷地が水はけのいい石灰質の土壌で、採光の良い斜面であり、醸造のための広い空間の確保や保管に見合った場所であるという「気づき」から、石の肌とブドウの木とが形作る独特な風景を発想している。
荒廃が進む負の空間を、豊かな産業風景に転換させる新たなワイン・ツーリズムの場は、採石場跡を活かした迫力ある内部空間と併せて、ぜひ体験してみたいと思わせる説得力を持っている。[西]

綿のみち

138
松山 美耶 まつやま みや
大阪工業大学
工学部　建築学科

本提案は、都市計画道路を減幅させながら、近代が生み出した合理的な社会により分断され均一化した個人の日常を、機械生産的なモノの生産でも消費でもない「モノの貯え方」を通じて再考する。

許容の形
地方・文化・距離

百

139
塚本 拓水 つかもと たくみ
日本大学
工学部　建築学科

文字を書く上で、これが正しいと言える書き方はない。それを建築に置き換える。グリッド(格子状の基準線)を描いてから建築を考える以外の手法を考え、その中の1つを形にした。

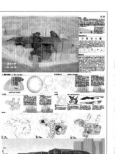

🏷 審査講評

文字の書き方を参照しつつ、文字の成立と表象の作法に疑義を持つことで、空間の生成が依拠する構造設計の合理性を改変させようとしているのではないかと理解した。
板状の構造体を多用して伸び伸びとした空間を実現しようとする試みに魅力を感じる。文字の筆跡が生成される過程の中で、手や指の運動性に基づく流動が現れることへの疑念が前提であるにもかかわらず、提案する断面計画の表現に垂直な構造体の表現が多用され、いわゆる構造設計の常識が無自覚に表出しているのではないか、というところが気になり、疑問が残った。[中]

建築の萌芽
清水港湾の大開発による産業ゴミから生まれる建築

140
河村 悠太 かわむら ゆうた
宇都宮大学
地域デザイン科学部　建築都市デザイン学科

静岡県の清水港は、江戸時代に廻船問屋たちによって栄え、人々は海と密接に関わっていた。しかし、高経済成長期を経て、現在は沿岸に産業構造物が建ち、港湾と人々との関係性は希薄である。本計画は、港湾と人々の関係性を再構成するものである。

都市の調律

141
山口 真奈美 やまぐち まなみ
大阪工業大学
工学部　建築学科

建築と音楽は相見える芸術なのだろうか。今を生きる私たちは、大きな変化にしか興味を持たなくなり、ずれた「音」を無視し続け、見て見ぬ振りをする。そんな都市を「調律」することで、日常に新しい音色を。

湯らり、癒し。
湯治と医療の複合型宿泊施設

142
佐藤 康平 さとう こうへい
東北工業大学
工学部　建築学科

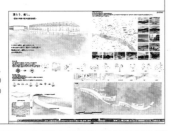

現代の人々は日々、心身ともに疲弊し、癒しを求めている。日本には、古来から湯治という文化がある。湯治と医療の関係性を建築によってひもとき、医療観光の新しい形態の提案をする。

知り、感じ、考える。
鉄道自殺の博物館

143
原田 芳貴 はらだ よしき
星槎道都大学
美術学部　建築学科

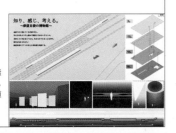

全国で日々起きている自殺に対し、私たちはあまりにも無知で無関心ではないだろうか。自殺とどう向き合うべきか。私たちにできることは何か。現代を生きる私たちへ、鉄道自殺のリアルを伝える博物館を提案する。

mo re-covery
伊勢湾菅島採石場跡再生計画

144
森 暉理 もり ひかり
武庫川女子大学
生活環境学部　建築学科

人が自然を破壊してきた土地では、人の手で自然を再生していくべきだと考える。景観回復の拠点として採石場跡地に植林に関する施設を提案する。1000年間の土地再生計画。

▶ 審査講評
山を切り欠き、大胆に構造物を挿入する姿が目を引く。三重県の伊勢湾に浮かぶ離島における採石の歴史に幕が下りようとしている。どのように幕を下ろし、新しいステージに移行していくのかということを考えた作品である。採石場を緑化していくためのプロセスと呼応する建築として、長いスパンで（長期的に）事業を検討しており、森が復元していく過程で建築にできることを大胆に構想したことが評価された。[友]

建築美幸論

146
森田 雅大 もりた まさひろ
千葉大学
工学部
総合工学科建築学コース

「建築とは、美しく、幸せな空間である」と仮定した上で、建築の再考を試みた。

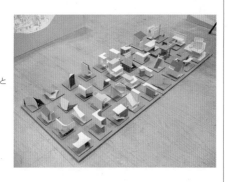

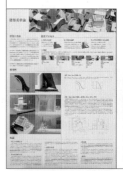

▶ 審査講評
「建築とは、美しく、幸せな空間である」という仮説を立て、作者なりの建築論を定義しようという計画である。「条件の設定」→「空間の作成」→「言葉と図面による説明」を1セットとし、与える条件を変えながら35パターンの検討を重ねている。その結果、美しい空間とは「寸法や光に周囲の多様さをかけ合わせた空間」、幸せな空間とは「心に豊かさと充足感を与える空間」と結論づけている。建築と真摯に向き合った、作者の姿勢が大いに評価され100選に残った。[齋]

記憶の欠片をそっとすくう
人間魚雷「回天」の歴史を巡る出会いと別れの島

147
磯永 涼香 いそなが すずか
東洋大学
ライフデザイン学部
人間環境デザイン学科

山口県周南市大津島。太平洋戦争末期に、日本海軍の特攻兵器、人間魚雷「回天」の訓練基地が設置された。回天搭乗員の気持ちを疑似体験し、戦争の恐ろしさ、命の尊さと向き合う物語をここに構築する。

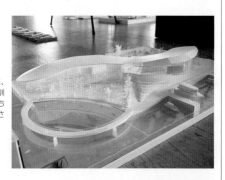

▶ 審査講評
旧・日本海軍の特攻兵器の出撃基地があった島を、戦争の記憶施設として再構築する提案であり、ていねいな敷地の読み取りをもとにして空間化している。選択された形態に対する議論はいろいろあるとは思うが、日本にとって負の歴史と言えるこのテーマに、若い世代がしっかりと向き合い、人々が戦争の恐ろしさ、命の尊さと向き合う物語を紡ぎ出そうとしたことには、十分な評価が与えられるべきであろう。[小]

影に光を
古川復興複合型商業ビルの設計

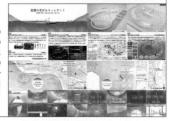
148
西片 万葉 にしかた まよ
慶應義塾大学
理工学部　システムデザイン工学科

東京の麻布と三田の間を流れる影化した「古川」。暗く汚い川は、街の人々とのつながりが切れ、遺構となった。古川と人の、川を介したコミュニティを復興する建築を設計し、歴史や自然と調和する新しい都市化の方法を提案する。

ハナミチ
枯と生を彩る舞台

149
西上 大貴 にしがみ たいき
大阪工業大学
工学部　建築学科

これまで培ってきた文化や技術の記憶が、現在の歴史都市、京都を確立した。しかし、それらの記憶は特定の人にしか認識されることがなく、消えゆく存在となりつつある。そこで、無形文化財を用いて、現代と歴史の入り混じる舞台を提案する。

SWAGGER
響き渡るヒップホップの鼓動

150
近藤 侑愛 こんどう ゆうあ
大阪工業大学
工学部 建築学科

hip-hopperたちがキーパーソンとなってセルフビルドを行ない、アンダーグラウンドの世界に押し込まれたヒップホップ文化を表層的に周知することに留まらず、社会に根源的な問いかけのできる場を提案する。

失われた時を求めて
岐阜県御嵩町の亜炭鉱廃坑を用いた地域活性化拠点

151
高坂 啓太 こうさか けいた
神戸大学
工学部 建築学専攻・建築学科

かつて人々の生活に関わってきたものが負の遺産となっている問題に着目。廃坑の地下空間を継承した新たな建築を提示することで、廃坑跡が地域住民の普段の生活と関連付けられ、地域活性化の拠点を生むことをめざす。

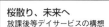

審査講評
エネルギー政策の転換で、日本の津々浦々に多くの炭鉱跡が残っている。本作品は、かつて人々の暮らしを支えていた炭鉱跡を、地元住民の安全を脅かす負の遺産として位置づけ、地域の活性化の拠点として再構築する提案である。採掘方法などのリサーチをもとにして検討された構造システム、歴史と街の原風景の継承をめざして提案された建物の機能と意匠プログラムがいずれも緻密で、建築に真摯に向き合っている設計者の意気込みが伝わる作品である。[厳]

桜散り、未来へ
放課後等デイサービスの構想

152
鶴田 理子 つるた りこ
千葉大学
工学部 総合工学科建築学コース

「障害児の学童」と表現されることがある放課後等デイサービス。施設数が増加する中、療育的な関わりをせず、単に預かるだけの施設も存在している。この現状が少しでも改善されることをめざす。

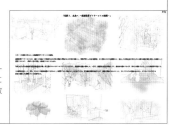

道しるべの所在

153
那須 万由子 なす まゆこ
千葉大学
工学部 総合工学科建築学コース

私たちを受け入れてくれるはずの「地域の余白」は、住宅地の中で孤立し、本来の役割を果たせていなかった。東京都江戸川区の緑道に隣接した敷地で作られた人の居場所が、人々を他の居場所へと導き、それぞれがつながっていく。

ドローンは町工場街区のみちを拓く

154
日比野 遼一 ひびの りょういち
東京大学
工学部 建築学科

東京の町工場は、1階が工場で、2階が住宅になっていることが多い。限られた敷地の中なので、変化が進まない。今まで物流を担っていたトラックをドローン（無人航空機）に変えることで、町工場をアップデート（更新）する。

ツナガリのカタチ。
多様な時代の、とある有機的交流方法。

155
中西 惟久磨 なかにし いくま
大阪工業大学
工学部 空間デザイン学科

急速な時代の変化とともに、生活の質や仕事のあり方が変化している現代において、オフィスビルやワンルーム・マンションは時代遅れとなっている。これらの建築に寄生という方法を用いて、この問題を解決する。

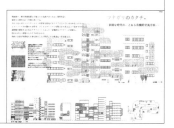

大きな屋根小さな居場所

156
山本 さゆり やまもと さゆり
名古屋大学
工学部 環境土木・建築学科

教育現場ではICT（情報技術通信）の活用が進められている。1人1台の端末や校内LAN（ローカル・エリア・ネットワーク）の整備が進むと、教育は子供1人1人に合わせた、よりパーソナルなものになっていくだろう。パーソナルな学習に合った学校建築を提案する。

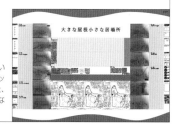

ウメダクラウド
過密都市における空隙

157
柴田 貴美子 しばた きみこ
神戸大学
工学部 建築学専攻・建築学科

過密都市、大阪の梅田に、地下から空まで伸びる高さ110mの「空隙」を設計する。この「空隙」は、地下街に閉じ込められていた人々に空を見せ、機能から解放された人々の「居場所」をつくり出す。

審査講評
大阪、梅田の巨大地下街を支えてきた換気塔の建替え。建築家、村野藤吾による独特の造形で知られていた換気塔は、大きくスケールアップされ、単なる換気塔であることを越え、風と光と水と緑とアクティビティの交換をもたらす地上の「雲」となる。そうは言っても、やはり換気塔なので、内部はスッカスカである。この、いい意味でスッカスカな塔状の内部空間に、シャープな造形の諸装置を与えることで、「雲」の役割が強化されている。[本]

交差する都市の原風景
モルフェームを用いたこれからの
渋谷商業空間の再構築

158
三尾 圭祐 みお けいすけ
東海大学
工学部 建築学科

都市の開発や発展が進み、従来の場所性という概念が薄れている。そこで、街の場所性の存在を示す敷地特性空間を細分化し、かつての場所性のある空間を体感できる施設を計画する。

審査講評
リサーチをもとに微細な形態を積み重ねることで、都市を1つのビルの中に再構成しようとした作品。東京、渋谷の円山町に残る都市の形態素（モルフェーム）を抜き出し、組み合わせることで、角地に建つビル内部に、新たな場所性を生み出そうとしている。
密度の高い設計によって、ビル内部にさまざまなシーンが展開するものの、形態の操作に終始してしまっていて、素材やその使われ方についてのストーリーは語られない。設計したシーンの展開に内外部の環境をどう反映したのかが不明な点も多く、複雑な空間構成にも関わらず、単調に見えるのが惜しい。[福]

MOON BASE

160
鞠子 楊太郎 まりこ ようたろう
東北工業大学
工学部 建築学科

月に観光と研究の施設を設計する。地球の1／6の重力下での生活や研究から、人類進化の可能性を秘めた施設である。建物計画は現実性を意識し、運用方法なども考慮している。

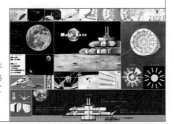

湯都ピア活性化計画
自著「地獄旅行記」の三次元変換による設計手法を用いて

161
手島 健 てしま たける
鹿児島大学
工学部 建築学科

大分県の別府は戦災を免れたが、スクラップ・アンド・ビルドにより美しい風景が失われた。本計画は、時代を太平洋戦争終結直後まで遡り、自著「地獄旅行記」をもとに独自の景観法を作成し、別府の風景をコントロールする、もしもの世界の提案。

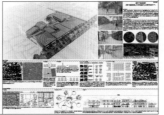

そらのまち
嘉瀬川河川敷における熱気球とスカイスポーツの拠点

162
田島 広大 たじま こうだい
神戸大学
工学部 建築学専攻・建築学科

佐賀県の嘉瀬川河川敷は、アジア最大級の熱気球競技大会が開催される一方で、それ以外の時期は何にも利用されず、人も寄り付かない場所である。この場所を、熱気球競技および、その他のスカイスポーツの拠点として計画する。

滝の槽

163
推名 浩斗 しいな ひろと
山形大学
工学部 建築・デザイン学科

観瀑台には、滝を見ること以外に人の営みはない。そこに人の営みを生むのは、滝の風景を入れる器「滝の槽」。滝王国、山形県を代表する東根市関山大滝の歴史と文化を交えながら、滝周辺の外的要因から、新たな観瀑の方法を提案する。

渋谷は1日にしてならず
日本の最先端を走り続ける

166
岡林 海叶 おかばやし かいと
日本文理大学
工学部 建築学科

多くの人が行き交い、最新の情報が集積する東京のJR渋谷駅。世界から常に人と注目を集める街をめざす。ヒエラルキー（階級）から解放された自由が渋谷の魅力である。100年後も日本の最先端を走り続ける街にしていく。

波止のセルフベース
壊れることを前提とした建築の在り方

167
吉永 広野 よしなが ひろの
九州産業大学
建築都市工学部 建築学科

建築は人間の野性をむき出しにする。福岡県、小呂島の防波堤に、竹を用いた脆い構造体で、島民と釣人をつなぐ「小呂島ベースキャンプ」を計画する。両者が交流する場として共有のキッチンを計画。島の新しい経済を生み出す。

境界を編む地域の駅

169
五十嵐 空 いがらし そら
武蔵野大学
工学部 建築デザイン学科

対象敷地を栃木県佐野市のJR佐野駅とした。この駅は街と公園の中間にあり、どちらにも所属していない。「街のファサード（正面の立面）」と「公園のファサード」を交わらせ、今までの「反対側」に触れることで、街の境界を紡いでいく。

都市と当たる身体
駅の高架化に伴う副産物的建築

170
山口 紗英 やまぐち さえ
東京理科大学
工学部 第一部 建築学科

都市インフラの変化が私たちの生活している領域に入り込んできた時、その空間は都市のスケールと私の身体のスケールをつなげる。土木工事によって偶発的に生まれた空間を、盛り土と養生布で建築空間化した。

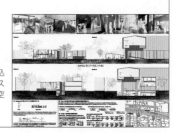

トキドキハレ
町の顔となる駅前空間の再考

172
廣瀬 萌音 ひろせ もね
法政大学
デザイン工学部 建築学科

東京のJR阿佐ケ谷駅、北口ロータリーが存在する場所に、歩行者のための広場を計画する。阿佐谷に古くからある七夕祭をハレの日とし、ハレをベースに設計することで、ケの日にも、そこが街特有の場所となっていく。

ともに暮らす
伝建地区における公共建築の提案

174
春口 真由 はるぐち まゆ
京都工芸繊維大学
工芸科学部 造形科学域デザイン・建築学課程

広島県の鞆の浦に移住シミュレーションとしてのコワーキング・スペース（共用の仕事場）を含めたシェアハウスを計画する。シェア部分は漁師（地域の人）の休憩所である番屋にもなり、漁師と若者の交流の場として機能する。

Sense of city
生野区田島における銭湯を用いた公共空間と暮らしの提案

175
谷本 かな穂 たにもと かなほ
近畿大学
建築学部 建築学科

街にお気に入りの場所がある、街の美味しい店を知っている、街で学校や会社以外に自分の属することのできるコミュニティや空間がある、というように「本当の意味で街に住むことのできる建築」の提案。

繋る道の重なり
三宮駅前空間再編成

176
福原 草雅 ふくはら そうが
神戸大学
工学部 建築学専攻・建築学科

神戸の玄関口である三宮の駅前空間は、現状では、街を分断するオブジェクトのように感じられる。神戸の街の要素を抽出し、それぞれの街をつなげる3つの道を導入する。神戸の玄関口として、駅と街をつなげる空間を設計した。

島の痕跡
備忘録的建築群

177
志澤 卓磨 しざわ たくま
日本大学
理工学部 建築学科

神奈川県の江ノ島には、さまざまな物語があるが、観光地化が進むことで歴史的な文脈は形骸化してしまっている。本計画では、建築を通して歴史から土地の記憶を掘り起こす設計手法により、空間体験による歴史の知覚を試みた。

■ 審査講評

かつてはさまざまな物語が存在し、信仰の対象であった神奈川県の江ノ島。時代の流れの中で観光地化が進み、この土地の記憶が失われつつある中で、固有の魅力も薄れてきているのではないだろうか。この提案は、歴史的な文脈を再考する手がかりとなる建築を島の各所に配置し、その価値を再編しようとするものである。
潜在化している歴史の価値を顕在化し、固有の魅力を再発見することをめざして要所に施された設えは、消費活動としての観光のあり方を見つめ直す契機となるであろう。[西]

SAMSARA

178
上田 雄貴 うえだ ゆうき
大阪工業大学
工学部 建築学科

廃棄されるゴミを資源ととらえ直し、街の中に資源の流通拠点を点在させることで資源の循環をつくり出す。歴史と資源が堆積する奈良県の奈良町において、民間信仰の新しい会所としても機能する建築を提案する。

紡ぐ風景
大神神社参道開発計画に伴う建築の提案

179
竹田 朱音 たけだ あかね
京都工芸繊維大学
工芸科学部 造形科学域デザイン・建築学課程

奈良県桜井市三輪。歴史ある神社参道の観光開発が今、私の好きな「マチ」を変えていく。新しいものをたくさん作るのは本当に良いことなのか。人のつながりや生業の風景を「マチ」とともに紡ぎ続ける建築を提案する。

縁環形態考
環筑波山文化圏の再編計画

181
斎藤 拓 さいとう たく
佐藤 雅宏 さとう まさひろ
高橋 亮太 たかはし りょうた
早稲田大学
創造理工学部 建築学科

郊外の周縁を越えた山麓の集落群の存続のため、新しい地域形態「縁環」を提案する。茨城県の環筑波山文化圏の3集落を対象に、農生産の拠点施設と、地域統合を象徴する建築を設計し、各集落群が自律することをめざす。

■ 審査講評

郊外の丘陵山林の中に都市的な機能を有しつつ、そのコンテクスト（背景や敷地状況）に応じた産業や生産を担う施設を分散配置する計画であり、建築のプログラムもよく考えられている。その造形には、かつてアメリカ合衆国の建築事務所、モルフォシスが果敢に取り組んでいた、幾何学的な平面図の表現とモダニズム*1的な断面図の表現との混淆を感じ、ある種のノスタルジア（郷愁）に遭遇したような気がした。[中]

編註 *1 モダニズム：第1次大戦後に起こった前衛的な芸術運動。近代的技術を前提に、従来の伝統的な装飾性を否定し、機械による大量生産が可能な鉄、ガラス、コンクリートなどを使い、合理性、機能性が持つ美しさを追求した。

ここから、つながる
高井田ものづくり交流拠点

182
西川 友�子 にしかわ ゆみこ
近畿大学
建築学部 建築学科

「ものづくりのまち」で有名な大阪府東大阪の高井田地域。中小企業が集積する一方で、住宅地域という側面もある。しかし、地域住民はどんな人が何を作っているのかをあまり知らない。この計画から「つながり」が増えるように。

LIVING PARK
社会と接続する住戸

183
井本 麻乃 いもと あさの
東京理科大学
理工学部 建築学科

近年、空き地や公園が減少し、室内遊びをする子供が増えた。また、マンションに1人で住む高齢者が増えている現状もある。ただセキュリティを重視して閉じるのではない、社会と接点をもつ建築が求められているのではないか。

ゆく堀の流れは絶えずして
遊びから生まれる柳川での新しい掘割での生活の提案　水の流れの中にある保育園

184
石本 大歩 いしもと だいほ
九州大学
工学部 建築学科

福岡県の水郷、柳川は掘割と呼ばれる水路が張り巡らされ、かつて水路の水は飲用水や生活用水として重要な意味を持った。現在では失われてしまった豊かな水辺での生活を、遊びながら水の仕組みを学ぶための空間をつくり出すことで取り戻す。

重なる暮らしの延長に
戸建て住宅の共同体化

185
鈴木 皓士郎 すずき こうしろう
法政大学
デザイン工学部 建築学科

コ（個、戸）として人が暮らす住宅地を、人がともに暮らす共同体へと書き換える。都市に作られた戸建て住宅、計10戸をつないでいくことで、住民は互いに暮らしを助け合い、住宅地に集まって住む価値が生まれる。

Horsepice
どんな場所、空間で最期を生きたいか

186
古内 一成 ふるうち いっせい
東北工業大学
工学部 建築学科

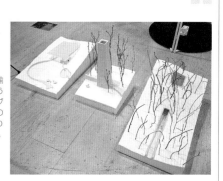

「生の終わりには鎮痛剤よりもぶどう酒、輸血よりも家のスープのほうが、患者にはうれしい」と精神科医、エリザベス・キューブラー＝ロスは言った。さまざまにある時間のレイヤー（層）の上に人、馬、環境が混ざり関わり合う、最期を生きる場所を提案する。

■ 審査講評

自然豊かな環境の中で在来馬を保存するという機能とホスピスとを掛け合わせた作品である。地域に馴染みある馬が軸に据えて、馬の寸法や習性などを分析し、現代の人々と馬が共生しやすい環境を構築しようとしている。馬と人間の特異点と共通点を見つけ出し、建築化しようとした点が評価された。[友]

未来を回創する

187
田嶋 海一 たじま かいち
国士舘大学
理工学部　建築学系

究極の極地である火星を対象敷地とし、そこに自立型住宅と広場を設計する。「自立、閉鎖」としての住宅と、「共生、開放」としての広場をつなぐことで、物理的に囲まれた生活の中に心理的な開放感を生み出す。

現代城郭の形成

192
田中 俊太朗 たなか しゅんたろう
東北工業大学
工学部　建築学科

復元されている城は全国に数多く存在するが、城の持つ本来のポテンシャル（潜在力）を生かし切れていないのではないだろうか。遺構としての保存方法を改め、各都市の特色を生かし、歴史をつなぐ城として、現代城郭という名称で構築する。

ヒラキノ楼閣
小寄席群による観劇空間の再考

188
安達 慶祐 あだち けいすけ
東洋大学
理工学部　建築学科

百

かつて江戸には寄席の原型である小さな見世物小屋「ヒラキ」が立ち並び、活気に満ちあふれていた。そこで、この「ヒラキ」を再構築することによって、近代以降、ビルディングに埋もれてきた寄席、劇場を街の舞台として表出させる。

■ 審査講評

都市の近代化により劇場文化が衰退してしまった東京、浅草。高層ビルに閉じ込められたヒラキ（小寄席）を解放し、街の機能とともに集積することで、観劇空間を再構築しようという提案である。
敷地は浅草の象徴である遊園地「花やしき」。さまざまな場所や時間で開かれる寄席を来訪者自らが観て歩く仕組みとし、建築そのものもマクラ、本題、オチと噺の構成を踏襲した形態にしている。力強い造形力や世界観を感じさせるパース（透視図）などが評価され100選に残った。[齋]

完成しない美術館

193
吉本 有佑 よしもと ゆうすけ
芝浦工業大学
建築学部　建築学科

百

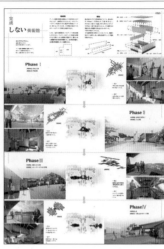

体験的なアートが増えてきている一方で、現存する美術館では、どんなアートでも同じ体験しかできないと感じる。そこで、多様な体験ができる「移ろいゆく美術館」を設計する。「移ろいゆく」方法として増築、減築を繰り返していく。

■ 審査講評

CLT材（直交集成材）を組み合わせていくことを通して、木造の新しい空間を実現しようとしたもの。大阪の万博公園内に、移ろいゆく美術館を伸びやかに展開するそのスキーマ（計画）には興味深いものがある。実際は、点に応力が集中するこのやり方は、常識的に考えるとCLTの剛性ではつらい部分が多いのだが、「そうした現実性についての評価を一旦、脇に置いておいてもいいかな」と思わせる清々しさがあり、多数の審査員から評価を得ることとなった。[小]

千年の漉き音
伝統工芸品による地域性の再生

189
大槻 彩夏 おおつき あやか
日本大学
工学部　建築学科

伝統工芸品にはさまざまなものがあり、いずれも地域の特色をよく表している。それは、伝統工芸品に地域の歴史や生活が大きく反映されているからだ。本提案では、伝統工芸品について知り、地域性を読み解くことにより設計する。

地下から貫く
地下から繋がる新たなコミュニティー

194
柳田 悟志 やなぎた さとし
近畿大学
工学部　建築学科

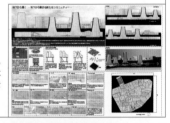

現在、日本の地下空間は地上を補完する役割を担っているが、一般的な地下空間は地上と完全に切り離された閉鎖的な空間であることが多い。そこで、本設計では地下と地上を緩やかにつなぎ、新たな地下のあり方を生み出す。

情景乃集
歌集「木のかをり」から読み解く心象風景の空間化

190
大室 新 おおむろ あらた
東北芸術工科大学
デザイン工学部　建築・環境デザイン学科

私の祖父は歌人だ。作品としての外形を残しながらも、過去のものとして昇華されている美しい情景に、その構成や社会背景をもとに実空間を与えることで、空間の体験者たちに新たな心象風景を想起させる建築を設計する。

雪とともに住まう
「溶かす」から「と化す」へ

195
佐藤 伶香 さとう れいか
千葉工業大学
創造工学部　建築学科

百

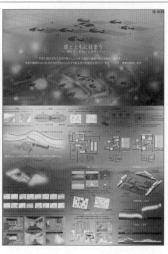

雪害に悩まされる雪国の暮らしに対する現在の建築からの答えは、雪を機械的手法により「溶かす」こと。雪害の解消のみに焦点が当たり忘れられつつある雪の可能性を活かし、「と化す」建築を提案する。

漂う水平線
遮蔽縁によるシークエンスの設計手法および設計提案

191
小山田 陽太 おやまだ ようた
東北工業大学
工学部　建築学科

「遮蔽縁」とシークエンス（連続性）の関係について分析した。その分析結果をもとに、シークエンスのある美術館を、自然豊かな宮城県七ヶ浜町に設計する。

■ 審査講評

豪雪地域において、季節ごとに住宅へのアクセス（出入りする）動線を変えることで、雪とともに暮らすことが実現されるのではないか、という提案である。地方移住者の調査から浮かび上がる7パターンの暮らしは具体性を帯びているが、提案された「と化す」建築をこの7パターンの視点から、もう少していねいに説明してもよかったのではないか。[厳]

虚構と現実の狭間で

196
馬渕 望夢 まぶち のぞむ
千葉大学
工学部 総合工学科建築学コース

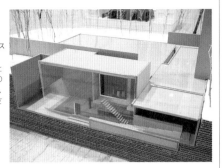

人ではない建築が、人の心を癒し救うことは可能だろうか。本設計は、樹海で1人の自殺志願者が、ある建築と出会うことで、自ら生み出した虚像と決別し、心が浄化され、実像に生まれ変わる物語である。

▲ 審査講評

樹海へ死ぬために来た自殺志願者の疲れた心に働きかけ、心を癒し活力を取り戻させるための建築。建築の力を信じる者であっても、「そんな人々を建築が「救う」ことは可能だろうか」と正面から訊かれれば怯みもする。しかし作者は、虚像への執着を捨て自身の実像を直視することで、「救う」ことは可能だとし、「そこに建築以外の他者の存在は必要ない」とさえ言う。建築を巡る心の旅は、一連の美しいパース（透視図）で表現される。光の中へ歩み出る来訪者の背中を、我々は誇らしく見送ることになるだろう。[本]

インフラ重層景
都市をアーカイブする交通結節点

198
山際 朝香 やまぎわ あさか
芝浦工業大学
建築学部 建築学科

インフラが重層する風景は、まるで都市の地層のようで、都市をアーカイブ（保存）する力を持つ。都市に埋もれる3つのインフラを、東京の飯田橋という1つの街をアーカイブするものとして顕在化すべく、交通結節点を提案する。

大学を編む

199
頼 陽夏 らい はるか
東北大学
工学部 建築・社会環境工学科

コロナ禍（COVID-19）によるオンライン化の普及により、使われなくなった大学の講義室に、大学生の住居を挿入するというプログラム。コロナ禍によるさまざまな変化の中で、新しい大学のかたちと大学生のライフスタイルを提案した。

教育と建築
人の心理に基づいた行動誘発建築

200
執行 裕太 しぎょう ゆうた
九州産業大学
建築都市工学部 住居・インテリア設計学科

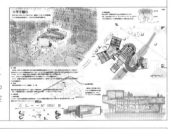

大人は子供に衣食住を与えるだけでなく、教育を受ける機会を与えなければならない。さまざまな社会問題を抱える中で、世の中は便利な建物であふれている。この設計を通して教育の意識改革を行なう。教育という視点から建物を理解したい。

浜、その先にあるもの

201
高木 梨紗子 たかぎ りさこ
芝浦工業大学
建築学部 建築学科

砂浜が減少している日本で、砂浜に代わる新しい海岸線のあり方を提案する。海岸線に、砂浜のように日々の変化により体験が変わる建築が広がった時、私たちは海や空などの自然だけでなく街までも愛せるようになるだろう。

現代ノ悪所
中洲風俗街における建築的装置の挿入による
必要悪の再解釈の試み

202
八木 美咲 やぎ みさき
近畿大学
産業理工学部 建築・デザイン学科

近年、風俗街は治安や青少年へ悪影響を及ぼすとされ、規制が強化され、排除されようとしている。しかし、本設計では風俗街を人間らしさを受け入れる場としてとらえ、建築的装置によって「必要悪」について人々に考えさせる。

静かなる自然の侵略

203
坂口 雄亮 さかぐち ゆうすけ
名城大学
理工学部 建築学科

建築やその周囲を流れる時間をデザインすることで、建築が地球を構成する植物、生物、鉱物と等価に振る舞う空間をめざす。空間を壊して新たな空間を生み出すという建築の責任を追求する。

▲ 審査講評

本年の大きな傾向であった「朽ちていく建築案」の中で、計画、細部の提案、ビジュアライズ（視覚化？）のバランスが取れた作品。「万築博覧会」「十三月の駆体」「ヲーターレール」などの詩的な言葉と、その風景をつくり出すための具体的な建築部材の組合せが並ぶパネルは、シュールレアリスム風でもある。
色数を抑えつつ、植物細密画のように描き込まれたドローイングは、自然の細部に潜む魅力を伝えて（るとともに？）、建築が地球を構成する植物、生物、鉱物と等価に振る舞う空間を表現している。[福]

人間の中の環世界

204
黒木 みどり くろき みどり
東京理科大学
工学部 第一部 建築学科

大人になって久々に小学校に行くと、広く感じていた空間が意外と狭いということに気づく。このように、人間は同じ空間に対しても多様な知覚をもつ。空間体験が一過性でない建築の提案。

▲ 審査講評

幼児の身体感覚から、保育園舎、そして街を環世界（生物によって異なる世界の見え方）として再考し、建築内外を連続した保育空間として構築する提案である。子供と大人の視点の高さの違いや動作空間の分析によって、多様な空間体験と、子供と大人相互の新たな関係を生み出す居場所が、通常の建築物で扱う寸法体系の範囲を超えたスケールで展開している。
普段は意識の外にある目線の違いや動作空間をもとにつくり上げられた街の風景は、保育園に通う子供たちのみならず、地域のさまざまな世代の人々にとっても豊穣な体験をもたらすものとなるであろう。[西]

ASYLUM
駅前百貨店跡地計画

205
武田 亮 たけだ りょう
東北工業大学
工学部 建築学科

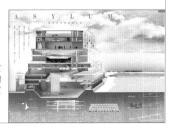

生まれてきた社会の中で、普通に生きることは、死ぬほど疲れる。せめて、自由を与えられた卒業設計に取り組む間だけでも、疲れないように、逃げたいと思った。しかし、「どこ」へ逃げていれば、「そこ」に辿り着けるのだろうか。

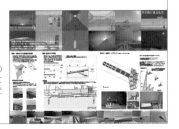

町になじむマチ

207
森田 倫郎 もりた ともろう
東京理科大学
工学部 第一部 建築学科

多くの工場跡地には敷地の規模をそのままに、大規模施設が計画されがちだ。東京都葛飾区奥戸の工場跡地で、既存の工場に入り込むように街のスケール感に合った「戯れ空間」を設計することで、ここには再び地域になじむ新しい「マチ」ができる。

SUPER WORKET PLACE
スーパーマーケット×働く場

208
関 拓海 せき たくみ
関東学院大学
建築・環境学部 建築・環境学科

スーパーマーケットに働く場を複合した建築の提案である。働き方が変化している現代社会の中で、日常生活のライフラインとして存在し続けるスーパーマーケットの可能性を探った。

門前の小僧
体感する町ごと学び舎

209
櫻木 綾子 さくらぎ あやこ
芝浦工業大学
建築学部 建築学科

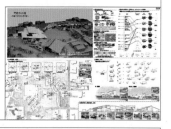

情報化が進んだ社会でも、門前の小僧がいつの間にか経を唱えているような、そんな環境づくり、学び舎づくり、まちづくりが今の教育改革には必要ではないか。無意識に街全体を体感する学び舎の提案。

健やかに住まう
自分の時間の過ごし方

212
清水 耀葉 しみず あきは
東京理科大学
理工学部 建築学科

定年を迎える人々のための集合住宅。第2の人生をスタートし、介護が必要のない身体を維持できるように「食事×運動×社会参加」がそろい、「ここに住むと健康になる」。そんな建築をめざす。

極限欲求ラボハウス
きょくげんよっきゅう

213
長谷川 真央 はせがわ まお
名城大学
理工学部 建築学科

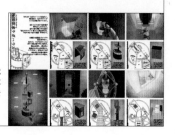

安全な暮らしを送る毎日。生きたいという意志なく、現代社会に生かされていることに私たちはまだ気がついていない。用意された住宅に住まわされている暮らしに終止符を打ち、「自分で自分を生かす」場を設計する。

錦舞う
大和郡山における金魚の生産と観賞のためのウォータースケープ

214
幸田 梓 こうだ あずさ
神戸大学
工学部 建築学専攻・建築学科

奈良県、大和郡山の金魚産業は近年、衰退の一途を辿っている。生産者が減少し、放置された金魚池地帯で、閉鎖された生産の場を再び開き、金魚の観賞の価値を可視化することにより、金魚産業と人々をつなぎ止める建築を提案する。

▎審査講評

水平面というのは、それらが幾何学的に配置されているだけでも魅力的である。他方、砂丘や丘陵のような3次曲面は水平面とは対極の大らかさを有し、大地の豊かさを感じさせる。本作品は、金魚の飼育、養殖、展示を行なう施設であり、計画の前提は水平面が基調にならざるを得ないところを、3次曲面を重ね合わせることで両者のすき間に空間を挟み込み、程よいリズム感のある断面形状（断面計画）が現れている。[中]

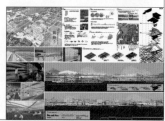

―天皇ハ神聖ニシテ侵スヘカラス―

215
力安 一樹 りきやす かずき
近畿大学
建築学部 建築学科

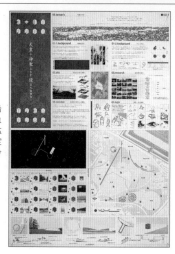

加速度的に発展する情報社会において、希薄化する個人の主体性。個人の身体とそれを取り巻く世界との「接地面」を最大限に拡張する行為をアニミスティックな行為と定義し、それらを通して個人という存在を今一度、定位させる（定める）場を提案する。

▎審査講評

大阪にある古墳を対象に、自然と対峙する建築やランドスケープ（地形）のデザインを行なった作品である。個々の空間操作は作者の中で見出されたロジック（論理）により検討を重ねられているが、パース（透視図）上では抽象的な表現となっていることから、賛否が分かれた。最終的には、ランドスケープ（景観）が美しいという意見に賛同する形で100選に選ばれた。[友]

閑所ホテル
宿屋をモデルとした都市型ホテルの計画

219
川島 史也 かわしま ふみや
京都府立大学
生命環境学部 環境デザイン学科

再開発の進む名古屋市栄において、かつての城下町の名残である閑所を現代的に解釈し、地域住民と来訪者の活動の拠点となり得る都市型ホテルの新しいタイポロジー（類型学）を提案する。

▎審査講評

パブリック（公共的）な機能を持つチューブを、閉鎖的になりがちなホテルに貫入させ、それ自体を都市化することで、誰もが日常的に利用できる新しい都市型ホテルを提案している。
敷地は名古屋市の消費の中心である栄区の一画とし、城下町時代にこの地域に存在した閑所というセミプライベート的な空地の考え方を計画に取り込んでいるのが特徴である。立体的に「動」と「静」の空間を巧みに組み合わせていることに加え、部屋の内部までていねいに設計していることが評価され、100選に残った。[齋]

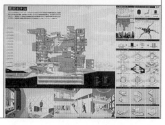

空き家にならない家を目指して

220
向井 菜萌 むかい なほ
工学院大学
建築学部 建築デザイン学科

家という建築は、いつか使われなくなってしまうものなのだろうか。本来の寿命が100年ほどなのに対して、1世代の家族が求める家の時間は50年。これから建てる家が空き家にならないために、今できることを考えたい。

■審査講評

「商店街をまとう集合住宅」「道をつくる3つの戸建て住宅」「本と移り住む一軒家」という3つの住居を同一のディベロッパー(開発業者)がマネジメントするスキーマ(計画)である。
場所のもつ力を活用した建築をネットワーク化して、所有権と利用権が近すぎることで身動きが取れなくなっている日本の空き家問題を改善しようという問題意識には筋が通っており、1つ1つの住宅もそれなりにていねいに考えられていて好感の持てる提案に仕上がっている。[小]

拍動の大地
崩落沢を息づかせる建築群

221
佐野 郁馬 さの いくま
東京電機大学
未来科学部 建築学科

土砂災害に対して、擁壁やダムを築く従来の対策は、生態系の劣化や災害の広域化を引き起こし、日本の国土を弱体化させた。菌糸や植生による土壌生成を助長し、「土地自らが安定化していくこと」を主眼とした新しい造作物の提案。

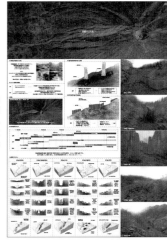

■審査講評

高度経済成長期に作られ、整備の転換期を迎えている土木インフラに着目した作品。繰り返しの崩落によって森が侵食され、災害の広域化と生態系の劣化を引き起こした対象敷地に対して、植物の自律的再生が可能な建築プログラムを提案した。自然を制御するためには人工物でコントロールするのではなく、自然の潜在力を取り戻すことで環境を安定させるという考え方に共感した。100年という長いスパン(期間)での検討や、ていねいに積み重ねたスタディ(検討)の緻密さに圧倒される。[厳]

764秒の空白

223
小林 明日香 こばやし あすか
昭和女子大学
生活科学部 環境デザイン学科

764秒、1日のわずか3%の空白の時間をつくることが難しい、都市的環境で生きる人々。その私たちに向け、階段を昇り降りする行為で生まれる「764秒の空白」を、実体験に基づき避難階段から着想した建築により提案する。

■審査講評

人々が日々を汲々としながら生きている息苦しい都市の「外」に、この建築はある。だからこの建築は「都市からの出口」から入って「都市への入口」から出るとされている。絶対安全な避難先が用意されているわけではなく、ここで束の間の息継ぎをしたら、また苦しい都市に潜り帰らねばならないのだとしても、これは確かに都市から避難するための「避難階段」となり得るだろうと、苦い共感を集めた。ごく少ない道具立てで、時代のありようを突きつける作品である。[本]

いつもを豊かに、もしもに備える
熊本地震、球磨・人吉豪雨を経て未来へ

222
長嶺 諒 ながみね りょう
近畿大学
建築学部 建築学科

私の故郷の熊本県は、恵まれた自然が魅力の1つだが、2016年の熊本地震、令和2年7月豪雨など、度重なる災害に見舞われてきた。本提案では、熊本の自然を活かし、災害の記憶を蓄積する、人の居場所を計画することを目的とする。

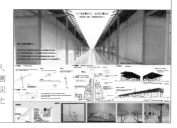

Mobility & Regionality

224
金谷 麟 かなたに りん
大阪工業大学
工学部 建築学科

リモートワーク(遠隔勤務)で職場を固定しなくてもよくなり、都市に集約していた職場が郊外の魅力ある地に分散する。各地の特色、産業に合わせた建築が生まれ、人の移動を効率化してきた自動車は生活空間として建築に組み込まれる。

壕を解する
奈良・屯鶴峯地下壕における空間体験型戦争ミュージアム

226
吉永 悠真 よしなが ゆうま
神戸大学
工学部 建築学専攻・建築学科

今日の平和学習は、被害者としての立場に偏っているのではないだろうか。国民が行なったこと、行なおうとしていることは何だったのか。第2次世界大戦時に本土決戦を覚悟して掘削された奈良県の屯鶴峯地下壕から要素を抽出し、それをもとに空間化する。

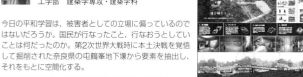

泊まれるまちびらきの郵便局
三重県志摩市における風景の共有体験

227
作田 健 さくだ けん
東京都立大学
都市環境学部 都市環境学科建築都市コース

地元のインフラの最後の砦である郵便局に「まちびらき」の機能を追加し、人々が一息つける交流施設の実現をめざす。そこに泊まる観光客と町民の双方の存在が確かめられることで、両者に志摩市にいることの誇りや憧れを改めて感じてほしい。

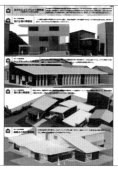

農がつなぐコミュニティ

228
佐藤 文哉 さとう ふみや
千葉大学
工学部 総合工学科建築学コース

2022年以降、その多くが宅地化されると危惧されている生産緑地を対象敷地とする。本計画では農地という生産緑地の特性を生かしながら、住民同士、住民と地域をつなぐ架け橋となるような集合住宅をめざす。

駅は異なもの味なもの
寄り道のできる駅空間

229
又木 裕紀 またき ゆうき
東京理科大学
工学部 第一部 建築学科

乗り換えたり、通過したりする人が多く、駅から外にでる人が少ない東京の東急電鉄多摩川駅で、駅にいながら周辺の特徴を取り込んだ施設を利用し、どの車両やドアから降りたかによって、異なる空間体験のできる駅を提案する。

百貨都市
無個性都市のアイデンティティを確立する百貨店の提案

230
嶋谷 勇希
しまたに ゆうき
神奈川大学
工学部 建築学科

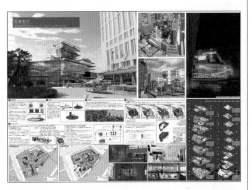

均質的な体験や空間で占められる「無個性都市」で、「都市建築のイメージ」として解釈された各要素に「パブリック」と「コンテンツ」の2つの空間を対峙させる。都市空間化した百貨店は、都市のアイデンティティ（自己同一性）を確立する。

■審査講評
JR横浜駅前の複合商業施設の計画。各フロアに「パブリック（誰もが利用可能）」と「コンテンツ（百貨店の売り場、追加される用途や機能）」の空間を対峙させ、各層ごとに異なるプログラムを配置している。「無個性都市のアイデンティティを確立する」と語る一方、内部空間表現がないことから、作者の興味はプログラム配置システムにあることがわかる。密度の高い図面表現で、建築の成立には現実味があるが、「個人や生活をブランディングする舞台としての百貨店は現代に成立するか」「すでに実現されている商業空間に欠けているものがあるのでは」といった作者の疑問は感じられない。［福］

多様な感受を包容するすまい

231
伊藤 雄大
いとう ゆうだい
信州大学
工学部 建築学科

現代の画一的な集合住宅の住戸のプログラムを解体して、新しい生活空間と共有空間について考えた。居住者のその時々のニーズに応えることで、建築自体が変化し続ける住まいを提案する。

牧童が口ずさむ舎
人を繋ぐ牛舎型六次産業施設の提案

232
横田 勇樹
よこた ゆうき
信州大学
工学部 建築学科

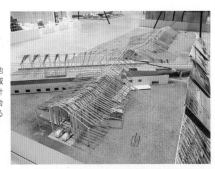

北海道二海郡八雲町は北海道酪農発祥の地である。しかし、近年は酪農の担い手が減少し、耕作放棄地が増え続けている。本計画は、乳牛との関係性を見直すことで牛舎建築のあり方や、人々の関係性を再編する提案である。

■審査講評
酪農従事者の減少や高齢化が問題となる中、美しい牧草地の広がる北海道八雲町でも、酪農における耕作放棄が問題となっている。北海道新幹線の駅周辺をあえて開発せず牛が放牧されることになるという稀有な構想のある立地から、牛と人が共生する空間を提案する。牛舎建築をモチーフとした空間内に展開する牛と人とのこれまでにない関係の仕方が、酪農という産業を持続させるための方策について考える契機を与えてくれるとともに、従来型の駅前開発のあり方を問い直す作品となっている。［西］

池田満寿夫美術館
その作風の変遷に着目して

233
安東 真生
あんどう まさき
信州大学
工学部 建築学科

20世紀に世界的に活躍した芸術家、池田満寿夫は生涯「女性」をテーマに描き続けた。彼の作風の変遷に影響した4人の女性たちとの出会いを辿り、彼の生涯を体感する空間によって個人美術館を構成する。

あの日、陸奥の驛舎で…
鉄道が繋ぐ…記憶を創る場所

235
佐藤 桃佳
さとう ももか
大阪工業大学
工学部 空間デザイン学科

かつて青函連絡船で知られたJR青森駅を「産業遺産」ととらえ、役目を終えたプラットフォームと連絡橋を保存再生し、その先に新たなランドマークとなる建築を増築。日本の近代化を代表する記憶を伝え、継承するミュージアムを提案する。

渋谷建築・都市文化アーカイブ
都市における自由な居場所の継承

236
和賀 一弥
わが かずや
日本工業大学
工学部 建築学科

東京都渋谷区は現在、人が滞在し、交流できる公共空間が減少している。そこで、本計画では近代以降の東京の歴史や文化のアーカイブ（保管庫）、ものづくりができる「Fabラボ」、子供を対象とした教育施設を提案する。

竹林の商店街

238
植木 萌
うえき もえ
千葉大学
工学部 総合工学科建築学コース

商店街のあるところはかつて竹林だった。竹林がその瑞々しさを保つように、この場所も年々数を減らしている個人商店を育み、常に新しい商店街であり続ける土台になる。

プロセニアムのむこう側
自分と他者の関係を築く都市の舞台装置

239
大貫 友瑞
おおぬき ともみ
東京理科大学
工学部 第一部 建築学科

ビル群や行き交う人々と自分の間に脈絡を感じられない東京。他人と自分との関係が、演者と観客の関係に置き換わるような建築を提案する。プロセニアム（舞台）の向こう側の他者のことが、きっと私たちの心に残るだろう。

■審査講評
都市的な劇場空間の提案として、円環、あるいは蜷（とぐろ）状の連続した壁面の中に、迷路のようなシークエンス（連続性）をもった計画となっている。求心性をそのまま図面化したようにも見えるが、一方で、来訪者が建物内を彷徨（さまよ）うことも大いに喜んでいるような平面計画であるところがおもしろい。
このような施設は蜃気楼のように虚ろう存在であるほうが魅力的で、建築家、安藤忠雄が設計し、1988年に竣工した『下町唐座』のように、次に行ったらなくなっている建築のほうが良いと思った。［中］

シン・メタボリズム

240
濱崎 拳介 はまざき けんすけ
九州大学
工学部 建築学科

現在、メタボリズム*2建築は新陳代謝されることなく老朽化し、解体されている。そこで、大高正人設計の香川県『坂出人工土地』をもとに、現代における新しい新陳代謝を思考し、消えゆくメタボリズム建築を継承する。

▲審査講評
香川県の坂出人工土地というメタボリズム*2建築が有しているモジュール（基準寸法）を継承しつつ、新たに新陳代謝を行なえる仕組みを検討しようとする作品である。代謝が行なわれやすいように細分化し、それぞれが再生産されやすい方法を考案している点は秀逸であり、結果として現れる建築の姿が自生的でおもしろさを感じた。[友]

編註 *2 メタボリズム：1959年より黒川紀章や菊竹清訓をはじめ、当時の日本の若手建築家たちを中心に展開された建築デザイン運動。メタボリズムは新陳代謝を意味し、来るべき社会の変化や人口の増大に対して、有機的に適応する都市や建築を提案した。

実験的、流体的。
水の研究

242
藤牧 舞 ふじまき まい
工学院大学
建築学部 建築デザイン学科

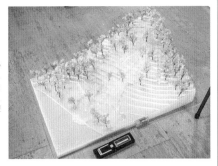

建築そのものが自然の一部になる建築をめざし、特定の形を持たない水に着目した。音や振動、気象条件などが重なり合うことで、水の美しい造形が生まれる。水がつくる多様な形を研究し、新しい水の建築を提案する。

▲審査講評
建築そのものを自然の一部として形成することで、自然と共生する新たな建築空間をつくり出そうという計画である。ここでは水に着目し、敷地模型に紫外線硬化樹脂を垂らし、紫外線LEDライトを照射して硬化させ、それを3Dキャプチャ（3次元空間における点の位置情報をデジタルで記録）したものをベースに設計している。
敷地は長野県にある中綱湖沿いの斜面とし、実験で得たモデルを当てはめ、鍾乳洞のような空間を提示している。新しい建築を発明しようという姿勢が評価され、100選に残った。[齋]

浸蝕シ増蝕ス
梅田における新しい都市の形成

243
森内 計雄 もりうち かずお
京都大学
工学部 建築学科

日本中で東京を模倣するような再開発が進み、各都市の特性が失われている。また、現在の都市には人のための空間が欠如している。そこで、都市の特性と人の空間とを包含した新しい都市の形成手法を大阪の梅田で計画する。

APARTMENT／ENERGY PLANT

244
山本 康揮 やまもと こうき
大阪工業大学
ロボティクス&デザイン工学部 空間デザイン学科

私たちは不要なもの、汚いものをゴミとして捨ててしまう。資源を浪費する私たちは、かつての「動的平衡」を忘れ切っている。暮らしとその裏側にあるものとの隔絶を健全化するためのメタンガス発酵施設を設計する。

表参道 歩行者天国 復活・恒久化構想

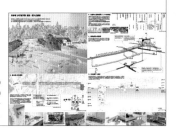

245
佐藤 日和 さとう ひより
小林 創 こばやし そう
千賀 由香 せんが ゆか
早稲田大学
創造理工学部 建築学科

東京の表参道を全面歩行者道路とするために、道路空間の再構築、表参道をディスプレイする文化館、道の使い方の仕組みを提案する。さまざまな街路空間の姿を提示してきた表参道を、人間のための空間の先駆けとする計画である。

都市で生き続ける建築
これからの高層高密集合住宅を考える

247
永長 穂高 ながおさ ほたか
横浜国立大学
都市科学部 建築学科

建築は未来のことを見据えて存在するべきだ。だが、現在だけを考えた建築が建設され続けている。社会が変容していく中でどのように建築が生き続けるかを考え、都市の負の遺産になり得る高層マンションを再考する。

e⁻ Share
空間のSNS化

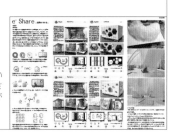

248
中島 佑太 なかじま ゆうた
北海道大学
工学部 環境社会工学科

自動運転により空間が動き回るようになると、個人が思い思いにデザインした空間（e⁻ Room）がシェアされる。さながら自由電子e⁻が金属結合を担うように、e⁻ Roomが人と人、そして街をつなぐ。

都市のエネルギーコンバージョン
新宿西口広場解放計画

249
吉田 彩華 よしだ あやか
吉崎 柚帆 よしざき ゆずほ
松村 直哉 まつむら なおや
早稲田大学
創造理工学部 建築学科

「車両のための機械」である東京の新宿西口地下通路を、人間性を解放するための装置として転用し、新宿らしさを再び地表に表出させる。そこは新宿地下都市空間に渦巻くカオス（混沌）の無秩序なエネルギーが湧き上がる広場である。

イサリビ継承

253
立花 恵大 たちばな けいた
北海道大学
工学部 環境社会工学科

近年、急激に減少するイカの漁獲量により、その役割を終えようとしている漁港を養殖研究の場へと再生する。積層するスラブ（床の水平材）は漁港の延長として、養殖研究と暮らしを結び付けながらイサリビを継承する。

=SPACE
新しい都市型納骨堂の提案

255
加藤 安珠 かとう あんじゅ
京都大学
工学部 建築学科

私の祖父はビル型納骨堂に眠っているのだが、大きな違和感を覚える。都市部への人口集中や少子高齢化などの問題から、今後ますます需要が増えていくであろう都市型納骨堂の新しい形を、東京の池袋に提案する。

グラデーショナルな学び場

257
富山 春佳 とみやま はるか
関西大学
環境都市工学部　建築学科

学校では同学年のクラスごとに集団がつくられるが、社会に出ると同学年の集団はなかなか見られない。本設計では教室の密室化を防ぎ、他のクラスや他の学年が交じり合う多世代が学ぶ場を提案する。

メイドインニッポリ
繊維の街でつくる新しい商空間とファッション

259
堀本 茅那 ほりもと かやな
芝浦工業大学
建築学部　建築学科

近年、服の販売方法が大きく変化している。これによって縫製職人の働く場が減少し、服を販売する商空間が減少するという問題が起こっている。東京の日暮里繊維街の特徴を生かし、新たな服の作り方と商空間のあり方を提案する。

共庭都市
公と私の都市空間に対する共的空間形成の手法と実践

百 S

260
篠原 敬佑 しのはら けいすけ
神戸大学
工学部　建築学専攻・建築学科

自然環境の悪化と人口減少を迎える中、日本には縮小のデザインが必要だ。現在の日常の場を狭くし、古くから生活の場の中心であった都市の中に新しい住環境を整える。その上で、現在、都市に欠けている「共住」を庭によって呼び覚ます。

審査講評

立体公園としての構造体を市街地に差し込むとともに、そこに都市の構成要素となる居住ユニットが組み込まれていく。スキーマ(計画)としては、メタボリズム*²を髣髴とさせる仕立てである。レンガ壁が空中に伸びていく、どこか懐かしさを感じさせる空間表現ではあるが、明確に提示されている空間の骨格と、やや人間を突き放したようにも見える表現は魅力的だ。居住についての細かい表現はないが、「このようにも見える場所があったらいいのにな」と引き込まれる何かが、そこにはある。[小]
編註
*2 メタボリズム：本書127ページ出展ID240編註2参照。

和解
北海道百年記念博物館

百

264
本田 隼大 ほんだ はやと
名古屋市立大学
芸術工学部　建築都市デザイン学科

札幌市に建つ北海道百年記念塔は、北海道開拓百年を記念する高さ100mの塔で、現在、負の遺産と化している。現在の北海道は多くの犠牲の上でできていることを伝える本当のモニュメントとして、百年記念塔を再解釈するための博物館を提案する。

審査講評

先住民であるアイヌ民族と、開拓で北海道に生業を営んできた和人、それぞれの100年という歴史をひもとき、互いの理解を深めることで、確執があった両者の関係性の改善を意図した作品である。内部空間を時系列に沿って構築することを検討しているが、インスタレーション(展示空間を含めて作品とみなす手法のアート)などの提案を通して、訪れる人々に互いの経験や苦しみを体験できるような提案があってもよかったのかもしれない。学生らしい問題意識とアプローチに好感を持った。[厳]

循環を意識する
森林資源によるまちづくりの提案

262
前田 亘輝 まえだ こうき
秋田県立大学
システム科学技術学部　建築環境システム学科

木をさまざまな形で表現し、木に意識が及ぶように計画した。敷地を訪れた人は、木々の多様さに触れる過程で、自然の中に生まれた木が最期にまた自然に還っていることに気づき、木が循環していることを意識する。

都市菜園と台所
小さな食と農から考えるこれからの暮らし方

265
安原 樹 やすはら いつき
芝浦工業大学
建築学部　建築学科

近年、都市から農地が消えつつある。現在、使われていない生産緑地に畑付き集合住宅を計画し、広い農地を個人で扱うことのできる「菜園」として活かす。食と農の観点から、これからの都市での暮らし方を再編する。

都市に想いを
神戸三宮における想いに気づく建築の提案

266
北條 達也 ほうじょう たつや
兵庫県立大学
環境人間学部　環境デザインコース

かつて、人々の「想い」は道にあふれていたが、都市化により影を潜め、人々は都市において孤立した。再び「想い」に気づくことができれば、新しい「想い」の関係が築けるのではないか。これは神戸三宮における「想い」に気づく建築の提案である。

そのとき、ここにて、おもう

百

267
藤本 大賀 ふじもと たいが
新潟工科大学
工学部　工学科

何もないと思われてしまっている空間にこそ、価値の顕在化が必要である。私の地元に存在する15無人駅の本質的な価値を、最小限の建築によって顕在化する。

審査講評

誰もいないように見える空間に潜在している人々の居姿を幻視し、ほんの少しの操作による介入で、その居方を可能にするという提案。別に15の駅をそれぞれ異なる方法でやらなくてはならないという理由はないのだけれど、全部をそれぞれ別の操作方法で設計している。操作がミニマル(最小)だからこそ、使う素材や寸法を具体化する必要があることにも、きちんと答えている。写真がうまいので、現状のままでも悪くは見えないのが、表現の難しいところである。[本]

無意識の連鎖
都市体験を表出させる建築

268
柳 雄貴 やなぎ ゆうき
九州大学
芸術工学部　環境設計学科

本作品は、都市体験を建築として具現化するものである。高層ビル群の低層階を設計対象とし、そこに都市体験を具現化した、水平方向に伸びやかな商業施設を建築する。人々はそこでの体験を無意識の内に都市だと認知するに至る。

建築の更新
透明性と質量性の操作による空間再考

269
鈴木 悠 すずき ゆう
秋田県立大学
システム科学技術学部 建築環境システム学科

成長時代から縮小時代にパラダイム・シフト(価値観が変化)しつつある現代において、既存建築たちは延命的処置を求めていない。透明性と質量性を操作し、「建築の更新」を図る。

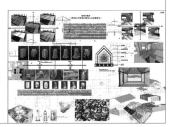

Augmented Roads
ストリートにおけるARコンテンツのための仮設建築

270
浦田 泰河 うらた たいが
東京大学
工学部 建築学科

さまざまな活動が情報空間へと移行する将来、現実空間におけるストリート(道端)の、単に人々が行き交う場としての役割は薄まるだろう。近未来のAR(拡張現実)グラスの普及を見越し、ストリートの新たな可能性を見出す仮設建築の提案。

大谷石の連歌
徳次郎町における再編のケーススタディ

271
和久井 亘 わくい わたる
日本大学
工学部 建築学科

栃木県宇都宮市徳次郎町の、大谷石を使った魅力的な街並みに対して、どう応答するか。歴史的な街並みと現代的な営みを併せ持つ、歴史と現代的な要素の中間にある魅力を追い求める。

伝統を紡ぐ襞
金沢・国際工芸メッセ

272
原 和奏 はら わかな
武庫川女子大学
生活環境学部 建築学科

手仕事の街、金沢。数多くの伝統工芸が根付く金沢らしさを表す建築により、この地が国際的な工芸発信拠点となることをめざす。工芸品だけでなく、作家と出会う場を創造し、新たな伝統継承のあり方を提案する。

まちなみのリミックス
尾道市斜面住宅街を対象とした街区計画

百

273
石井 健成 いしい けんせい
工学院大学
建築学部 建築デザイン学科

すばらしい街並みを持ちながら、道路幅員により家を建てられない広島県、尾道の斜面住宅街。すばらしい街並みの要素を抽出、継承しながら、斜面に住む住民がより豊かに生活できるよう、街をリミックス(再編成)する提案。

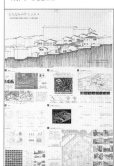

▶ 審査講評
リミックス、それは今の状態に敬意を払い、「更新するべきことを設計する」ということ。冒頭の文章で、この作品が何を意図しているかを明確に伝えている。広島県、尾道の階段状住宅地のリサーチから、法規、構法、防災の面で何が問題となっているのかを指摘し、接道していない敷地での住宅群の建替えを具体的に計画している。
でき上がった模型を見ると、尾道の周辺敷地と比べると少し硬い表情を持つ建築群となってしまっているが、今後も再建築による街並みの継承という課題について解答を出そうという取組みを続けてほしい。[福]

赤浜伝承広場
忘れたい記憶と忘れられない場所

274
太田 大貴 おおた ひろき
立命館大学
理工学部 建築都市デザイン学科

東日本大震災から10年。震災の記憶は忘れたいものであると同時に伝えなければならない。震災以前の古地図をfootprint(足跡)として空間化し、建築やランドスケープ(地形)が伝承のきっかけとなる場をめざす。

こころの回帰

275
奥 亜莉沙 おく ありさ
熊本大学
工学部 建築学科

記憶にあるような、ないような。だけど、私は確かにここを知っている。悲しいような、切ないような。だけど、自分が満たされている。ここではないどこかへ行きたい。

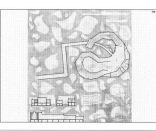

パティオを纏う
内向性が織りなす優しい空間

277
清水 海玖 しみず みく
東京理科大学
工学部 第一部 建築学科

疲れてしまった時、思い悩んだ時……、建築は話すことはできないけれど、何も言わず傍に居続けることはできる。人々にそっと寄り添い、励ますようなやさしい建築の提案。

めくり、いろどり、つつみこみ…

278
宮崎 守恵 みやざき もりえ
東京理科大学
工学部 第一部 建築学科

本提案は新潟県湯沢町を訪れた観光客やアーティスト、住民がアートを通してつながり、街と関わることで、余暇の時間に彩りを与える複合文化施設の提案である。

まちなか保育園
散歩で広がる居場所

279
坂本 愛理 さかもと あいり
東京理科大学
工学部 第一部 建築学科

子供の居場所の減少に着目。保育園児の散歩道に地域の資源を生かした子供の居場所と街に開かれた保育園を提案する。子供たちは散歩を通し、街の中でのびのびと育つ。

富岡再考計画
世界遺産のあるまちが抱える課題に対する提案

280
根岸 大祐 ねぎし だいすけ
秋田県立大学
システム科学技術学部 建築環境システム学科

日本では世界遺産登録を地域活性化の起爆剤として考えることが多い。しかし実際は、遺産登録によって地域がダメージを受けるという問題が生じている。本提案により、遺産登録に対する意識を改革し、街の未来を再考する。

ナギサノカオ
港町・宇野の伝承と再興

281
濱口 優介 はまぐち ゆうすけ
三重大学
工学部　建築学科

港町、岡山県の宇野を支えた「フェリー産業」「玉野市魚市場」「魚行商」、新たな文化である「アート」の祭典「瀬戸内国際芸術祭」が共存するフェリー・ターミナルで、宇野の歴史と文化を巡り、体感できる海の玄関口を創造し、それらを伝承する。

我々はどこから来たのか
我々は何者か　我々はどこへ行くのか

282
若松 凪人 わかまつ ななと
東京大学
工学部　建築学科

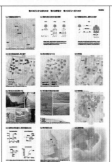

数日から数年の日常、数十年の人生、そして数百年から数千年に及ぶ文明や文化のように、さまざまな時間が私たちの身体の中を流れている。これらの時間が重層する建築とは何か、本計画で考えたかった。

積層してゆく0番地
高瀬川を主軸とする人権教育のまちづくり計画

百

283
末田 響己 すえだ ひびき
加藤 桜椰風 かとう さやか
張 啓帆 ちょう けいはん
早稲田大学
創造理工学部　建築学科

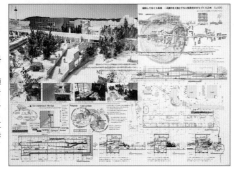

1960年代に人権という新たな価値観が世の中に生まれたが、人の生きる権利を脅かす問題は世界中で絶えない。日本独自の人権問題を抱え、京都に所在する被差別部落の崇仁で、人権教育センターと広場、遊歩道を設計する。

■審査講評
京都の被差別部落という社会的な負の歴史を見つめ、歴史として記録する人権教育センターの建築と、高瀬川の景観を楽しむ広場および遊歩道のランドスケープ・デザインの提案である。社会が生み出した不幸な歴史から発想された、弱者に寄り添い支え合う場所としての建築には、場所の持つ潜在的な魅力を顕在化するべく、視線の抜けの良さを意識した多様な人の居場所が生み出されている。「自立した施設とするべき」という考えから、ZEB*3化に向けた考察がなされている点も興味深い。[西]
編註　*3　ZEB：Zero Energy Buildingの略語。大幅な省エネルギー化を実現した上で、再生可能エネルギーを導入することにより、エネルギー消費量の収支をゼロとすることをめざした建築物のこと。

三陸の方舟
大規模嵩上げ地における生業空間の提案

百 S

286
千葉 大地 ちば だいち
東京電機大学
未来科学部　建築学科

東日本大震災から10年、街全体の形が変わってしまうような荒波の時代の中で、街の魅力と、そこで生きる人々の生業を後世につなぐ方舟になるような建築。

■審査講評
防潮堤に守られた被災地の嵩上げ地区に、失われた生業を再起させる提案。いかにも津波で流出しそうな造形とそれに相反する、荒波に浮き上がって命を守ることを目的とする「方舟」という言語的な比喩を用いた計画に、当初は戸惑いを感じた。
しかしながら、提案そのものの正統性の是非を議論するのではなく、発災からの右往左往する被災者の思考を追従する建築の表現と見て取ると、一気にリアリティを増す計画のようにも思えた。[中]

大気的均衡・引力の場
元野外彫刻館

285
藤井 明日翔 ふじい あすか
九州大学
芸術工学部　環境設計学科

野外彫刻は自然の中に溶け込み、情景の一部となる。情景は人の心から生まれ、作品は人の心に浸透する。ここは、元・野外彫刻たちの館。雲の中に見え隠れする彫刻。大気が流れるように、人々は作品にひかれていく。

BLUE PARK計画
海洋プラスチック問題と人・島の連携

百

288
樋口 愛純 ひぐち あすみ
坂西 悠太 さかにし ゆうた
小久保 美波 こくぼ みなみ
早稲田大学
創造理工学部　建築学科

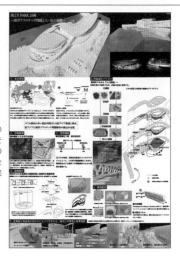

沖縄本島うるま市離島を結ぶ海中道路の中間地点、平安座島の港部に、海洋ゴミを収集して漁礁を作る再資源化工場と、海の未来を再考する海洋研究所を計画。離島全体で、海洋プラスチック問題について啓発する。

■審査講評
生態系に影響を与える海洋プラスチックごみ問題に焦点を当て、環境問題に対する人々の意識を高めることにつながるよう、再資源化された素材の扱い方を提示している作品。沖縄で馴染みのある日射遮蔽壁のデザイン（花ブロック）を用いて、自然風景に溶け込む様相を呈するように工夫していることや、夜景の中での建築の佇まいを表現するなど、つたない部分はあるものの、意欲的に取り組んでいる点が評価された。[友]

軟石造りの児童館

289
伊神 佑香 いかみ ゆか
北海道大学
工学部　環境社会工学科

敷地には、札幌特有の軟石蔵がある。軟石造りの児童館を増設し、軟石蔵のアプローチを児童館の土間や園庭と結び付けることで、軟石蔵とそのまわりを地域特有の風景を持った交流広場として提案する。

有機的な建築を生成するための方法論

290
柴田 サンゴ しばた さんご
工学院大学
建築学部　建築学科

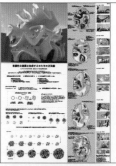

何かしらの規則を持つ複雑な形状は、法則の積み重ね、アルゴリズムにより生成されている。自然界に存在する模様パタンの生成アルゴリズムを用いた建築物と、その有機的な形状の特徴を活かした建築空間を提案する。

埋没する記憶
鉱山120年計画

291
附田 悠杜 つくた ゆうと
千葉大学
工学部　総合工学科建築学コース

1.2×2.0kmの巨大スケールで大地に穿たれた大穴。かつての森、人間の所業、岩壁、それらを記憶として建築に留める。120年の長期スパンをもって少しずつ変容していく建築、ランドスケープ（地形）を提案する。

有終の建築

292
四宮 幸之助 しのみや こうのすけ
佐賀大学
理工学部　建築環境デザインコース

設計の段階では考えられない有終についての構想を、福岡県の祭礼行事である大蛇山から着想した。大蛇山では祭事が終わるたびに山車を破壊する。本作品では、建築の始まりから有終までを、山車の要素を用いながら設計する。

ヒトトイウドウブツ
環世界のゆるぎ

293
鹿 圭登 しか けいと
佐賀大学
理工学部　建築環境デザインコース

我々は元来、個々に環世界（適応する環境）を持った、ただの動物である。数多くの環からなる福岡県の宝満山に12の建築を提案する。我々の本能を刺激するテーマで設計した建築を巡る中で、自身の固定観念が更新され、純粋な動物としての本能を自覚していく。

未成熟の遺産
地球的建築解による足尾銅山転換計画

295
山戸 善伸 やまと よしのぶ
日本大学
理工学部　海洋建築工学科

「人間と地球の狭間に存在する建築」とは、建築を通して人間に地球を感じさせる半透明な存在だと考える。解体され始めている栃木県の足尾銅山工場跡地が担ってきた、地球の尊さを伝える役目を引き継ぎ、人と地球から構成された半透明の遺産へと転換する。

海抜0メートル地帯水没計画
東京東部低地における川と共に生きる都市の提案

百

296
中村 正基 なかむら まさき
日本大学
理工学部　海洋建築工学科

敷地は川とともに成長してきた都市、東京の東側に広がる海抜ゼロメートル地帯。東京東部低地の住民は洪水が起きそうでも避難しない。そこで、川とともに生きることで、避難を必要としない防災計画を提案する。

審査講評

海抜ゼロメートル地帯の東京東部は堤防で守られているため、人々は川の存在を感じることができない。このことが災害に対する住民の意識を低減させているのではないかと考え、川と堤防の境界を都市の中に入り込ませることで川の存在を可視化し、防災意識を高めつつ開放的で豊かな都市空間を実現しようという計画である。
川が増水してもいつも通りの生活を営めるように第2のGL（地盤面）を設定するなど、水害を力づくで抑えるのではなく、水害と共生していくという新たな可能性を提示していることが評価され、100選に残った。[齋]

北都開拓
まちづくりする劇場

297
湖東 陸 ことう りく
北海道大学
工学部　環境社会工学科

2030年の完成が予定されている北海道新幹線の札幌延伸事業。新幹線駅の建設とともに開発予定の街区で、市民が開発する街を先導する劇場を提案する。

みんなの学びステーション
地域の拠点ネットワークがもたらす新しい教育

298
西山 翔 にしやま しょう
新潟工科大学
工学部　工学科

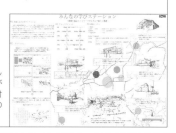

子供たちが地域へ飛び出し、人々からの教示や実践を通して、幅広く学びを展開する。さらに、オンラインでつながることで子供たちが学びを共有し、より深く知識を身に付ける。時代が可能にする教育方法と、それに沿った空間の設計。

めぐりゆく小さな風景
潟と生業のフィールドミュージアム

百

300
吉田 悠哉 よしだ ゆうや
田中 大貴 たなか ひろき
村井 遥 むらい はるか
早稲田大学
創造理工学部　建築学科

福島県、松川浦での青ノリ養殖は東日本大震災により生業の継承の危機に瀕した。大地と共生しながら持続的に生業が成り立っていることに価値を見出し、生業の風景をフィールド・ミュージアムとして計画。住民が地域への愛着を得られるとともに、観光客の生業への参画をめざす。

審査講評

東日本大震災の津波被害によって、生業の危機に瀕した福島県松川浦で、持続的に生業が行なえるように「浦の守り人」をネットワーク化し、地域内外の人々が交流する拠点にもなるフィールド・ミュージアムを構想したもの。かなり難しいことを提案しようとしているのであるが、よく調べた上での無理のない提案となっており、建築自体にも嫌味のない、自然に寄り添う形態が導き出されている。「地域愛着獲得、観光客の生業参画」という言葉が説得力を持って伝わる良作である。[小]

CRYSTAL ARK
history, culture, art, vegetation, ecosystem of AKASHI

301
木下 一花 きのした いちか
武庫川女子大学
生活環境学部　建築学科

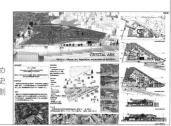

CRYSTAL ARKの中に明石のかけがえのないものを詰め込む。先史時代からの長い歴史を持つ兵庫県、明石。歴史や文化、生態系などを継承・保存し、これからの明石を創造していくための学びの場とする。

たばこする建築
地方観光地における暮らしの再構築

百

302
加藤 朱莉 かとう あかり
広島工業大学
工学部　建築工学科

観光業を営む田舎町は、自然体での暮らしを観光業に奪われている。「暮らしがつくる美しい風景を見る、見られる」という観光業的な形式を排除し、観光資源を体感する形式として、それと同等な空間性を建築化することで、自然の中での暮らしを取り戻す。

審査講評

真の街興しは「観光業」を盛り上げるのではなく、地域固有の資源（産業や景観など）を通して地元住民の暮らしを豊かにすることである、という街興しの本質に触れた提案である。地元産業や生活習慣に基づいて提案された建築形態にも魅力を感じた。[厳]

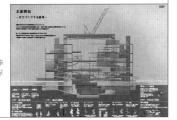

現ヲ悟リ政ヲ催ス

305
坂口 智 さかぐち さとし
日本大学
理工学部　建築学科

消費文化の中に埋もれた東京の渋谷で過ごす若者に対して、「現状」を伝える空間（現ヲ悟リ）と、政治や権力という存在に対しての「催し」を与える場（政ヲ催ス）を、複雑に入り組んだ複数の設計要素によって構成していく。

織り湊
よそものが綿と水のまちの住民になるための玄関口

306
西岡 里美 にしおか さとみ
立命館大学
理工学部　建築都市デザイン学科

都市への人口流出が進む一方で、注目されている地方への人の流れは、今後さらに増えていくことが予想される。住民が急速に入れ変わる地方で、移住者を取り込みつつも独自の文化を保持し続けるための計画。

破滅への塔
日常の裏側

307
山道 里来 やまみち りく
東京理科大学
理工学部　建築学科

都市に、人の日常生活から切り離されている火力発電所、ゴミ処理場など8つの施設と、商業施設などが複合した塔を設計した。私たちの生活の裏側を視覚的、体感的、空間的に表現することで、人間が抱えている問題を提起する。

■審査講評

種類の違うさまざまな建物をガチャガチャとうず高く積み上げてタワーにする、というのは卒業設計の1つの類型である。滑らかな表皮で包まず、不安定でギクシャクとした形を剥き出しにして、何か露悪的なメッセージを提示するのも常道である。
この作品もまさしくそれなのだが、消費的な日常のシーンの背後に隠蔽されている、生産と分解のシステムを可視化、顕在化させるというテーマ設定が非常に実践的で、だからこそメリハリの効いた部品を収集し、集積することができたのだろう。［本］

七十二候
季節を感じる建築

308
若杉 玲来 わかすぎ りく
東北工業大学
工学部　建築学科

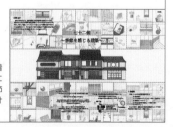

本設計は、七十二候という季節を感じる視点と記憶術に着目。日々の小さな変化を見つける視点をもとにした建築によって、季節の変わり目を感じ、現代の日本における季節の移り変わりの美しさを感じることは可能かを考え、設計したものである。

雪と暮らす
栄村集落再興

309
滝田 兼也 たきた けんや
神戸大学
工学部　建築学専攻・建築学科

日本有数の特別豪雪地帯である長野県栄村。人口が減っている現状を打破し、再び活気のある村の姿を取り戻したい。そこで、雪を生かした集落へ変えることで、集落の再興をめざす。

私達は何者なのか

311
濱津 のぞみ はまつ のぞみ
九州産業大学
建築都市工学部　建築学科

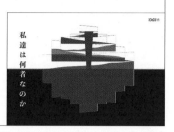

私は存在していてもいいのだろうか。私を理解し、愛するための試練をこの建築を通して体感する。重ね着するように身に纏った邪念やストレスを、半壊空間での身体的体験により脱ぎ捨てていく。

引きつぎの記憶、つぎはぎの風景
故郷に対する20年間の思いと建築に芽生えて5年間の歩み

313
廖 妤姍 りょう ゆしゃん
東京デザイナー学院
建築デザイン科

地元で発生している都市の均質化に対して、1人1人の個性があふれる住まいの集合体をつくる。街のすき間や余白を利用して、住民の営みに応じて変化していくことで、温もりの満ちる街をつくりたい。

総湯に集う
地方で考える外国人居住者と地域住民の繋がり方

314
上野山 波粋 うえのやま ないき
芝浦工業大学
建築学部　建築学科

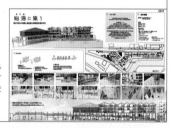

外国人居住者への対応が不十分である石川県加賀市で、外国人を受け入れる空間を持った総湯（＝共同浴場）を設計する。総湯を中心に誰もが自由にくつろぎ、交流できる場をつくることで、地域を活性化することにもつなげる。

祝祭都市

316
小西 圭吾 こにし けいご
近畿大学
工学部　建築学科

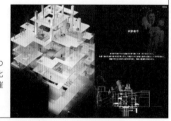

非日常として閉ざされた劇場を日常に開いた時、何が変わるのか。日常であふれる都市に非日常を挿入する。可視化された劇場は普段は広場として日常を演出し、演劇が開催される時には非日常に転じ、祝祭の雰囲気を漂わせる。

虚妄の相
集合住宅に関する3つの物語

317
趙 文昊 ちょう うぇんはお
東京大学
工学部　建築学科

本作品は、建築の可能性と生活の可能性の乖離を明らかにするために、集合住宅に注目。空間の分配、組織のあり方、装飾の価値をテーマに3つの物語をつくり、それぞれの物語で建築がどう変化したのかを表現した。

都市的寺院空間ノススメ

320
佐野 喜郎 さの よしろう
東京理科大学
理工学部　建築学科

都市空間において、物理的な距離が近づき続ける私たちの生活と寺。しかし、葬式仏教と言われるように、寺は私たちの生活とはかけ離れた存在として扱われている。これは寺院空間を中心とした、都市の再開発の提案。

都市の中の荒野
「気ままな場」を目指して

百 S

323
近藤 暉人 こんどう あきと
東北芸術工科大学
デザイン工学部
建築・環境デザイン学科

都市における建築と自然と人間の関係性を
見直すための空間。建築の構成を解体し、
公園のもつ余白と溶かし合いながら再配置
していく。両者の関係は対等であり、透明
化された距離感の中で時間が移ろう。

紙國ノ建築

324
髙橋 昂大 たかはし あきひろ
近畿大学
工学部 建築学科

いつからか私の故郷は日本一の紙の町と呼ばれた。効率重
視の機械漉きに移行し、魅力ある作業工程は見せ場をなく
し日常から消えた。手漉き伊予和紙の衰退に歯止めをかけ、
あるべき街の風景として未来につなぎ止めたい。

GYOKO PARK

325
南 佑樹 みなみ ゆうき
東京大学
工学部 建築学科

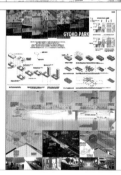

経済活動の中心「東京駅」と空虚な中心「皇居」をつなぐ行幸
通りを、既存グリッド（格子状の基準線）を活かしながら公
園化する計画。新たにつくられる「行幸路」を橋に見立て、
その両岸を緩やかにつなげることで、立体公園が地下空間
に立ち上がる。

洞のまほら
採石場跡における災害拠点の計画

328
飯田 颯生 いいだ さつき
千葉大学
工学部 総合工学科建築学コース

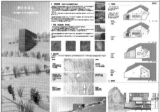

地球温暖化に伴い、気候変動による災害が深刻化する一方、
災害後の避難所はすし詰め状態である状況は相変わらずで
ある。人間の恐怖や喪失の体験を受け止め、悲しみ、人間
らしい生活を維持できる防災拠点のあり方を考えた。

広島計画2021
「浮き」「動き」「繋ぎ」景色は移ろう

329
名畑 健太 なばた けんた
近畿大学
工学部 建築学科

かつて広島湾では水産業が栄えていた。しかし環境問題や
高齢化による後継者不足によりその勢いは衰えている。そ
んな広島の海に活気を取り戻すため、「浮き、動き、つなぐ」
建築による水上マーケットを提案する。

道中お気をつけて
情報空間に対する実空間のあり方

330
川島 昂次朗 かわしま こうじろう
東京理科大学
理工学部 建築学科

デジタル技術の発展により、人間が情報空間に依存した時、
実空間はおろそかにされてしまうと考える。そんな時、実
空間に必要なものとは何なのか。「情報空間では得られな
い」をテーマにした分散型美術館の提案。

第○.五番札所
俳句集『へんろ道』より

百

331
井川 美星 いかわ みほし
近畿大学
建築学部 建築学科

これは四国遍路の札所と札所の間に、体験
と記憶が乱反射する建築体験をつくるプロ
ジェクトである。曽祖母が四国遍路を歩きな
がら詠んだ俳句とともに、私もその道を歩き、
遍路道沿いに小さな建築を点在させる。

主文「懲役、愛ある生涯を」

332
萬藤 大雅 まんどう たいが
鹿児島大学
工学部 建築学科

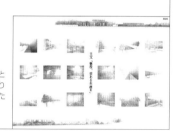

「そうなってから」では遅いけれど、「そうなってみないと
わからない」ことだってある。もう目を逸らすのは終わり
にしよう、彼らを理解しよう、同じことが起き続けないた
めに。犯罪者はこの社会が生んでいるのだから。

ひがしむき商店街
かつて「東」を向いていた商店街を「ひがし」へ

333
坂口 真一 さかぐち しんいち
金沢工業大学
環境・建築学部 建築デザイン学科

かつて、すべての商家が興福寺のある東を向くよう、西側
に立ち並んだ通りに、今では東向商店街という名が付いて
いる。しかし現在では、東側にも建物が立ち並ぶ。奈良県
のそんな商店街の東側に幼稚園を設計し、現代の新たな方
位を提示する。

水と暮らす　浸水都市新潟

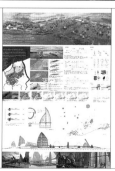

334
茅原 風生 かやはら ふうい
長岡造形大学
造形学部 建築・環境デザイン学科

排水機により都市へと発展した海抜0m都市、新潟。イン
フラ更新期の今、排水機の停止により、過去の湿地環境を
取り戻す。水害を受け入れる都市計画と水上建築を計画し、
自然と都市の理想の共生関係への転換をめざす。

時に住まう
まちの余白に向けた木のバトンの可能性

335
小野 晃未 おの てるみ
東北芸術工科大学
デザイン工学部　建築・環境デザイン学科

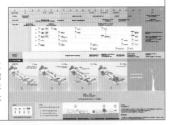

時間軸を木で表し、人が減少する未来に向けて、長期間にわたる人のつながり方を提案する。単身者向けの共同住宅で、学生が卒業するなど、住民の退居時に植樹。約20年後にかつての住人がその敷地へ戻ってきた際、成長した木の下に佇む人と、かつての住民とのつながりをめざす。

創造衝動

百 □□
□□

336
小野寺 圭史 おのでら けいし
東北学院大学
工学部　環境建設工学科

意味や価値、合理性、利益などが介入する前の、言葉にならないような、衝動の重要性を再認識する。

▷ 審査講評

蒼い空に高く立ち上がる螺旋階段は、意味や意義の有無に関わりなく、ともかく魅力的な造形である。それを「舞台」にした劇画（あるいは漫画）を「建築提案」として提示し、物語を「読み込ませる」ことで表現しようとする試みは成功したと言えよう。絵もストーリーも嫌味が無く、心象風景の描写として好感をもてた。[中]

水の森の葬祭場

百 □□
□□

337
井川 直樹 いがわ なおき
東京都市大学
工学部　建築学科

水と森を用いた新しい弔いの形式。水と人の死の循環による、祈りと自然の探究。水の循環に死を挿入することで、祈りの対象は時間をかけて大きく広がっていく。

▷ 審査講評

本作品は、東京の海の森公園内に葬祭場を計画したものである。水に人の生死を結び付けることで、「日常生活の中で自然を見た際にも故人を思うことができるように」という思いが込められている。作品自体の説明は少ないが、でき上がっている建築空間のレベルの高さが評価された。[友]

地方の中心部と郊外を結ぶ交通と拠点
黒石市における新しい交通利用

338
木立 鮎美 きだち あゆみ
東北芸術工科大学
デザイン工学部　建築・環境デザイン学科

車社会という側面から、青森県黒石市の交通と交通拠点を再考し、設計する。市民の力で均質化を防ぎ、住みやすい街になっていく。鉄道やバスの拠点同士が面的につながり支え合うことで、誰もが自立して生活できる街の風景をめざす。

本の街しんてら
都市拡散型図書館の提案

339
水野 雄大 みずの ゆうだい
東北大学
工学部　建築・社会環境工学科

コロナ禍（COVID-19）の影響により図書館が閉鎖され、自分の部屋と公園の東屋で本を読むことが多くなった私は、内と外という背反する環境を交互に体験することの重要性を感じた。そこで「部屋」と「自然」を行き来できるような図書館を考えた。

海郷の螺旋塔

百 S
□□

漁業地域における事前復興まちづくりの提案

341
廣瀬 憲吾 ひろせ けんご
立命館大学
理工学部　建築都市デザイン学科

堤防一体型避難タワーによる新たな暮らしを取り入れた、事前復興まちづくりを行なう。防災機能に限らず、コミュニティ・ハブ（地域拠点）としての機能を備えることで、地域住民の日常的な利用を可能とし、地域の漁業や観光業を持続可能なものとする。

▷ 審査講評

南海トラフ地震の発生を前提に、堤防一体型避難タワーによる新たな暮らしを取り入れた、事前復興まちづくりを行なうという提案である。防災機能だけではなく、地域コミュニティのハブ（拠点）となる公民館などの機能を入れ、漁業や観光業を持続可能なものにする狙いもある。高知県宿毛市片山地区の市場跡を敷地とし、実際に住民ワークショップを行なって得た意見を計画に反映している。また、地区全体の高台移転を含めて、時間軸に沿った変化を取り込んだ設計となっている点も含め、完成度の高い作品と判断され100選に残った。[齋]

渋谷地霊物語
ある場所の地霊を読み解く設計手法の提案

342
三野 紗理奈 みつの さりな
東京都市大学
工学部　建築学科

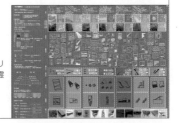

「建築することは、地霊の可視化である」と建築史家、クリスチャン・ノルベルク＝シュルツは言った。本設計は地霊を可視化する建築手法の提案である。

四季に呼応する散策型ビジターセンター

344
田中 優衣 たなか ゆい
信州大学
工学部　建築学科

季節ごとに変わる「建物と自然との境界」が、建物の使い方を変化させる。グリーン・シーズン、ウィンター・シーズンともに、人々が歩き回りながら地域固有の自然を体感できる、散策型ビジターセンターを提案する。

図らずも、序章。
都市における「本との出会い」を生む偶発的空間の提案

347
旭 智哉 あさひ ともや
神戸大学
工学部　建築学専攻・建築学科

電子書籍の登場によって失われつつある「本との出会い」「本を介した人との出会い」が生まれるような空間が必要である。多様な人が集まる都市部において、本と偶然出合うことに特化した図書空間を提案する。

道草譚
小学校通学路における100の遊び場

百 S
F

346
工藤 理美 くどう りみ
信州大学
工学部 建築学科

現在、街に子供の遊び場が減少していることが問題となっている。そこで、小学校の通学路に関するアンケート調査の結果をもとに、子供の行動と通学路環境の関係を分析し、100の遊び場を設計することで、子供が自由に遊べる街をめざす。

審査講評

子供の遊び場を取り上げた作品は多いが、アンケート調査の結果から子供の行動と通学路環境の関係を分析した上で、実際の小学校の通学路に100の遊び場を計画し、それぞれを連関させようという提案。1つ1つのものはごくありふれた遊びの場面であるが、ていねいに描かれた図面からは、敷地がどのような場所かがわかり、「こういう風にすると実際に子供が遊ぶだろうな」と思える魅力的な提案となっている。[小]

住みツグ

百

349
井上 玉貴 いのうえ たまき
愛知工業大学
工学部 建築学科

巨大資本に環境を占有されているJR名古屋駅前の商業空間を住空間に転用する。外部に接続する開口と空間構成によって、失われた身体性を取り戻すように、都市をリノベーション(改修)していく。

審査講評

駅前商業施設のテナントとして「シェアハウス」が入るという、新しい住まい方への意欲的な提案である。一方で、プライバシーとパブリック、匿名性と公開性への検討を前提としたプログラムにより実現されている高齢者施設などはすでにある。敷地1カ所だけではなく、駅前の商業施設の内部にひしめく住居の姿と、それによって生まれる新たな駅前風景を見てみたかった。[厳]

縷いを、編む
千曲川水害後1年目の街の修復風景の集積による失われた児童館の再建

百 S
F 三

350
宮西 夏里武 みやにし かりぶ
信州大学
工学部 建築学科

千曲川水害(2019年台風19号による被害)から1年が経過した長野市長沼地区の修復風景を観察し、分析、再構築することで、復興とともに児童館の欠片が街に立ち上がっていく。街に点在する火の見櫓は調理室や音楽室に、体育館は遊戯室へと姿を変える。

審査講評

水害で被災した建築への住民による修復の実践を「縷い」と呼び、その小規模ながら切実な実践事例を収集、分類、整理して設計手法に昇華させ、具体的な設計提案である児童館の再建に適用してみせる。まず、「縷い」の事例は1つ1つ興味深く、共感を持って集められたことがわかる。さらに「縷い」を施す器として、残存した火の見櫓や体育館の躯体を用いることで、耐え残った「本体」と切実な「縷い」を対置させる復興の主題が反復、展開されている点もおもしろい。[本]

GO TO FUNERAL
観光地借景

351
杉山 弘樹 すぎやま ひろき
東京理科大学
理工学部 建築学科

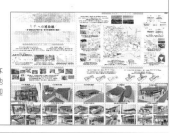

都市空間は、葬儀という非日常を許容することができなかった。観光と葬儀の類似性に着目し、都市近郊の観光地に蓄積した「思い出」を葬儀に少し取り込む。多死社会を迎えるにあたり、新たな葬送空間を提案する。

私の人生(家)
心理モデルとしての住宅と、その遡及的改修のセルフセラピー

百 S
F ー

352
森永 あみ もりなが あみ
芝浦工業大学
建築学部 建築学科

家には思い出が積層する。出来事とともに変わり続ける家族の関係性にリンクした空間をつくり続ける家。そんな家があったら、人は今後の人生を豊かにできるだろう。過去と向き合い、過去の私の人生を再編していく。

審査講評

極私的な家のリノベーション(改修)。「心理モデルとしての住宅と、その遡及的改修のセルフセラピー」の副題どおり、実家での兄や両親との暮らし(人生)を振り返り、弱った心にそっと支え棒をするような、階段やドア、外部とのつながりをつくる部材を継ぎ足す。
コロナ禍で引きこもった家と向き合う作品群は今年の特色だが、モノローグのようでありながら、自分の境遇や外部環境を分析する視点で描かれたアクソメ(不等角投影)図が、「悩む私/治療者としての私」の不思議なバランスをつくり出している。[福]

香港逆移植
映画的手法による香港集団的記憶の保存

百 S
F 二

353
成定 由香沙
なりさだ ゆかさ
明治大学
理工学部 建築学科

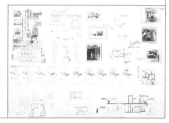

香港をつくり上げたイギリス、中国(中華人民和国)の2国に「2019年-2020年香港民主化デモ」の記憶を建築として残す。互いの不在を感じさせながら、敷地の文脈から立ち上がった機能とかたちの中に、映画的な体験として香港、そしてその記憶が劇的に挿入される。

審査講評

かつての支配国であったイギリスと、現在支配を深めつつある中華人民共和国。2つの大国の間で翻弄された香港の歴史を、王家衛監督による60年代の連作映画から各年代の出来事を象徴するシーンを引用して強調し、ハイドパークと天安門広場というこれまた象徴的な場所に「逆移植」というかたちで空間化した。
作者の香港への強い思いによって表現された赤い建築群は、映画のポスターを思わせる美しいドローイングと相まって、香港の置かれた難しい局面を鮮やかに浮かび上がらせる力を宿している。[西]

学びの層
教育拠点としての高田馬場BIGBOXの改修

354
大沼 聖子 おおぬま しょうこ
天田 侃汰 あまだ かんた
市川 春香 いちかわ はるか
早稲田大学
創造理工学部 建築学科

現在の実利主義的な教育システムに対し、学ぶ意志のあるすべての人が柔軟に学びを体験できる、新しい教育の場を提案する。既存の東京、高田馬場BIGBOXの大空間と「飛び出す機能」により、偶発的な学びを生む建築をめざす。

歩越神戸
神戸の地形的特性を踏まえた斜面における歩行空間の提案

355
井上 泰地 いのうえ たいち
京都大学
工学部　建築学科

海と山に挟まれている兵庫県神戸市の地形的特徴を生かし、東西に走る道路や鉄道の上で、南北方向に空中歩行するように、人々が神戸の斜面を歩き、山と海と自分との距離感や高さ関係の変化を楽しむ建築である。

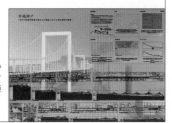

逃飛行記

356
林 大雅 はやし たいが
国士舘大学
理工学部　建築学系

東京の渋谷を歩いている時、うまく歩けず疲れてしまうことがある。歩くスピードや、歩幅の違い、終わりが見えないビル群。そのどれもが私にとっては窮屈なのである。私は、迫り来る人波やビル群から避難するための高台を設計した。

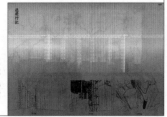

結いの散歩道
日常を切り取る祝祭空間

357
柴田 美緒 しばた みお
東京都市大学
工学部　建築学科

一生に一度の結婚式。その時だけにしか使われない空間はもったいないと感じる。たとえば結婚記念日、子供の誕生祝いなど、普通の日にも人々はここへ戻ってくる。日常と祝祭空間は関わり合い、家族との豊かな時間をつくり出す。

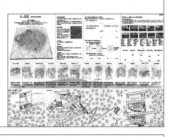

傷と色気
ズレの隙が埋める風景の保存

361
三谷 啓人 みたに ひろと
近畿大学
工学部　建築学科

保存により、その時間の蓄積が現状で止められてしまうのであれば、人や街の要請によって街の断片を切り取り集めることで、街の変化を助長する触媒ともなる建築をつくることが、新たな風景をつくり続ける手段だと考える。

死者との対話
都心における墓地空間とランドスケープの提案

362
石谷 慶 いしたに けい
神奈川大学
工学部　建築学科

現在の都心における墓地は、巨大なボイド（空隙）空間となっている。そこで、都心にある墓地の空間に、墓地以外の機能を入れ込み、ランドスケープ（地形）としてデザインすることによって、墓地の新しいあり方を提案する。

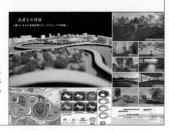

解築
"解体"と"建設"を組む動的な建材ネットワーク

363
本多 栄亮 ほんだ えいすけ
明治大学
理工学部　建築学科

解体と建設という相反する行為を、時間と距離のスケール（指標）の中で組んでいく。建築従事者間のフリマ・アプリ（電子個人売買システム）のように、動的な建材循環システムの中で解体と建設を結び、「解築」される建築を描いた設計である。

■審査講評
ネットワークやアプリケーションといった、いわゆるIoT[*4]の技術と、既存建築の物質的な存在感、それぞれの持つ「勢い」を合流させようと果敢に取り組んだ作品である。多様な経緯や体験を積んだ「建物」と、時間の経過の概念が大きく異なる情報ネットワークの特質とを組み合わせる手法の開発が、作品のメインテーマであろう。示された造形や説明のいくつかには確かにその片鱗は見出される。たとえば、転用量と容量の言語的な対比、建具や小屋組（屋根の構造体）にパラメトリック（媒介変数による変形）を用いた造形などがその好例かもしれない。しかし、不鮮明なところも多々残されているので、さらにその先を問いたいところである。[中]

編註　＊4　IoT：本書28ページ編註1参照。

SHIBUYA ART COMPLEX
主観的評価によってARTの価値を創造していく場

364
花内 秀華 はなうち ひでか
竹内 和宏 たけうち かずひろ
竹俣 飛龍 たけまた ひりゅう
早稲田大学
創造理工学部　建築学科

東京都渋谷区宇田川町に、ARTの制作過程を可視化する。地域住民に限らず、多様な人々がアーティストと相互に関わり合い、自動車が通行可能なART COMPLEXの計画。

集落ノ共生作法
「河岸家」による漁業基盤の再構築

365
林 佑樹 はやし ゆうき
愛知工業大学
工学部　建築学科

効率化された流通構造により、日本の小さな漁業集落が衰退した。本提案では、漁業集落の建築ストックである海苔の加工場を対象に、地域循環型市場と新規漁業者の暮らしの場を複合した「河岸家」へのコンバージョン（用途転換）を提案する。

NAKANO
在リ続ケル風景

366
佐々木 康生 ささき こうせい
東京電機大学
未来科学部　建築学科

現代の都心における再開発は、更地にするか、残すかの二者択一である。その中で既存建築のボリューム（大きさ）に沿った建築的操作を行なう。現在の風景や建物同士の関係性を尊重した新たな手段をケーススタディとして、魅力のある街である東京、中野で考える。

棲み処
地元で共存する

367
甘中 円雅 かんなか まどか
近畿大学
工学部　建築学科

世界の森林は急激に面積を減らしており、それに反比例して絶滅種や絶滅危惧種が増加している。人がその現実を知らないため絶滅危惧種が減らない。将来、動物たちと共存できる暮らしを学べる小学校を提案する。

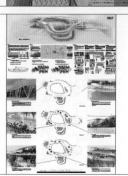

呼吸する島
自然換気を用いた開放型市場の提案

369
安治 徹 あんじ とおる
神戸大学
工学部 建築学専攻・建築学科

商港としての機能が低下し、土地のアイデンティティ(存在感)を失いつつある鳥取港に、一般市民が普段、目にすることのない閉ざされた市場の現場を鑑賞できるとともに、この地域での生活に被害をもたらし続けた風と交わる「ハブ市場」を計画する。

岩窟に仏をみる
耶馬渓古羅漢に懸ける仏堂

371
梶山 奈恵 かじやま なえ
武庫川女子大学
生活環境学部 生活環境学科

修験道の修行窟を中心に岩窟寺院について研究し、特徴的な奇岩を持つ敷地に仏堂を設計する。岩窟をはじめとした自然への畏怖と信仰の空間、既存石仏群の保護のための覆屋、夕日と山々を望む行場を提案する。

大地より
庵治石の過去と未来をつなぐ

374
山地 雄統 やまじ ゆうと
神戸大学
工学部 建築学専攻・建築学科

「世界一の石の町」高松市庵治町に、この場所への愛や誇りを感じられるような博物館を設計したいと考えた。そこで、人間と環境との関係性を探る学問である人文地理学の研究を応用し、地場産業体験型博物館を提案する。

十三湊再編

376
川村 慧 かわむら けい
日本大学
工学部 建築学科

青森県五所川原市十三地区。地区の発展拡大とともに、地域住民から見えなくなった生業を可視化し、漁業集落の要素を再編。分離した住民たちに新たな関係性をもたらす建築を提案する。

日本橋シン道

378
玉村 愛依 たまむら めい
東京電機大学
未来科学部 建築学科

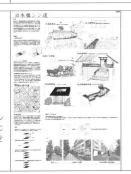

東京、日本橋には30社以上の神社が存在するが、ほとんどが都市の中に埋もれてしまっている。その中で日本橋七福神に着目し、神社と都市の中間に当たるレイヤー(層)を作ることで、新たな神社と都市の関係性を提案する。

日々を切り取る

380
手柴 智佳 てしば ちか
佐賀大学
理工学部 建築環境デザインコース

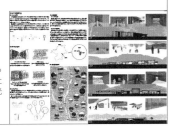

豪雨の被害により、観光の目玉であった鉄道が不通となった。既存の駅を、観光資源である景観を切り取った、新たな風景を楽しむスポットとすることで、そこは村民と観光客の新たな交流と振興の場となるのではないかと考える。

VICISSITUDE
利用者と共に変遷する複合公共施設

381
星野 創 ほしの そう
東京都立大学
都市環境学部 都市環境学科

人口増減や少子高齢化、社会情勢の変化などに応じて、その時代に要求される機能を備えた小ユニットを都度換装し、随時更新することで、「地域コミュニティの拠点」として長く使い続けられる複合公共施設を実現する。

死者と棲まう家
祠の聖俗から死生観を再考する

百 S

382
森下 大成 もりした たいせい
大同大学
工学部 建築学科

世界的に無宗教状態が広がり、日本においても死や死生観は形骸化している。そこで、無宗教状態における死生観を再考し、新たなる葬送の方法を提示する。また、葬送だけでなく、遺族の心のケアも行なう。

▲審査講評
死者と住まう多様な形を丹念にリサーチしている。その結果をもとに、暮らしの中に死者を組み込んでいくための住宅を、何世代も経過した先の姿まで想像を巡らせながら計画し、旧来の形骸化した形ではなく、説得力の高い形にまで仕上げている点が評価された。[友]

記憶の奏
平和のとりでを「音楽」で築く

384
杉山 星斗 すぎやま ほしと
近畿大学
工学部 建築学科

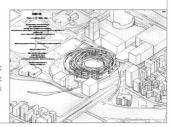

世界ではじめて原子爆弾が落とされた都市、広島。広島はこの歴史を発信し続けていかなければならない。音楽は人々の心に届く。音楽に平和を乗せて、人々の心の中に「平和のとりで」を築きたい。

旧博物館動物園駅劇場

百

385
山縣 レイ子 やまがた れいこ
工学院大学
建築学部 建築デザイン学科

都市は人々の「見る」「見られる」行為が多層に重複する劇場と言える。本提案では、その都市の演劇性と劇場性を建築化し、東京、上野の地下廃駅を新しい形で再生する。旧・博物館動物園駅は、人々の舞台として再び時を刻み始める。

▲審査講評
駅空間の演劇性に着目し、東京、上野にある廃駅となった京成電鉄の博物館動物園駅を劇場化させる提案である。線路を挟んでプラットフォームが向き合う、駅独特の構造を利用し、「見る」「見られる」という関係性＝演劇性を劇場空間へと昇華させるのと同時に、駅の歴史も継承しようとしている。
既存の駅や上野周辺のていねいなリサーチに加え、保存再生活動を行なうNPOにも直接ヒアリングしてプロジェクトのリアリティを高めようとしている点も評価され、100選に残った。[齋]

まちの居間となる余白

392
奥原 舜也 おくはら しゅんや
日本福祉大学
健康科学部 福祉工学科建築バリアフリー専修

昭和の大家族から平成の核家族、そして単身世帯が増加する現代。現代では、他人同士が自然に共生できる居場所が必要である。余白が生み出す「まちの居間」は、人々の私物や気配、交流を集積し、令和の地域家族のカタチとなる。

Fukuyama micronation

393
松葉 大吾 まつば だいご
近畿大学
工学部 建築学科

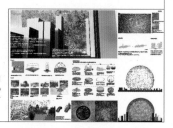

失われた広島県の福山城三ノ丸の領域を現代に再定義し、かつての拠点性を取り戻す。都市の発展に伴い、領域は自然に還る。植物などの自然に覆われた空間は、情報に囚われた都市のオアシスとなり、鉄道という交通媒体を通して全国とつながる。

湯けむりに誘われて
新しい湯めぐり空間の提案

394
丹野 友紀子 たんの ゆきこ
島根大学
総合理工学部 建築・生産設計工学科

温泉街に点在する、地域独自の隠れた資源を活用し、過去と今をつなげる新たな温泉街の計画。「湯けむり」×「温泉街の土地形状や記憶」を利用することで、周遊型のかつての温泉街のかたちを「湯けむり空間」に再編する。

都市の祝祭
厄災と平和への献花施設

396
伊山 琳 いやま りん
東北大学
工学部 建築・社会環境工学科

東京2020オリンピックが中止となった世界を仮定する。五輪メイン会場としての役割を失い、空虚になった東京、国立競技場周辺に「静寂型祝祭」を挿入する。

ツキアイとユルサ

397
藤原 柊一 ふじわら しゅういち
九州大学
工学部 建築学科

東京、東墨田の革工場地帯にあった、かつてのコミュニティは、通勤族の転入により失われつつある。転入者は工場に対する理解がなく、工場に関わろうとしない。そこで、工場と住宅、店舗の集まる団地を設計し、東墨田を切り開く。

ラヂヲな建築

398
川端 知佳 かわばた ちか
東北大学
工学部 建築・社会環境工学科

深夜に1人でラジオを聴いている時の、自然に孤独感が薄れ、遠い誰かとつながる秘密基地にいるような感覚。ラジオから生まれる、こうした感覚を発想の起点として、空間性やリスナー同士の関係性を表現した「ラヂヲな建築」を計画する。

河跡の器
窪地の地形がつくり出す新たな公園風景

401
花岡 大樹 はなおか ひろき
室蘭工業大学
工学部 建築社会基盤系学科

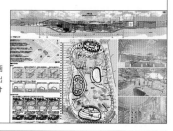

暗渠化された河川が遺構として利用されている公園を計画地とし、かつての地形の跡に新たな人の居場所をつくり出す。建築の力を借りて、いつまでも人々から肯定され続ける空間をめざす。

Rhizome of Food

402
笹 恭輔 ささ きょうすけ
秋田県立大学
システム科学技術学部 建築環境システム学科

衣食住の中で「食」だけは異質である。カリフォルニア・ロール寿司のように、「食」は均質に広がっていかず、各地方の好みに合わせて変化し、各風土ならではのアレンジが加えられる。「食」が他の要素と複雑に絡むことで発生する、場所の変化を考える。

無為な場所

404
中川 陸 まなかがわりく
秋田県立大学
システム科学技術学部 建築環境システム学科

効率化、最適化を求めた都市や日常から一歩引いた、用途もなければ機能もない、何をするわけでもない無目的な場所。有用さを求める現代において「何もしない」「無用な」時間にこそ、人にとって真の自由があるのだ。

オリンピック島
人類がオリンピックを諦めないための海上建築

405
兵頭 璃季 ひょうどう りき
二上 匠太郎 にかみ しょうたろう
松尾 和弥 まつお かずや
早稲田大学
創造理工学部 建築学科

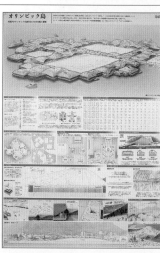

これから先、人類がオリンピックを諦めないために「オリンピック島」を設計した。本計画は、1つの媒介変数的な規律に基づいた、どの敷地にも対応可能な100の造形と既存施設が連携し、オリンピズム(オリンピックの理念)を達成するものである。

▶審査講評
ある数理を用いて、競技種目や用途にそれぞれ合わせたユニットを組み合わせて作られた人工の浮島でオリンピックを開催しようとする計画。一見、荒唐無稽なようだが、それぞれの接合方法や回廊などをよく考えて、説得力をもつものに仕上がっている。
100の造形と既存施設が連携することで、オリンピズム(オリンピックの理念)を達成するという作者の主張が、あり得そうだと思わせてくれるような、オリンピックの開催年に相応しい作品に仕上がっており、評価を得た。[小]

GRAFTED PAVILION
design not to be designed

408
山岸 将大 やまぎし しょうだい
九州大学
工学部 建築学科

生きた樹木たちがつくり出す光と影とに戯れながら、かつて、この森で育った木材たちが小さいながらも新たな空間をつくり出す。人の手を離れ環境に身を任せることで形作られた空間は、人々に今までにないアフォーダンス(行為の可能性)を与える。

外国人お遍路さんによる遍路文化再生計画
四国八十八箇所霊場52番札所太山寺周辺を先駆けとして

407
橋田 卓実 はしだ たくみ
工学院大学
建築学部 建築デザイン学科

海外の巡礼ブームによって急増している外
国人「お遍路さん」の力を生かし、衰退傾向に
ある遍路文化の再生を図る。遍路宿での「お
接待」による賑わいが遍路道から四国へと広
がり、新たな四国遍路の風景を創造する。

死に触れる

409
田中 雄也 たなか ゆうや
京都大学
工学部 建築学科

身近な人を失い、遺されてしまった者たちが、死と向き合っ
て心の傷を癒し、日常生活に戻っていく「リカバリー・プ
ロセス」を建築として提案する。

彼の家を読む
小説「シャーロック・ホームズ」で描かれるベイカー街221

410
木村 勇貴 きむら ゆうき
信州大学
工学部 建築学科

推理小説「シャーロック・ホームズ」シリーズを読み、小説
内の建築空間描写を抽出する。当時の建築や時代背景を踏
まえ、言語による空間と、実体的な（実際の）建築空間を考
察することで、ホームズがいたベイカー街221の設計を試
みる。

Higashiyama Culture Valley
都市と緑地の際に建つ帯状空間

415
村西 凱 むらにし がい
名古屋市立大学
芸術工学部 建築都市デザイン学科

南北に続く緑地帯と、東西を横断する都市インフラを立体
交差的につなげる。谷地をボイド（空隙）とし、谷と尾根の
際に帯状空間をつくることで、谷地は都市を引き込んだ広
場となり、帯状空間は、都市と緑地を断面計画上で関係づ
ける。

尾道水道と共に観る、せとうち美術館

416
佐多 慶秋 さた よしあき
大阪市立大学
工学部 建築学科

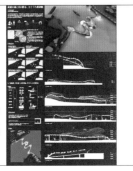

現在、あらゆる分野において、地球環境を守るための議論
が盛んである。そこで、交通手段と展示空間を1つの場に
共存させ、環境への意識を日常的に想起させる建築を提案
する。

大阪計画2070
脱人間中心時代の建築における自然の権利

417
沢田 直人 さわだ なおと
近畿大学
建築学部 建築学科

脱人間中心時代の日本において、人と人をつなぎ守ってき
た建築。人と自然（環境、動物）のために、建築の用途を拡
張していく。建築と自然、人間が50年かけて、大阪の万
博公園で互いの距離感をとっていく。

減築による若里団地の再生
余白空間の緑地化

419
藤原 未来 ふじわら みく
信州大学
工学部 建築学科

近年、団地において、老朽化と空き住戸の増加が深刻化し
ている。そこで、取壊しを見据えて、段階的な減築を行な
うことにより、人と人、人と自然が関わり合う空間をつく
り出す団地再生計画を提案する。

まちと桜山との狭間で、

420
三上 麗 みかみ れい
室蘭工業大学
工学部 建築社会基盤系学科

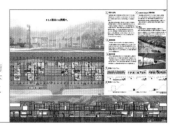

190万人都市、札幌の南に位置する真駒内という小さな街
には、表に街並みが、裏に山が広がる2面性を持った地下
鉄高架駅が存在する。表と裏の2つを断絶するのではなく
つなげ、新しい街の拠り所になる建築を提案する。

タイニーハウスの可能性
より多くの人が建築を楽しむために

425
梅澤 一燈 うめざわ かずと
東北芸術工科大学
デザイン工学部 建築・環境デザイン学科

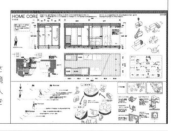

日本でも、場所やモノに囚われないタイニーハウス（小さ
な家）での自由な暮らし方が注目されてきているが、環境
はまだ整っていない。私はその環境をつくりながら、1人
が扱う建築を小さくし、多くの人を建築に巻き込んでいき
たい。

蘇る器
東京産の建材を用いた設計より

427
藤田 大輝 ふじた だいき
日本大学
理工学部 海洋建築工学科

現代の大量生産システムは、自然から都市へ建
材が供給され、埋立地に使い捨てられるサイク
ルであり、結果として東京都の埋立計画は約
50年後に限界を迎える。廃棄物を循環させる
サイクルで建築することが、都市の新たな可能
性を生む。

ほころぶまちの隙間
縮退していく中山間都市における"まち"の転写的記述

429
戎谷 貴仁 えびすや たかひと
東北大学
工学部 建築・社会環境工学科

日本の「ボイド(空隙)」には「まちのかたち」を具現化する力がある。縮退を始め、ほころぶ地方都市に「ボイド」を転写的に記述する壁を提案する。継時変化する街を蓄積した「ボイド」は、街の生きた遺産へと昇華する。

科上の小農
りんご選果場と育苗ハウスから始まる耕作放棄地の再生

430
酒向 正都 さこう まさと
信州大学
工学部 建築学科

棚田や雑木林といった人工的な自然は、土地を開墾し里山と向き合う小農がつくり上げた。小農の土地利用法を、耕作放棄地の再生に転用する方法でランドスケープを再編。その1カ所に選果場と育苗ハウスを設計する。

垢とたわむれる気積

431
長橋 佳穂 ながはし かほ
関東学院大学
建築・環境学部 建築・環境学科

百 ⬜️⬜️

ありのままの「垢」の姿が漏れてしまうことを、怖がらなくてもいいと教えてもらった瞬間がある。そんな環境を今日の空気に包含していく。自分が丸裸でいられるような贅沢さを持つ建築を、都市の1点に挿入する。

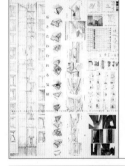

■ 審査講評
「都市すき間」を扱った作品の中で、最も私性が表れた作品。建築を、自分に付着する地としての垢に例えたことはおもしろいが、壁構造のペンシルビルを、その理由だけで語ることは難しい。本当の「ビルのすき間」に建設するのか、『塔の家*5』のように屹立する存在なのかも曖昧である。壁のすき間から都市を覗き見し、人間が等身大で都市を感じられる空間や、テンポラリーな(仮設の)プライベート空間にまで展開できると良かったが、あくまで自己表現のための等身大模型となってしまったことが惜しい。[福]

編註 *5 塔の家:建築家、東孝光の設計による、1966年竣工の自邸。打放しコンクリートの仕上げ、約6坪の敷地に建つ狭小住宅といった先駆的な試みは、多くの建築家に多大な影響を与えた。

コラボレーションハウス

432
馬場 夏月 ばば なつき
関東学院大学
建築・環境学部 建築・環境学科

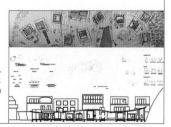

同性のカップル、子供を持たないカップル、単独世帯の人たちは、何を残せるだろうか。彼らが集まって暮らすことで彼ら特有の暮らしの「足跡」を未来に残すことはできないだろうか。未来に残したい暮らしを考える。

富士吉田染色工房

435
廣瀬 敬 ひろせ たかし
名古屋市立大学
芸術工学部 建築都市デザイン学科

本設計は、富士山麓の湧水を活用した染色織物工場と、それを見学するための施設である。ここに地方における新たな生産の風景を提案する。

merging, and margins
閑所空間再考による都市の孤立者のための建築

438
原 和暉 はら かずき
愛知工業大学
工学部 建築学科

名古屋の碁盤街区の裏に残る「閑所」。そこでは400年の歴史の痕跡の上に、刻々と変化する自然環境が生まれ、静寂で、大らかな時間が流れていた。これを手がかりに、現代の息苦しい都市に拠り所となる余白を埋蔵する。

蒲郡地中海村構想
地方創生における「地域循環型アグリスケープ」の提案

439
稲葉 魁士 いなば かいし
山本 拓 やまもと たく
愛知工業大学
工学部 建築学科

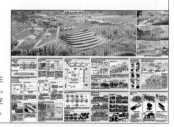

地方創生。その言葉ばかり先走る現代社会。それに伴い生まれた建築は、単一的な用途のみのハコモノ建築である。本計画では、巨大市場に依存してきた農業を、経済基盤を整えるための「地域循環型アグリスケープ」として提案する。

住宅をくさらせた記録

440
虎戸 望咲 とらと みさき
明治大学
理工学部 建築学科

百 S

建築は自然のサイクルの中に、どのように介入できるのだろうか。これは、住宅を自然に還すことを目的として、自らの住まうハウスメーカー住宅を腐らせながら暮らした、1人の人間の30年間の日々の記録である。

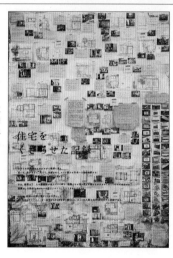

■ 審査講評
住宅が自然に回帰していく中での空想の生活を、日記のように記した作品。作者が実際に実験したと思しき酸性溶液の「水遣り」をすることで、住宅が生態系の一部として自然に還っていく変化の過程を、湿気や匂いまで伝わってきそうな手触り感のあるプレゼンテーションによってリアリティ豊かに描き出している。独自の視点から考察した空き家に対する問題提起は、建築を作り続けることを宿命とする現代の建築家の職能に対する問いかけでもあるのではないだろうか。[西]

Il muro parallelo
某都市観察者が蒐集した塀たちのソシオニクス

443
中西 勇登 なかにし はやと
明治大学
理工学部 建築学科

百 ⬜️⬜️

民法第234条によって街区の中でネットワーク状に存在する建築不在の幅1mのボイド(空隙)と隣地境界上の塀という2つの要素に注目。これらを心理学的な手法により過剰化し、境界から活性する新たな都市風景を構想する。

■ 審査講評
建築とは、「境を作り、その上で必要なところを覆う」ということ、あるいは「覆い、その下に境を設ける」ということ、それに対し、無数の失敗とわずかな成功を積み上げて今に至る技術開発であった、と言えなくもない。
この作品は、その問題に執拗に取り組んでいるものとも解釈できる。その点で大変興味を持った。であればこそ、その原理をさらに探求し、造形の可能性を深め広げて大胆な提案に発展させる視座を持つことも可能なのではないかと思った。[中]

表裏一体
建築による不可視なものの可視化

444
関戸 香莉 せきど かおり
明治大学
理工学部 建築学科

ミニマリスト(最小限の物で暮らす生活スタイル)の私の暮らしは、実は普段の生活で意識していない膨大な消費エネルギーで成り立っているが、その消費エネルギーは不可視である。この提案が不可視なものを人々に気づかせ、考えるための起爆剤になってほしい。

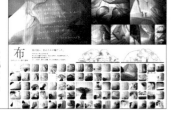

▲審査講評

作者は「ミニマム(必要最小限)な暮らしとは何か」という自問から、見えづらい部分(ゴミ、空調、水、電気など)の消費量の多さに気づいた。作品制作はそこからスタートしており、それら生活の裏面で人の目に触れる機会が少ない事柄を生活の表面に露出させることで、自分たちの生活が成立している基盤を強く認識することから生活をリスタート(再始動)させようとするものとなっている。大胆ではあるが、建築としての新たな可能性を示していると感じられる。[友]

布
よめ入り1日前の建築

445
三藏 南華 みくら みか
琉球大学
工学部 環境建設工学科 建築コース

街が固い。私はそれが嫌だった。布を用いて建築を作ることは、建築が周囲の風や光という自然をまとい、この固い街並みを変えていく力を持つと考える。布空間はどうつくられ、どう使われるのか。建築の新たな可能性を提案する。

うずしおのめ
育みと離合のモーダルステイション

446
新安 萌音 あらやす もね
明治大学
理工学部 建築学科

人の多様な動線や輸送機関の流れを敷地内に引き込み、衰退する神奈川県三浦市の漁業をその中で育むことを目的とする。また、今後の水上交通の発展に期待し、三崎地区のシンボリックな水上駅としての機能も果たす。

自転車が行き交う飲食店

447
高坂 莉歩 たかさか りほ
北海道芸術デザイン専門学校
環境デザイン学科 インテリアデザイン専攻

自転車とテイクアウトを組み合わせることで、自転車に乗ったままで飲食物を購入できたり、自転車を駐輪して購入したものをその場で飲食できたりする空間。

つつみあつまる

448
小林 開路 こばやし かいじ
篠原 和樹 しのはら かずき
木村 熙克 きむら ひろかつ
早稲田大学
創造理工学部 建築学科

三重県桑名市に残る、輪中の歴史を継承した「堤」上の集落を再興し、日常の中で人々の水防意識が醸成される暮らしを提案する。

雑居のすゝめ
「働く場」と「住まい」の編み直しによる郊外住宅団地の再生

450
有信 晴登 ありのぶ はると
愛知工業大学
工学部 建築学科

新型コロナ感染症(COVID-19)の流行を契機に、働く場と住まいを編み直すことで、過ぎた純化によって衰退の一途を辿る郊外住宅団地の再生を図る。用途や機能など、さまざまな要素を解体、再分配し、雑居させることで、郊外住宅団地の未来を描く。

ReBuild
モノを再生させる

457
寛野 雅人 かんの まさと
東北芸術工科大学
デザイン工学部 建築・環境デザイン学科

建築における持続可能性を体現するため、「リビルディング・センター」の「マインド」を東北の街で「仕組み化」するプロジェクト。新材と古材を組み合わせた、これからの建築と暮らしのつくり方を提案する。

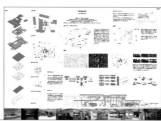

モロとカマの再編

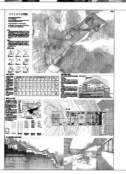

461
青島 秀一 あおしま しゅういち
信州大学
工学部 建築学科

愛知県、瀬戸の窯元において「モロ」とは、土や器の急激な乾燥を防ぐことを目的とした工房のことである。窯業の工程に応答する空間構成を媒体に、人間の身体と環境の境界を探る。

身体多様性社会

464
竹中 里来 たけなか りく
仙台高等専門学校
建築デザイン学科

最も強い者が生き残るのではなく、最も賢い者が生き残るのでもない。唯一生き残ることができるのは、変化できる者である。多様な身体拡張が可能となった未来で、明日を生き抜くために、人類は身体を変え環境に適応する。

巡礼建築
共同身体性の獲得

468
加藤 利基 かとう りき
芝浦工業大学
建築学部 建築学科

巡礼者のための宿を埼玉の秩父に展開させる計画である。巡礼者の世界と、市民の世界、観光客の世界。その異なる3つの世界をつなぐことで、現代の人々が忘れかけていた風土や共同性を取り戻す機会を創出する。

もろびとほろびて
擬自然への止揚

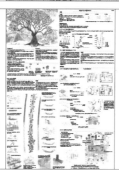

470
遠藤 天夢 えんどう ありむ
仙台高等専門学校
建築デザイン学科

「擬自然」に囲まれて育った私が贈る、現代の「まちづくり」を行なう大人たちへのアンチテーゼ(反対命題)と、生き物の間を隔てる「擬自然」を「真の自然」と見誤る現代人へのアウフヘーベン(止揚)。人と自然の共生を実現する建築の可能性の提案。

The Power Plant Odyssey
ユーグレナで進化する火力発電所

471
山本 知佳 やまもと ちか
近畿大学
建築学部 建築学科

化石燃料をエネルギー資源とする火力発電所は、将来、ブラウンフィールド（廃棄された土地）化する可能性がある。さまざまな可能性を秘めたユーグレナという微生物の活用を解決策として、火力発電所の未来を考える。

残留する館
KK線再開発×旅館再生

476
長尾 樹 ながお たつき
東京理科大学
工学部 第一部 建築学科

かつて、川沿いに旅館が存在していた東京、銀座。その多くは消えた。長く残る旅館建築とは。都心の旅館のカタチ、文化の貯蔵庫のカタチ、換気孔としてのカタチ。この3つのPHASEを包括する「ヤカタ」を提案する。

渋谷グリーンベルト再設計

477
金子 真大 かねこ まさひろ
千葉大学
工学部 総合工学科建築学コース

近年の都市では、自然豊かな生活が減少している。第2次世界大戦後、グリーンベルト構想が衰退し、東京は緑地の侵略によって発展した。本提案は、リニア（直線状）に開けた線路上にプロムナード（遊歩道）を計画し、現代にグリーンベルトを再設計するものである。

「神の家族」の家のこれから
都心におけるキリスト教会の自己更新計画

478
櫻井 悠樹 さくらい ゆうき
小川 裕太郎 おがわ ゆうたろう
鄭 知映 ていちえ
早稲田大学
創造理工学部 建築学科

都心部の教会が存続するために、テナントを収入源として受け入れる事態を想定する。俗世からの逃げ場である教会を、むしろ俗世を内包する際に、礼拝堂は輪郭を消失し、空隙となる。空隙に舞い落ちる光が、そこで群居するすべての人を照らす。

審査講評
テナントからの賃料を収入源とした、資本主義都市における未来の教会を提案している。従来のように「ボリュームに閉じこもった」（建物内に収まった）教会ではなく、複数のボリューム（建物）のすき間を教会とすることで、人々が訪れやすくなることを狙いとしている。
対象地は、東京に実存する赤坂教会とし、光と道による軸線をボリューム間に通すことで、十字形のすき間をつくり出すよう設計している。礼拝開始時間の11時に光がすき間から差し込むという礼拝堂のあり方は新しくもあり、かつ信仰の根源でもあるのではないかと評価され、100選に残った。[齋]

形象
朽ちゆくものを永久に

481
林 駿哉 はやし しゅんや
大阪市立大学
工学部 建築学科

朽ちゆく住宅地の再生を図る提案。改築ではなく、あえて古い建物を朽ちさせ、その姿のまま人々の記憶に残す。そして、実在した証を残像として空間に残すような建築を提案する。それと同時に、集合住宅としても機能させ、この地域の再生を図る。

モリミツ
神戸市長田区駒ヶ林町木密地域の立体公園化の提案

480
大石 慎太朗 おおいし しんたろう
神戸大学
工学部 建築学専攻・建築学科

木造住宅密集地域（木密）が抱える、延焼の危険性やオープンスペース（空地）の不足などの諸問題を解決するため、木密の住宅を解体して上部方向へ展開させ、立体公園とする。自然を街なかに呼び込み、森を介して人々をつないでいく。

審査講評

神戸市長田区にある老朽化した木造住宅密集地域を、ジャッキ・アップして人工地盤を埋め込みつつ、緑豊かな立体公園に変えていこうとする提案。かなり無理のあるスキーマ（計画）であるにもかかわらず、独特の味のあるスケッチと、垂直水平方向の伸びやかさを有する空間の姿は、懐かしく楽しげで、街中に呼び込まれた森の姿は、昨今、防災の世界で議論されているグリーン・インフラ*6のあるべき姿を提示している。[小]
編註 *6 グリーン・インフラ：自然環境が有する機能を、社会におけるさまざまな課題の解決に活用しようという考え方。

Architecture Is More
芸術に倣う設計手法の改善

484
福田 晃平 ふくだ こうへい
日本大学
理工学部 海洋建築工学科

媒体上での消費が当たり前となった現代社会において、建築家は作家性を持たせるべく建築に表現面を持たせる。建築における作家性を再考し、抽象表現芸術の表現手法とフラクタル（相似）構造を用いた設計手法を提案する。

審査講評

「Less is More*7」ならぬ「Architecture Is More」と題した本作は、抽象表現芸術の表現手法とフラクタル*8構造によって、空間の自由度を高められるではないかという自問であり、新たな設計手法の試みであると理解した。海外の美術館での自由な鑑賞行為というきっかけや、表層と乖離した建築空間にも共感したが、果たして「建築家の作家性は表層だけ」なのか？ それと媒体上の自由との違いとは何なのか、についてぜひ話を聞いてみたいと感じた。[厳]

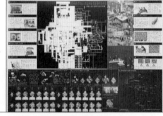

編註 *7 Less is More：ドイツ出身の建築家、ミース・ファン・デル・ローエの言葉。「より少ないことが、より豊かなことである」という意味。建築に対して、過度な装飾を排し、機能性を追求する姿勢が表れている。
*8 フラクタル：複雑な形状を同一の図形の組合せで表す数学的概念。図形の全体像と部分が相似になる。

Legacy
負のレガシーは昇華され都市に新たなレガシーを生む

485
藤井 琢巳 ふじい たくみ
千葉大学
工学部 総合工学科建築学コース

都市化に伴う負の一面である暗渠と残土を用いて、都市に失われた自然空間を創出する。日本の四季の移ろいを顕在化し、都市の新たなレガシー（伝説）として昇華させる。

部族劇団地
団地改修による擬似コミュニティの振起

486
谷嵜 音花 たにざき おとか
明治大学
理工学部 建築学科

団地住民に、各々の個性を隠し、匿名的一体感のある小集団の「部族」となることを承認させる。各人の日常行為が部族の振る舞いに変わるための空間の散財する団地を提案する。人間関係のドライな団地でも、賢明な関係を築く団地でもない、第3の団地となる。

仕掛ける躯体
渋谷のアジールをたちあげる

488
野田 夢乃 のだ ゆめの
田名部 滉人 たなべ ひろと
田村 祐太朗 たむら ゆうたろう
早稲田大学
創造理工学部　建築学科

昨今の建築は目的に従い、予想外の行為の誘発を許さない。繁雑さを受け容れ、何でも包容していたが、近年では再開発が進み、経済的価値に従えられた都市、東京の渋谷。公園の遊具のように、人々の自由な行為の仕掛けとなる建築をここに息づかせる。

群遊識熟

490
米山 魁 よねやま かい
田中 暁也 たなか としや
津田 英俊 つだ ひでとし
早稲田大学
創造理工学部　建築学科

本計画では、東京都港区白金に生涯学習のための施設を考案する。敷地の向かいにある高輪区役所支所兼高輪図書館兼高輪区民センターを本敷地に移転し、「生涯学習」の新しいあり方の検討と、その空間的対策を行なった。

つなぐ

491
黒沢 留奈 くろさわ るな
北海道芸術デザイン専門学校
環境デザイン学科インテリアコーディネーション専攻

北海道帯広市にある広小路商店街に着目。花火大会などのイベントでは人通りも多く賑わうが、平日の利用客は少ない。そこで、商店街と人々の希薄な関係を強めるため、「買い物をするための商店街」とは違う、新しい形を提案する。

にぎわいに沈む
道頓堀における劇場文化を介した旅人と住民の共生空間

百

492
尾野 拓海 おの たくみ
神戸大学
工学部　建築学専攻・建築学科

旅は我々にとって身近なものとなった。しかし、それ故に旅という行為が軽薄な行為となり、旅人と旅先の地域住民との関係は無くなりつつある。芝居町として賑わう大阪の道頓堀で、劇場文化を介して旅人と住民の共生空間を設計する。

■審査講評

小綺麗な上っ面だけ舐めて終わる旅で終わらせず、旅人と居住者が深く交流できる場をつくり出す。大阪、道頓堀の都市形成史に根差した「劇場文化」を手がかりに、堀川→茶屋→小屋の観客の流れと、それを取り巻く演者や裏方の活動を織り合わせていく。悲哀もあろう猥雑な場所への志向が的確に表現されており、作者の力量を感じる。周辺に暮らす、より一般的な住民の関わり方についても見てみたいと思った。[本]

care-perative housing

493
江藤 遥奈 えとう はるな
東京理科大学
工学部　第一部　建築学科

高齢化、介護のあり方の変化を背景に、共生型集合住宅を設計する。これまでの家族の形によって周囲から閉ざされていた住宅は開放され、介護専門職や街の民間サービスが日常的に住宅に入り込み、自宅ならではの近所づきあいが誘発される。

もっけみち、みっけ。
商店街に浸透し、息づく暮らし

494
鶴巻 愛瑠 つるまき あいる
日本大学
生産工学部　建築工学科

火災により1つとなって再出発した商店街は、四方を壁に囲まれ、隣に居るはずの隣人の姿が見えない。「もっけみち」では、生活の中にふと、互いの存在や想いを感じながら商売し、「もっけ」の気持ちを思い出す。

PROFILING
モノの多数性からなる関係性の美学

495
松田 湖都美 まつだ ことみ
九州産業大学
建築都市工学部　建築学科

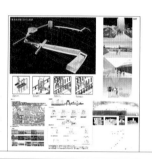

建築は数多の物質の集積と、それらの合理的な関係性によって成り立っている。本提案では、躯体（構造体）が独自のルールで立ち現れることで、その不合理さの先にある「関係性の美学」を問い直す。

博多魚市場を旅する装置

497
横谷 奈緒子 よこたに なおこ
東京都市大学
工学部　建築学科

アジアの玄関口である福岡県の博多湾街と、産業が近接しているために互いに壁を作り反発し合っている街の裏側としての魚市場を巡り、博多の魅力を再発見する旅に出るための建築。既存の魚市場に介入して生まれる新たな関係性。

Fisherman's Ark

505
高嶋 愛里 たかしま えり
北海道芸術デザイン専門学校
環境デザイン学科インテリアデザイン専攻

ノアの箱舟「私はこの堕落した世界を滅ぼすことにした。貴方は心正しい人だから私は貴方を助けよう」（『旧約聖書』創世記6章22節）。

うきうきアイランド
浮島IR計画

506
外山 典志郎 とやま てんしろう
千葉大学
工学部　総合工学科建築学コース

空飛ぶ車＝Air Mobilityを軸にIR（統合型リゾート）を計画する。神奈川県川崎市浮島地区周辺にインフラや商業施設を生かして、宙に浮く新たなホテルを、川崎人工島にはカジノを設計。明るい夢を描いた。

砂象風景
砂に埋もれる新たな建築の可能性

507
中野 慶仁 なかの よしひと
東京都市大学
工学部　建築学科

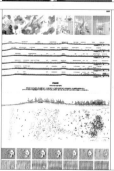

神奈川県、茅ヶ崎は砂丘から栄えた街であった。ここに国道ができて、海との関係が切れ、それから街のあり方が変わった。そこで、砂丘を復活させて砂と街をつなげ、街が砂とともにどう時を刻んでいくかを表現したい。

せぴあいろの憧憬
逢いたい時を想う場所

508
夏目 亜利紗 なつめ ありさ
大阪工業大学
ロボティクス&デザイン工学部
空間デザイン学科

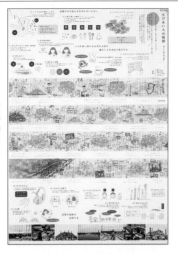

ここは記憶への入口。港に浮かぶこの街で記憶のカケラを拾い集め、旅をする。すべてを包み込むこの景色に、心の中で揺れ動くものを重ね合わせる。ここで迷い、ここを巡ることで、懐かしい記憶に逢いにいく。

■ 審査講評
大阪の旧・堺港の湾上に長屋と煙突を集積した人工島を構想しているが、設計案というよりは、長さ10mの巻物に描かれた物語というほうが相応しい。とは言っても、ストーリーのある物語ではなく、おそらく個々の部屋で展開するエピソードの集積である。思い出のエピソードは匂いや音を呼び起こし魅力的だが、それを来訪者が空間として旅することができる具体性がほしかった。[福]

商店街×集合住宅
賑わいの中に住む

509
徳永 景子 とくなが けいこ
東京理科大学
理工学部 建築学科

住宅内の機能が商店街に分散した集合住宅を提案する。商店街は買い物客の通行路であるとともに住民の共用廊下となる。住民は気分や用途により「本棚」「風呂」「キッチン」に行き、住民と街の人々が交流する。

Vernacular Aufheben
土着的要素を編む

511
飯森 廉 いいもり れん
日本大学
理工学部 建築学科

現在の建築がインターナショナル・スタイル（国際様式）に収束（回帰）している状況を背景に、ヴァナキュラー（土着）に着目した。土着的な要素を実利的な面と、精神や信仰的な面という軸により分類し、それらの関係性を考慮して建築を構成することで、多様な空間を創出する。

邂逅する生命体
特異な谷地形を模した渋谷文化の
維持・発展を促す商業施設

515
横山 達也 よこやま たつや
芝浦工業大学
建築学部 建築学科

現在、東京の渋谷は「100年に1度の再開発」に伴い、効率的で美しくなっている。そのため、最大の特徴であった多様性が失われつつある。現在の渋谷を、多様で煩雑でクリエイティブな思考が生まれやすい、渋谷らしい空間へと再帰させる。

灘浜酔蒸乃蔵
近未来における酒造業×地熱発電の提案

516
中村 幸介 なかむら こうすけ
神戸大学
工学部 建築学専攻・建築学科

兵庫県、灘の伝統産業である酒造業と、転換期が来た神戸発電所とを再構成することで、街に開かれた新たな生産の場を提案する。地熱発電による温泉を巡ることで、生産の場を五感で体験し、私たちが知らなかった豊かさを発見する。

北アルプス巡礼
新たな宗教建築のあり方

517
星 佑樹 ほし ゆうき
金沢工業大学
環境・建築学部 建築デザイン学科

未知のウイルス（COVID-19）で激変した2020年。望まない死、失業、人間関係の対立など、精神的ダメージを負った人類は疲弊した。私は非日常に、日常の要素を混在させ、非日常から日常へとつながる新たな癒しを提案する。

47.214m²の生活
日見地区市営住宅の住戸提案

520
大川 朝妃 おおかわ あさひ
小野 夏歩 おの かほ
長崎総合科学大学
工学部 工学科建築学コース

長崎市日見地区市営住宅の改修の提案。自由度が高く、最小限の壁で人々の個性を活かす。

Core of the Town
日見地区市営住宅マスタープラン

521
大原 正義 おおはら せいぎ
吉田 朱里 よしだ あかり
長崎総合科学大学
工学部 工学科建築学コース

地域コミュニティが衰退する、長崎県の日見地区市営住宅に、コミュニティ活性化のコア（核）となる新たな提案を行ない、地域貢献へつなげる。

超擬態構築

522
松原 成佳 まつばら せいか
大同大学
工学部 建築学科

看板は母体である建築の本質を変えている。看板と建築が交じり合い、渾然一体になることで、自らが周辺環境をつくり出すような建築群を考える。

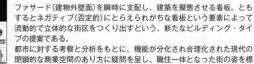

■ 審査講評
ファサード（建物外壁面）を瞬時に支配し、建築を擬態させる看板。ともするとネガティブ（否定的）にとらえられがちな看板という要素によって流動的で立体的な街区をつくり出すという、新たなビルディング・タイプの提案である。
都市に対する考察と分析をもとに、機能が分化され合理化された現代の閉鎖的な商業空間のあり方に疑問を呈し、職住一体となった街の姿を標榜する。かつて、地域固有の素材や構法が形作っていた建物の表層に代わる看板の層は、人や経済の流れを生み出す街路と新陳代謝の仕組みを内包し、どこか懐かしい未来の姿を生み出している。[西]

四ツ谷参道化計画
392年後の仙臺

523
高橋 和真 たかはし かずま
東北学院大学
工学部 環境建設工学科

仙台市の四ツ谷用水は、江戸時代に作られ、約300年の間、仙台市民の生活を支えた。価値のある資源は、現在、暗渠化されている。それを開渠化させて用水路沿いに参道を作り、仙台の貴重な資源の活用と周知を行なう。

よみがな	氏名	ID	よみがな	氏名	ID	よみがな	氏名	ID
あ あおき かいと	青木 快大	076	おの ゆりこ	小野 由梨子	120	さくらだ るな	櫻田 留奈	029
あおしま しゅういち	青島 秀一	461	おのでら けいし	小野寺 圭史	336	さこう まさと	酒向 正都	430
あかみね けいすけ	赤嶺 圭亮	100	おのはら ゆうと	小野原 祐人	025	ささ きょうすけ	笹 恭輔	402
あさひ ともや	旭 智哉	347	おやまだ ようた	小山田 陽太	191	ささき こうせい	佐々木 康生	366
あだち けいすけ	安達 慶祐	188	**か** かきしま しずや	柿島 静哉	052	ささやま こうだい	篠山 航大	016
あべ ともき	阿部 友希	103	かぎたに あらた	鍵谷 新	039	さた よしあき	佐多 慶秋	416
あまだ かんた	天田 侃汰	354	かじやま なえ	梶山 奈恵	371	さとう こうへい	佐藤 康平	142
あらやす もね	新安 萌音	446	かとう あかり	加藤 朱莉	302	さとう はるき	佐藤 春樹	043
ありのぶ はると	有信 晴登	450	かとう あみ	加藤 亜海	015	さとう ひより	佐藤 日和	245
あんじ とおる	安治 徹	369	かとう あんじゅ	加藤 安珠	255	さとう ふみや	佐藤 文哉	228
あんどう まさき	安東 真生	233	かとう さやか	加藤 桜椰風	283	さとう まさひろ	佐藤 雅宏	181
い いいだ さつき	飯田 颯生	328	かとう ゆうま	加藤 勇磨	121	さとう ももか	佐藤 桃佳	235
いいもり れん	飯森 廉	511	かとう りき	加藤 利基	468	さとう れいか	佐藤 怜香	195
いかみ ゆか	伊神 佑香	289	かなたに りん	金谷 麟	224	さの いくま	佐野 郁馬	221
いがらし そら	五十嵐 空	169	かなはら たける	金原 武尊	083	さの よしろう	佐野 喜郎	320
いがわ なおき	井川 直樹	337	かねがえ だいすけ	鐘江 大輔	063	さわだ なおと	沢田 直人	417
いかわ みほし	井川 美星	331	かねこ まさひろ	金子 真大	477	**し** しいな ひろと	推名 浩斗	163
いけだ ゆうと	池田 悠人	130	かやはら ふうい	茅原 風生	334	しか けいと	鹿 圭登	293
いしい けんせい	石井 健成	273	かわしま こうじろう	川島 昂次朗	330	しぎょう ゆうた	執行 裕太	200
いしかわ けんた	石川 健太	087	かわしま ふみや	川島 史也	219	しざわ たくま	志澤 卓磨	177
いしかわ なおき	石川 直樹	022	かわばた あゆみ	川端 歩実	038	しのはら かずき	篠原 和樹	448
いしざき はるや	石崎 晴也	019	かわばた ちか	川端 知佳	398	しのはら けいすけ	篠原 敬佑	260
いしたに けい	石谷 慶	362	かわむら けい	川村 慧	376	しのみや こうのすけ	四宮 幸之助	292
いしもと だいほ	石本 大歩	184	かわむら ゆうた	河村 悠太	140	しばた きみこ	柴田 貴美子	157
いそなが すずか	磯永 涼香	147	かんなか まどか	甘中 円雅	367	しばた さんご	柴田 サンゴ	290
いちかわ はるか	市川 春香	354	かんの まさと	寛野 雅人	457	しばた みお	柴田 美緒	357
いとう ゆうだい	伊藤 雄大	231	**き** きたがき なおき	北垣 直輝	114	しまたに ゆうき	嶋谷 勇希	230
いな きょうへい	伊奈 恭平	086	きだち あゆみ	木立 鮎美	338	しみず あきは	清水 耀葉	212
いなば かいし	稲葉 魁士	439	きのした いちか	木下 一花	301	しみず みく	清水 海玖	277
いのうえ たいち	井上 泰地	355	きむら てつ	木村 哲	090	しゅうど ななか	周戸 南々香	036
いのうえ たまき	井上 玉貴	349	きむら ひろかつ	木村 熙克	448	**す** すえだ ひびき	末田 響己	283
いもと あさの	井本 麻乃	183	きむら ゆうき	木村 勇貴	410	すぎの たかお	杉野 喬生	058
いもと けいすけ	井本 圭亮	126	きむら りょうたろう	木村 龍汰朗	035	すぎやま ひろき	杉山 弘樹	351
いやま りん	伊山 琳	396	**く** くすもと なお	楠本 奈生	106	すぎやま ほしと	杉山 星斗	384
いわさき しんじ	岩崎 伸治	113	くどう りみ	工藤 理美	346	すぎやま まさみち	杉山 真道	069
いわみ ほたか	岩見 歩昂	112	くにひろ ともは	國弘 朝葉	109	すずき けいすけ	鈴木 佳祐	104
う うえき もえ	植木 萌	238	くぼ ゆきの	久保 雪乃	037	すずき こうしろう	鈴木 皓士郎	185
うえだ ゆうき	上田 雄貴	178	くろき みどり	黒木 みどり	204	すずき ゆう	鈴木 悠	269
うえのやま ないき	上野山 波粋	314	くろさわ るな	黒沢 留奈	491	すずき ゆうか	鈴木 裕香	045
うめざわ かずと	梅澤 一燈	425	くろだ よしき	黒田 尚幹	128	**せ** せき たくみ	関 拓海	208
うらた たいが	浦田 泰河	270	**こ** こうさか けいた	高坂 啓太	151	せきど かおり	関戸 香莉	444
え えとう はるな	江藤 遥奈	493	こうだ あずさ	幸田 梓	214	せんが たくほ	千賀 拓輔	011
えびすや たかひと	戎谷 貴仁	429	こくぼ みなみ	小久保 美波	288	せんが ゆか	千賀 由香	245
えびはら あきら	海老原 耀	001	こさか こうき	小坂 康貴	095	**そ** そのべ ゆうこ	園部 裕子	050
えんどう ありむ	遠藤 天夢	470	こたけ はやと	小竹 隼人	094	**た** たかぎ みつのり	高木 舜典	099
えんどう みずほ	遠藤 瑞帆	072	ことう りく	湖東 陸	297	たかぎ りさこ	高木 梨紗子	201
お おおいし しんたろう	大石 慎太朗	480	こにし けいご	小西 圭吾	316	たかぎ れな	髙木 玲那	115
おおかわ あさひ	大川 朝妃	520	こばやし あすか	小林 明日香	223	たかさか りほ	高坂 莉歩	447
おおくぼ のぶよし	大久保 宜恭	127	こばやし かいじ	小林 開路	448	たかしま えり	高嶋 愛里	505
おおた ひろき	太田 大貴	274	こばやし そう	小林 創	245	たかせ あきひろ	高瀬 暁大	061
おおつき あやか	大槻 彩夏	189	こばやし みづき	小林 美月	131	たかはし あきひろ	髙橋 昂大	324
おおつぼ さわこ	大坪 さわこ	078	こばやし みらの	小林 みらの	034	たかはし かずま	高橋 和真	523
おおにし けんた	大西 健太	024	こやなぎ なぎさ	小柳 凪紗	060	たかはし ゆうや	高橋 裕哉	075
おおぬき ともみ	大貫 友瑞	239	こんどう あきと	近藤 暉人	323	たかはし りょうた	高橋 亮太	181
おおぬま しょうこ	大沼 聖子	354	こんどう ゆうあ	近藤 侑愛	150	たきた けんや	滝田 兼也	309
おおばやし けんや	大林 賢矢	047	こんの たくと	今野 琢音	051	たけうち かずひろ	竹内 和宏	364
おおはら せいぎ	大原 正義	521	こんの りゅうや	今野 隆哉	014	たけだ あかね	竹田 朱音	179
おおむろ あらた	大室 新	190	**さ** さいとう たく	斎藤 拓	181	たけだ りょう	武田 亮	205
おおもと ゆうや	大本 裕也	088	さかぐち さとし	坂口 智	305	たけなか りく	竹中 里来	464
おがさわら ゆたか	小笠原 隆	023	さかぐち しんいち	坂口 真一	333	たけまた ひりゅう	竹俣 飛龍	364
おがばやし かいと	岡林 海叶	166	さかぐち ゆうすけ	坂口 雄亮	203	たけむら としき	竹村 寿樹	012
おがわ てるよし	小川 晃由	004	さかた かえで	坂田 楓	132	たじま かいち	田嶋 海一	187
おがわ ゆうたろう	小川 裕太郎	478	さかにし ゆうた	坂西 悠太	288	たじま こうだい	田島 広大	162
おく ありさ	奥 亜莉沙	275	さかもと あいり	坂本 愛理	279	ただ みきひろ	多田 樹弘	098
おくはら しゅんや	奥原 舜也	392	さかもと まゆ	坂本 茉優	009	たちばな けいた	立花 恵大	253
おぐり ゆりの	小栗 由梨乃	010	さくだ けん	作田 健	227	たなか かりん	田中 花梨	123
おの かほ	小野 夏歩	520	さくらい あやの	櫻井 彩乃	124	たなか しゅんたろう	田中 俊太朗	192
おの たくみ	尾野 拓海	492	さくらい ゆうき	櫻井 悠樹	478	たなか としや	田中 暁也	490
おの てるみ	小野 晃未	335	さくらぎ あやこ	櫻木 綾子	209	たなか ひろき	田中 大貴	300

	学校名	ID
あ	愛知工業大学	349 365 438 439 450
	秋田県立大学	262 269 280 402 404
い	茨城大学	063
う	宇都宮大学	140
お	大阪大学	067 100
	大阪工業大学	006 007 008 009 011 138 141 149 150 155 178 224 235 244 508
	大阪市立大学	040 416 481
	小山工業高等専門学校	035
か	鹿児島大学	161 332
	神奈川大学	230 362
	金沢工業大学	044 333 517
	関西大学	026 101 124 257
	関西学院大学	021
	関東学院大学	208 431 432
き	九州大学	072 073 083 126 184 240 268 285 397 408
	九州産業大学	046 167 200 311 495
	京都大学	036 059 112 113 114 243 255 355 409
	京都工芸繊維大学	079 097 174 179
	京都精華大学	020
	京都造形芸術大学	120
	京都府立大学	219
	近畿大学	037 038 049 095 098 106 175 182 194 202 215 222 316 324 329 331 361 367 384 393 417 471
く	熊本大学	088 275
け	慶應義塾大学	010 031 085 148
こ	工学院大学	060 092 110 128 220 242 273 290 385 407
	神戸大学	015 016 024 025 028 081 151 157 162 176 214 226 260 309 347 369 374 480 492 516
	国士舘大学	187 356
さ	佐賀大学	292 293 380
し	芝浦工業大学	001 002 018 068 069 094 102 125 133 193 198 201 209 259 265 314 352 468 515
	島根大学	394
	昭和女子大学	105 129 223
	職業能力開発総合大学校	099
	信州大学	231 232 233 344 346 350 410 419 430 461
せ	星槎道都大学	132 143
	仙台高等専門学校	464 470
た	大同大学	382 522
ち	千葉大学	127 146 152 153 196 228 238 291 328 477 485 506
	千葉工業大学	005 012 195
と	東海大学	158
	東京大学	062 154 270 282 317 325
	東京造形大学	075
	東京デザイナー学院	313
	東京電機大学	131 221 286 366 378
	東京都市大学	004 337 342 357 497 507
	東京都立大学	227 381
	東京理科大学	013 019 022 027 057 061 076 090 115 117 135 170 183 204 207 212 229 239 277 278 279 307 320 330 351 476 493 509
	東北大学	199 339 396 398 429
	東北学院大学	336 523
	東北芸術工科大学	190 323 335 338 425 457
	東北工業大学	014 051 074 103 104 142 160 186 191 192 205 308
	東洋大学	034 056 065 147 188
な	長岡造形大学	334
	長崎総合学科大学	520 521
	名古屋大学	156
	名古屋工業大学	050
	名古屋市立大学	054 264 415 435
に	新潟工科大学	039 267 298
	日本大学	042 134 139 177 189 271 295 296 305 376 427 484 494 511
	日本工業大学	236
	日本女子大学	078
	日本福祉大学	392
	日本文理大学	121 166
ひ	兵庫県立大学	266
	広島工業大学	302
ほ	法政大学	064 108 172 185
	北海道大学	248 253 289 297
	北海道芸術デザイン専門学校	043 447 491 505
み	三重大学	281
む	武庫川女子大学	119 144 272 301 371
	武蔵野大学	086 087 169
	室蘭工業大学	401 420
め	明治大学	045 052 053 058 082 353 363 440 443 444 446 486
	名城大学	023 203 213
や	山形大学	163
よ	横浜国立大学	247
り	立命館大学	003 029 032 089 109 116 274 306 341
	琉球大学	047 445
わ	早稲田大学	123 130 181 245 249 283 288 300 354 364 405 448 478 488 490

APPENDIX

付篇

Photos except as noted by Izuru Echigoya.

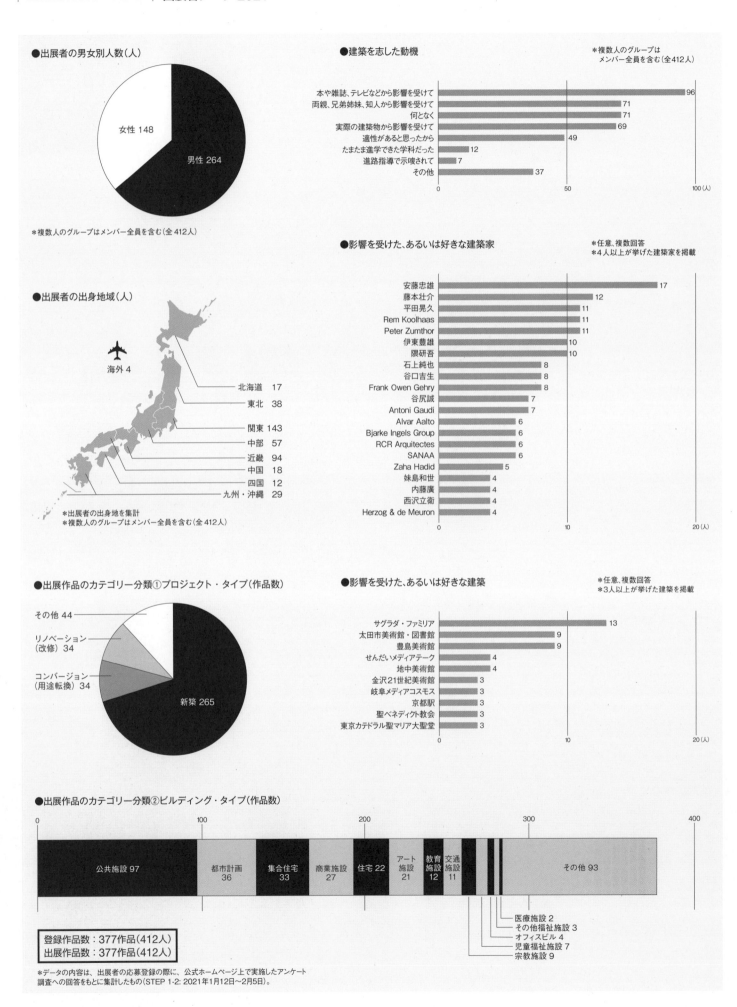

●出展者の男女別人数（人）

女性 148
男性 264

＊複数人のグループはメンバー全員を含む（全412人）

●建築を志した動機

＊複数人のグループは
メンバー全員を含む（全412人）

本や雑誌、テレビなどから影響を受けて　96
両親、兄弟姉妹、知人から影響を受けて　71
何となく　71
実際の建築物から影響を受けて　69
適性があると思ったから　49
たまたま進学できた学科だった　12
進路指導で示唆されて　7
その他　37

0　　　　　50　　　　　100 (人)

●出展者の出身地域（人）

海外 4

北海道　17
東北　38
関東　143
中部　57
近畿　94
中国　18
四国　12
九州・沖縄　29

＊出展者の出身地を集計
＊複数人のグループはメンバー全員を含む（全412人）

●影響を受けた、あるいは好きな建築家

＊任意、複数回答
＊4人以上が挙げた建築家を掲載

安藤忠雄　17
藤本壮介　12
平田晃久　11
Rem Koolhaas　11
Peter Zumthor　11
伊東豊雄　10
隈研吾　10
石上純也　8
谷口吉生　8
Frank Owen Gehry　8
谷尻誠　7
Antoni Gaudi　7
Alvar Aalto　6
Bjarke Ingels Group　6
RCR Arquitectes　6
SANAA　6
Zaha Hadid　5
妹島和世　4
内藤廣　4
西沢立衛　4
Herzog & de Meuron　4

0　　　　　10　　　　　20 (人)

●出展作品のカテゴリー分類①プロジェクト・タイプ（作品数）

その他 44
リノベーション（改修）34
コンバージョン（用途転換）34
新築 265

●影響を受けた、あるいは好きな建築

＊任意、複数回答
＊3人以上が挙げた建築を掲載

サグラダ・ファミリア　13
太田市美術館・図書館　9
豊島美術館　9
せんだいメディアテーク　4
地中美術館　4
金沢21世紀美術館　3
岐阜メディアコスモス　3
京都駅　3
聖ベネディクト教会　3
東京カテドラル聖マリア大聖堂　3

0　　　　　10　　　　　20 (人)

●出展作品のカテゴリー分類②ビルディング・タイプ（作品数）

0　　100　　200　　300　　400

公共施設 97
都市計画 36
集合住宅 33
商業施設 27
住宅 22
アート施設 21
教育施設 12
交通施設 11
その他 93

医療施設 2
その他福祉施設 3
オフィスビル 4
児童福祉施設 7
宗教施設 9

登録作品数：377作品（412人）
出展作品数：377作品（412人）

＊データの内容は、出展者の応募登録の際に、公式ホームページ上で実施したアンケート
調査への回答をもとに集計したもの（STEP 1-2：2021年1月12日〜2月5日）。

「卒業設計日本一決定戦」のコンセプト
「公平性」=学校の枠や師弟の影響を超えて、応募した学校の誰もが平等に立てる大きなプラットフォーム(舞台)を用意すること。
◇学校推薦／出展料不要
◇学生による大会運営

「公開性」=誰もが見ることができる公開の場で審査すること。
◇広く市民に開かれた場での審査
◇ファイナル(最終審査)の動画をストリーミング・サービス(YouTube)によりインターネット上にライブ配信
◇書籍、展覧会(メディア・ミックス)による審査記録を含む大会記録の公開／アーカイブ化

「求心性」=卒業設計大会のシンボルとなるような、誰もが認める建築デザインの聖地となり得る会場を選ぶこと。
◇せんだいメディアテークでの開催
◇世界的に活躍する第一線級の審査員

開催日程
[予選]
01_個別審査投票:2021年2月12日(金)～14日(日)(非公開)
02_100選選出審査:2021年2月15日(月)(非公開)
[セミファイナル]2021年3月7日(日)(非公開)
[ファイナル(公開審査)]2021年3月7日(日)
[作品展示]2021年3月7日(日)*1～14日(日)10:00～18:00(最終日は15:00まで)

*1 3月7日(日):ファイナリストのみ入場可、一般公開は3月8日より。

会場
[予選]
01_個別審査投票:オンライン
02_100選選出審査:せんだいメディアテーク(6階ギャラリー4200)
[セミファイナル]
01_個別審査投票:せんだいメディアテーク(6階ギャラリー4200)
02_10選選出審査:せんだいメディアテーク(5階ギャラリー3300)
[ファイナル(公開審査)]
せんだいメディアテーク(1階オープンスクエア)
[作品展示]
せんだいメディアテーク(6階ギャラリー4200)

審査方法
1. 予選
全出展作品からセミファイナルの審査対象および作品展示の対象となる100作品(100選)を選出。
01_個別審査投票
予選審査員13人が期間内にインターネット回線を介したオンラインで、クラウド・サービスにより共有した出展作品のパネルとポートフォリオの電子データ(PDF)をもとに審査。予選審査員は全出展作品からそれぞれ100作品を選出。
02_100選選出審査
予選審査員の内9人が会場に集まり、予選個別審査投票による投票集計結果をもとに審査し、協議の上で予選通過100作品(100選)を決定。
◆予選審査員(アドバイザリーボード*2)
五十嵐 太郎*3／小野田 泰明／小杉 栄次郎*3／齋藤 和哉／櫻井 一弥*3／恒松 良純／友渕 貴之／中田 千彦／西澤 高男／濱 定史*3／福屋 粧子／本江 正茂／厳 爽

*2 アドバイザリーボード:本書5ページ編註1参照。
*3:01_個別審査投票のみ参加。

2. セミファイナル
2021年2月12日、審査員に全出展作品のパネルとポートフォリオの電子データ(PDF)をインターネットのクラウド・サービスを通じて送り、事前の閲覧を依頼。2作品(ID131、221)が辞退したため、当日は98作品を審査した。
01_個別審査投票
審査員は予選通過98作品(100選)のパネル、ポートフォリオ、模型の実物を展示した展覧会場を巡回しながら審査し、各自10作品を選出。各審査員は、それぞれ選出した作品に上から「松」(3点)、「竹」(2点)、「梅」(1点)の3段階で評価を付ける。
02_10選選出審査
セミファイナル個別審査投票による選出作品(今年は31作品)を対象に審査し、協議の上でファイナリスト10組と補欠3組を決定。以下の条件を満たせない場合、補欠作品が繰り上げでファイナリストとなる。
◇指定時間までに現地(オンライン参加者は参加場所)で本人と連絡がとれること
◇指定時間までに本人がファイナル審査会場に到着(オンライン参加者はインターネットに接続)できること
◆セミファイナル審査員
乾 久美子(審査委員長)／吉村 靖孝／藤原 徹平／岡野 道子／小田原 のどか
司会:中田 千彦／福屋 粧子

3. ファイナル
01_ファイナル・プレゼンテーション
ファイナリスト10組によるプレゼンテーション(各5分) + 質疑応答(各7分)。
02_ファイナル・ディスカッション(60分)により各賞を決定。
◆ファイナル審査員
乾 久美子(審査委員長)／吉村 靖孝／藤原 徹平／岡野 道子／小田原 のどか
進行役:友渕 貴之／本江 正茂

賞
日本一(盾、賞状、賞金10万円、賞品「アーロンチェア リマスタード」
(提供:株式会社庄文堂)
日本二(盾、賞状、賞金5万円、賞品「イームズ ロッカーベース ホワイト」
(提供:株式会社庄文堂)
日本三(盾、賞状、賞金3万円、賞品「Leica DISTO D110」
(提供:ライカ ジオシステムズ株式会社))
特別賞 2点(賞状)

応募規定
1. 応募方法
「せんだいデザインリーグ2021 卒業設計日本一決定戦」公式ウェブサイト上の応募要項登録フォームにて応募(2段階)を受付。

2. 応募日程
応募登録
STEP1 メンバー登録:2021年1月12日(火)15:00～2月1日(月)15:00
STEP2 出展登録／出展:2021年1月12日(火)15:00～2月5日(金)15:00
作品運送料入金締切(100選):2021年2月25日(木)
作品搬入／会場設営(100選):2021年3月4日(木)～5日(金)
会場撤収(100選):2021年3月15日(月)～16日(火)

*各STEPの締切までに応募要項が完了していない場合は出展不可。
*模型の運搬に関わる料金は自己負担。2021年3月4日(木)～6日(土)[13:00～15:00]に自己搬入可。

3. 応募資格
大学または高等専門学校、専門学校で、都市や建築デザインの卒業設計を行なっている学生。共同設計の作品も出展可能(共同設計者全員が応募資格を満たすこと)。
出展対象作品は2020年度に制作された卒業設計に限る。

4. 必要提出物
[予選]
①パネル電子データ(PDFデータ)(必須)
②ポートフォリオ電子データ(PDFデータ)(必須)
◇提出(出展)方法:
1)パネルとポートフォリオをPDFファイルに変換し、インターネットのクラウド・サービス「ギガファイル便」を介して提出。
2)STEP2の際にデータをアップロードした「ギガファイル便」のリンクURLを、①パネルと②ポートフォリオそれぞれ別に提出。
◇データ容量:①パネル30MB以下、②ポートフォリオ70MB以下。
[セミファイナル](100選〈予選通過作品〉)のみ)
①パネル(必須)
A1判サイズ1枚(縦横自由)。スチレンボードなどを使用しパネル化したもの(5mm厚)。表面右上に「ID番号」(STEP1登録時に発行)を記載。
②ポートフォリオ(必須)
卒業設計のみをA3判サイズのポケットファイル(白、黒、透明)1冊にまとめたもの(縦横自由)。1ページめに「ID番号」を記載。
③模型(任意)
卒業設計用に作成したもの。

*1人あたりの作品展示面積は「幅1m×奥行2m」以内。
*梱包物の総重量は原則「50kg」以下。

100選待機場所／ファイナル中継会場
日時:2021年3月7日(日)11:00～19:00
場所:STANDARD会議室仙台勾当台店 A会議室、B会議室
目的:SDL2021会場〈smt〉内の人の密集防止のため
用途:
①100選の学生が、ファイナリスト選出の電話連絡を受けるまでの待機場所(ファイナリストは、その後、SDL2021会場〈smt〉へ移動)
②ファイナル中継会場
タイムスケジュール:
11:00～ 出展者(100選)受付
12:25～12:50 ファイナリストに決定の電話連絡
14:15～18:20 ファイナル中継

コロナ対策:
①人数制限:ファイナル前の待機中34人、ファイナル中継視聴者33人(ともに合同設計者含む)。
*実行委員会のスタッフ約4人、関係者約10人は上記人数に含まない。

②待機場所への入場は事前予約制(予約なしの場合、入場不可)。
③在住地域の確認。緊急事態宣言の地域に住在者は、来仙72時間前にPCR(Polymerase Chain Reaction)検査と2週間の検温を実施し、事前にPCR検査の結果(陰性のみ来場可)と身分証明書、2週間の検温結果(37℃以上が数日続く場合、来場不可)を提出。
④当日の受付時に検温(37℃以上の場合は入場不可)、消毒、問診表への記入(咳、息切れ、鼻水鼻づまり、のどの痛み、嗅覚や味覚の異常、全身のだるさ、頭痛、吐き気、目の充血、2週間以内に37.5℃以上の発熱、2週間以内に新型コロナウイルス感染症に罹った人や海外へ渡航歴がある人との接触、の11項目に1つでも該当する場合は入場不可)を実施。

主催

仙台建築都市学生会議

せんだいメディアテーク

Question
問

①受賞の喜びをひとことでお願いします。
②この喜びを誰に伝えたいですか？
③プレゼンテーションで強調したことは？
④勝因は何だと思いますか？
⑤応募した理由は？
⑥一番苦労したことは？
⑦大学での評価はどうでしたか？
⑧卒業論文のテーマは？
⑨来年の進路は？
⑩どうやってこの会場まで来ましたか？
⑪建築を始めたきっかけは？
⑫建築の好きなところは？
⑬影響を受けた建築家は？
⑭建築以外に今一番興味のあることは？
⑮Mac or Windows？　CADソフトは何？
⑯SDL（せんだいデザインリーグ
　卒業設計日本一決定戦）をどう思いますか？
⑰コロナ禍について思うところは？

Photos by Izuru Echigoya.

Answer
答

日本一　ID 352
森永 あみ（A型、魚座）

①この1年が報われたようで、とてもうれしいです。
②特に家族、指導教官や先輩たち、手伝ってくれた後輩や同期の学生ですが、少しでも私の22年間の人生に関わってくれたすべての人に感謝しかありません。
③この後に家族と対話する、ということです。
④1年間、この卒業設計から目を背けずに向き合ったことだと思います。逃げたくなった時に、支えてくれた人たちがいたことも大きく関係していると思います。
⑤自分の卒業設計がどう評価されるのかを知りたかったからです。
⑥過去の人生と向き合い続けたことです。
⑦特にありませんでした。
⑧卒業設計のみで、論文はなかったです。
⑨未定です。
⑩バス。
⑪現在の家が施工される過程を実際に見た時から、建築にひかれていました。
⑫正解がないところ、さまざまな可能性を感じさせてくれるところです。
⑬MVRDV、SANAA、平田晃久さんです。
⑭今後生きていく上で、40代、50代の人生の先輩たちが何を考えてその決断に至ったのか、について興味あります。
⑮Mac、Revit。
⑯可能性を信じてくれる、すばらしい大会だと思います。運もあると思いますが、それを自分の活力に変えることができたら価値があると思います。
⑰早く収束し、コロナがもたらした新しい日常や価値観を日々感じ、当たり前を疑って生きたいと思っています。

日本二　ID353
成定 由香沙（A型、獅子座）

①このような賞をいただき、非常に光栄に思います。
②家族と、作品に関わってくださった人、それぞれにお伝えしたいです。
③香港からの視点だけでなく、支配国／被支配国だった国にとっての自国の歴史との向き合い方という視点も孕んでいるということ。
④審査員からもコメントをいただきましたが、自分の作品のストーリーやその核心に意識的だったことだと思います。
⑤最後まで応募するか迷っていましたが、4年間の集大成の記念に応募しました。
⑥香港についても、映画についても、敷地についても、日本語の文献が少なかったことで、リサーチには非常に時間がかかりました。
⑦作品に対する熱量（熱意）は評価されましたが、一方でリアリティや実現可能性の低さを指摘されることもありました。
⑧卒業論文は書いておりません。
⑨東京藝術大学大学院へ進学します。
⑩仙台までは新幹線で、ホテルから会場までは電車と徒歩です。
⑪昔、家族と旅行したヨーロッパで見た建築群に圧倒されたこと。特に宗教建築には今でも興味があります。
⑫自分よりも長く生きる可能性があること。
⑬本作品のドローイングや映画と建築の横断などについてはBernard Tschumi。作品のスタイルも南欧や西欧の作家の影響を受けていると感じます。
⑭フェミニズムや社会運動の歴史。それから卒業設計の

テーマの1つであった映画に、今も変わらず興味を持っています。
⑮どちらも使用していますが、メインはWindows。CADソフトはArchiCADです。
⑯1年生の頃から、憧れの舞台でした。今回、全国の同年代の学生たちの熱量に非常に刺激を受け、改めて成長できる場であると感じました。
⑰特に今年は、ほとんどの卒業設計展がオンライン方式だったので、私にとって模型を展示したのはSDL2021がはじめてでした。

日本三　ID350
宮西 夏里武（A型、牡羊座）

①何だか信じられない気分です。受賞は建築の神様がくれたご褒美ですね。
②高専時代、頭の悪い僕を信じ続けてくれた道地教授と、友人、先輩。受賞を自分のことのように喜んでくれた大学の同期の学生、後輩、多くの先輩たち、そして支えてくれた両親です。
③10選に選出されたという連絡が入った後は、同じ悩みを抱えているかもしれない全国の同志の代弁者のつもりで、今の意見や悩みを審査員に素直にぶつけてみようと思っていました。
④正直に言えば、わかりません。まじめに、本気で建築と向き合ってきて良かったと思いました。
⑤憧れの舞台だったので、記念に応募しました。
⑥なかなか自分の中で答えが出せず、進捗に苦しみました。年末のラスト・ゼミで教授に「あなたが一番進んでないこと、わかってる？」と迫られました。怖かったです。
⑦ID232の横田に負けました（笑）。学外でも負け続けていたので、最後に一矢報いられてうれしいです。
⑧卒業論文は書いていません。学外で建築家の小堀哲夫教授から「論文に匹敵するリサーチだ」と言ってもらい、めちゃくちゃうれしかったです。
⑨信州大学の大学院に進みます。
⑩信州大学の仲間3人で自動車を借りて来ました。長旅で仙台に着いた頃にはみんなグロッキー状態でした。
⑪ベタですが、幼い頃に見ていたテレビ番組『大改造!! 劇的ビフォーアフター』の影響です。あと、中学生の頃、母親が建築家の展覧会に連れていってくれて。その影響が大きかった気がします。
⑫卒業設計だけで言うと、フィクションでありながら実生活を変えてしまうような予感と影響力に満ちているところです。
⑬藤本壮介さん。
⑭コーヒーと漫才です。もともと「お笑い」が大好きなんですけれど、建築家と芸人は意外と共通点があるのでは！SDLは漫才でいう『M-1グランプリ』ですよね。
⑮Windowsです。CADは未だにJw_cadです（笑）。そろそろ新しいCADを覚えなくちゃな。
⑯かつてのファイナリストの言葉を借りるならば、ほとんど運の夢舞台です。
⑰コロナ禍で、模型を作らない風潮が何となくありました。僕は天邪鬼な性格なので、「こんな時期だからこそデカい模型を作ろう！」と勝手に燃えていました。

特別賞　ID089
中野 紗希（A型、魚座）

①身に余る光栄です。
②支えてくださったすべての人々。特にずっと応援してくれていた家族に伝えたいです。
③意図せずにできた魅力的な空間を意図して作りたい、ということです。
④自然発生的な街がなぜ魅力的に感じるのか、スケッチを

通して探し求め続けたことだと思います。
⑤私にとって、憧れの舞台であったからです。
⑥自分自身を信じることです。
⑦最優秀賞。
⑧卒業論文は書いていません。
⑨立命館大学の大学院に進学します。
⑩飛行機。
⑪建具屋の父の影響です。
⑫正解が無く、いろいろな感性が受け入れられるところ。
⑬芦原義信。
⑭油絵。
⑮Windows、ArchiCAD。
⑯夢の舞台です。
⑰今年は特に、孤独と向き合って考えを深めることの大切さに気付かされた1年でした。このような状況の中、開催してくださった実行委員のみなさん、本当にありがとうございました。

特別賞 ID114
北垣 直輝（B型、たぶん魚座）
①わけわからん。
②自分でもまだ咀嚼できていないので、言語化できないです。
③円卓。
④本当に未だにわかりません。
⑤夢の舞台でした。まさかプレゼン（プレゼンテーション）をさせてもらえるとは思ってもいませんでした。
⑥スケジュールですね……。学内講評より先にSDLがあったので、未完成の作品をプレゼン。
⑦最優秀賞の武田伍一賞なるものをいただけました!!
⑧論文は書いていません。
⑨京都大学大学院の平田晃久研究室です。
⑩Macのモニタから学校のWi-fiを使って来ました。
⑪生真面目が功を奏して。
⑫建築をやっている人にはおもしろい人が多いこと。
⑬平田晃久。
⑭構造主義。自分という存在がどのように形成されるのか、人の人性はどこから生まれるのかということをよく考えます。
⑮Macで、SketchUpです!
⑯このご時世、こんなに大きな卒業設計展が開催されていること自体が奇跡です。これまでの長い歴史を感じますし、運営のスタッフには感謝しかありません。今年のSDL2021は、こんなに評価をもらえたはじめてのイベントでもあるので、人生の転換点です。
⑰今回の感染症流行の前後で変わること、変わらないことを冷静に見極めていきたい。このような情勢の中で卒業設計をしたことを忘れないようにしたい。

FINALIST ID012
竹村 寿樹（O型、牡牛座）
①多くの人に作品を見てもらえる機会が得られたことをうれしく思います。
②設計の敷地に選んだ砂町銀座商店街を利用する人々。
③建築家が余白をデザインするという姿勢。
④ていねいさ。
⑤多くの人と作品について議論をしたかったから。優秀な仲間に出会える貴重な機会だから。
⑥対話のできない自宅作業。
⑦学内で2、3番目くらい。
⑧論文は執筆していません。
⑨大学院進学。
⑩オンライン参加。
⑪小学生の時、近所の一軒家が建つのを間近に見て憧れを持ったから。
⑫世の中にあるさまざまなプロダクトと比較して、比較的

大きくて、長い時間残ること。
⑬特定の建築家はいない。
⑭動画制作。
⑮Windows、Rhinoceros。
⑯年に一度のお祭り。
⑰もとに戻るのではなく、進化する姿勢でこの困難を乗り越えたい。

FINALIST ID045
鈴木 裕香（B型、乙女座）
①10選に選出していただきありがとうございました。学内とは違った視点での意見をいただき、とても勉強になりました。悔しい部分も多いですが、この経験を糧に頑張りたいと思います。
②一緒に頑張った同期の学生と、アドバイスをくださった指導教官、先輩たちです。
③竣工から時間の経った建築や保存問題に揺れた建築に対してどう向き合うかと、トリビュート建築の地域の中でのあり方です。
④賞をいただけなかったので勝因かどうかはわかりませんが、自分の興味と建築を結び付けられたことだと思います。
⑤仙台に建つ建築を題材に扱ったので、地元の人からの感想が気になったから。
⑥設計手法を深めていく作業と、モチベーションを保つこと。
⑦10選（佳作）。
⑧村野藤吾の美術館における光の設計手法。
⑨明治大学大学院の建築空間論研究室。
⑩Zoom。
⑪大学入学と同時に始めました。
⑫多面性、工学的要素と芸術的要素を兼ね備えているところ。
⑬まだいません。
⑭イラスト、音楽論。
⑮Windows、Revit、lumion。
⑯さまざまな人の建築への思いや、その原点が見える場所、刺激をもらえる場所。
⑰卒業設計のエスキスはほぼすべてオンラインで、加えて模型制作もなく、もどかしいことばかりでしたが、その分プレゼン（プレゼンテーション）・ボード（パネル）に力を注げたと思います。

FINALIST ID181
斎藤 拓／佐藤 雅宏／高橋 亮太
（A型、獅子座／B型、天秤座／O型、水瓶座）
①うれしいです。
②制作を支えてもらった人々、特に、忙しい中、手伝ってくれた後輩に感謝しています。
③プログラム。
④ポートフォリオ、模型の表現にこだわりました。
⑤学外に成果を問いたいと思いました。
⑥コロナ渦で、敷地調査などに大きな支障がありました。
⑦大隈講堂公開審査の対象グループ（15選）に選ばれました。
⑧中世の琵琶湖周辺平野部における地形・水利形態が城館分布に及ぼした影響について（斎藤）。／400m級超々高層建物の架構形式やダンパー配置による振動応答に関する研究（佐藤）。／在宅時間増大に伴う共同生活の再編──13家庭を対象とした新型コロナウイルス感染拡大前後の生活実態調査より（高橋）。
⑨3人とも早稲田大学大学院に進学。
⑩オンラインでの参加です。
⑪城郭や寺社の建物から興味を持ちました（斎藤）。／3.11（東日本大震災）を体験し、建築物の強さや美しさに興味を持ち始めました（佐藤）。／高校の頃に名作椅子のデザインに興味を持って、建築へと派生しました（高橋）。
⑫社会への問題意識を形として表現できるところ。

⑬内田祥哉、藤森照信（斎藤）。／佐々木睦朗、Fazlur Rahman Khan（斎藤）。／Gerrit Thomas Rietveld（高橋）。
⑭考古学（斎藤）。／プログラミング（佐藤）。／エディトリアル・デザイン（高橋）。
⑮Windows、Rhinoceros + Grasshopper。
⑯他校の学生たちの作品を見たことは大きな刺激になりました。
⑰制作全般において、感染防止との両立に苦労しました。

FINALIST ID346
工藤 理美（O型、乙女座）
①うれしいです。
②手伝ってくれた先輩、同期、後輩のみんな。
③子供たちからアンケートを取って、1つずつ調査したところ。
④わかりません。
⑤全国の大会だから。
⑥テーマがなかなか決まらなかったこと。
⑦学内では評価されませんでした。
⑧卒業論文は書いていないです。
⑨信州大学大学院。
⑩レンタカーを借りて、同期の学生が運転してくれました。
⑪理数系の科目が得意だったことと、絵を描くことが好きだったから。
⑫答えがないところ。
⑬MOUNT FUJI ARCHITECTS STUDIO、隈研吾、坂茂。
⑭登山。
⑮Mac、ArchiCAD。
⑯多くの作品を見ることができ、自分自身が成長できる機会を与えてもらいました。
⑰夜は学校に入れず、作業できなかったことが大変でした。

FINALIST ID478
櫻井 悠樹／小川 裕太郎／鄭 知映
（B型、双子座／B型、獅子座／A型、山羊座）
①諦めかけたその時、10選に選出された連絡の電話が鳴り、歓喜しました（小川）。
②赤坂教会の牧師夫妻（櫻井）。
③3分野（意匠、歴史、環境設備）のバランスの良さ。未来を予感させる力強さ（鄭）。
④3人ともそれぞれ教会を設計する理由を持っていた。グループとして強かった（鄭）。
⑤数少ない全国規模の卒業設計のコンペ（設計競技）だったから（櫻井）。
⑥1人ではなく3人で設計すること（全員）。
⑦金賞（学内1位）でした（櫻井）。
⑧建築における身体性に関する研究──Hans Hollein、Walter Pichler、Haus-Rucker-Co、Coop Himmelb(l)auの1960-70年代の作品分析を通して（櫻井）。／人体体温調節モデルと環境シミュレーションの連成による熱的快適性評価手法の開発（小川）。／「病」を受容する領域形成──江戸後期から戦前までの洛北岩倉における「精神病者」の居住空間の分析（鄭）。
⑨早稲田大学の大学院に進みます（全員）。
⑩早稲田大学からオンラインで参加しました（全員）。
⑪レゴブロック（櫻井）。
⑫優劣の付けられないものに対して議論を尽くそうとする建築界の姿勢（櫻井）。
⑬荒川修作（櫻井）。／BIG（小川）。／坂口恭平（鄭）。
⑭ブドウ畑とワイン（小川）。
⑮Mac2人、Windows1人。CADソフトはRhinoceros + Grasshopper（全員）。
⑯透明性の高い審査。濃密な議論の場（櫻井）。
⑰教会にこもって作業していたので安全でした（小川）。

選外となった多くの出展者への講評の場

SDL本選での評価ピラミッドに対して作品の優劣を付けないエスキス塾が担う役割

市川 紘司（講評者）

チャット機能も利用し、オンライン開催ならではの充実した議論に

選抜されたファイナリスト10作品のみが審査員と議論できるSDL本選に対して、時間的な制約はあるものの、「希望した出展者全員が自作を発表し、講評される機会を提供すること」が、エスキス塾の趣旨だ。良くも悪くも、卒業設計（以下、卒計）に係る巨大な評価ピラミッドを形成するのがSDL本選だとすれば、エスキス塾はそのオルタナティブ（新機軸）として、より水平方向に広がる、優劣を付けない議論の場をめざすものである。2016年に五十嵐太郎（アドバイザリーボード）が始めた試みであり、SDL2021で5回めとなる。

今回の講評者は、建築家の手島浩之と岩瀬諒子さん、そして筆者の3人である。コロナ禍（COVID-19）の影響を受けたものの、SDL本選ファイナルでは審査員と来仙したファイナリストの対面（一部）による公開審査が実現した。一方、エスキス塾はSDL本選とは異なり、学生は来仙せず、各自端末と会場をインターネット回線でつなぎ、ビデオ会議アプリ「Zoom」を使用して参加するという、完全なオンライン形式での実施となった。講評者側も、宮城県在住の手島さんと筆者は、せんだいメディアテーク（smt）5階の会場に集まり、100選の出展作品のパネルとポートフォリオを直接、参照することができたが、県外在住の岩瀬さんはオンラインでの参加となった。しかしながら、ゲストで講評に加わった五十嵐太郎が「Zoom」のチャット機能を使って参加作品へのコメントや質問を書き込むなど、口頭でのやり取りと文字でのやり取りを併用することで、オンライン開催ならではの充実した議論ができたように思う。

参加出展者は、100人超の応募者から抽選と講評者3人の推薦によって選ばれた計19作品[*1]（23人）に、当日、飛び入りで2作品（2人）が加わった（表1参照）。

[講評者]

■市川 紘司（いちかわ こうじ）
桑沢デザイン研究所非常勤講師、東北大学大学院工学研究科都市・建築学専攻助教。

■岩瀬 諒子（いわせ りょうこ）
建築家、岩瀬諒子設計事務所代表、京都大学工学部建築学科助教、東北大学工学部建築・社会環境工学科非常勤講師。

■手島 浩之（てしま ひろゆき）
建築家、有限会社都市建築設計集団／UAPP代表、日本建築家協会宮城地域会副地域会長。

[企画サポーター、チャット・ホスト]

■五十嵐 太郎（いがらし たろう）
本書100ページ参照。

記憶に残った多様な作品たち

筆者の記憶に残った作品は、東京臨海部のタワーマンションを分解し、資源として循環させようとする（427）、太平洋戦争の人間魚雷「回天」の記憶と歴史を継承する記念館を提案する（147）、網戸への風景の転写を製品開発のように実験する（031）、飛び入りで参加した、アンチ・モニュメンタル（反記念碑的）な手さばきで皇居を民主的空間へと反転させる（082）などであった。

当初の予定にはなかったが、最後に講評者それぞれから独自に個人賞を授与した。市川賞は網戸を扱った（031）。部屋と風景の間で黒子のように存在する網戸をデザインの対象とした作品には、コロナ禍で自宅隔離の強いられる状況を、ささやかかもしれないが、ポジティブ（前向き）にとらえようとする遅しさと批評性の含まれている点が興味深いと思った。手島賞は生産緑地と集合住宅を複合する（265）に、岩瀬賞は商業主義化したオリンピックを批判する（405）に贈られた。

評価ピラミッドに対するオルタナティブとしての役割

筆者は今回のエスキス塾が見るのも参加するのもはじめてだが、これまではもっと多人数の参加を設定していたようで、たとえば、SDL2018では40作品（40人）が参加している。今年は参加出展者数を少なく設定した分、各作品へのエスキス時間を長くとることができた。その一方、エスキス塾の前述の趣旨「希望した出展者全員が自作を発表し、講評される機会を提供すること」に従えば、個々の作品の講評時間を短くしてでも、できる限り多くの作品を講評できたほうがいいのかもしれない。特にチャットでのやり取りを併用した今回のように、何らかの工夫をすれば、口頭でのやり取りの時間が減っても、参加した学生は充実した講評を受けることができ、有意義な時間を過ごせるはずだ。また、飛び入り参加の学生がもっと多ければ良かったと思う。応募が少なかったのは、おそらく当初リアルタイムでの中継（Zoomを介して参加者に配信するライブ中継）を想定しておらず、開催の数日前に急遽、「抽選に漏れても当日、飛び入りの参加が可能」との告知を出したため、十分に周知できなかったためであろう。

来年も本企画が継続されるかどうか筆者は知らないが、ピラミッド構造に対するオルタナティブとしてのエスキス塾は、設計教育の観点から見ても大変意義のある企画だと思う。運営担当の学生を中心に、さまざま工夫を試みながらぜひ続けてほしい。

*文中の（　）内の3桁数字は、出展作品のID番号。
*出展作品の詳細については本書105~144ページ参照。
*smt=せんだいメディアテーク。
*SDL=せんだいデザインリーグ　卒業設計日本一決定戦。
*アドバイザリーボード=仙台建築都市アドバイザリーボード、本書5ページ編註1参照。
*学生会議=仙台建築都市学生会議、本書5ページ編註2、156〜157ページ参照。

註
*1：一般応募の抽選枠のみで選出された13作品（17人）の内ID429が体調不良により辞退したため、当日の参加は計12作品（16人）となった（表1参照）。
*2：当日の様子は、下記のYouTubeの仙台建築都市学生会議公式チャンネルで視聴できる。
URL = https://youtu.be/2Jt2lP9aQGQ

さまざまな視点から建築のあり方を考える場

「せんだいデザインリーグ　卒業設計日本一決定戦」（以下、SDL）は、出展者や来場者が、会場に展示された作品を通して対話し、互いにさまざまな価値観を発見する場であると同時に、それぞれがSNS（Social Networking Service）などで発信することにより、新たな価値観を多くの人々と共有する場でもある。そこで、ファイナル（公開審査）に残った10作品以外の出展者にもプレゼンテーションと講評の機会を与えることを目的として、2016年より、仙台建築都市学生会議（以下、学生会議）の運営で本企画を開催している。建築学生にとって身近な「エスキス（建築の構想段階に設計案を練るために下図を作成し検討する作業）」という形式で、参加出展者と講評者が出展作品について対話する。

今年は、オンラインとオフライン混合のハイブリット形式で、smt5階の会場と参加出展者全員をインターネット回線でつなぎ、ビデオ会議アプリ「Zoom」を使用して開催。一般応募の抽選枠と推薦枠の19作品[*1]（23人）に飛び入り参加の2作品（2人）を加えた21作品（25人）が順次、パネルとポートフォリオを用いて自作をプレゼンテーションした（表1参照）。

また、講評者3人の内、市川紘司氏と手島浩之氏は来場、岩瀬諒子氏はオンラインで参加。また、企画サポーター兼チャット・ホストとして、アドバイザリーボードの五十嵐太郎氏が参加した。

今回のエスキス塾は、参加した学生が卒業設計を通じて世界に何を伝えたいのか、今後、学生は建築を通して何を考えるべきかなど、さまざまな視点から建築のあり方を掘り下げ、考えていく議論の場となった。熱く語る講評者と参加出展者の言葉に、他の参加者のみならず来場者や大会運営スタッフも熱心に耳を傾け、それぞれが考えさせられる場となった。（木村 華）

開催概要

日時：2021年3月8日（月）12:45-17:30
場所：せんだいメディアテーク（smt）5階ギャラリー（市川紘司、手島浩之、五十嵐太郎）。岩瀬諒子と参加出展者は、各所在地（会場とインターネット回線でつなぎ、ビデオ会議アプリ「Zoom」を使用してオンライン参加）。
会場設置機材：パソコン（Zoom用）3台（岩瀬諒子用、参加出展者用、チャット対応事務局用）、大型モニタ2台
講評者：市川紘司、岩瀬諒子（オンライン参加）、手島浩之
企画サポーター、チャット・ホスト：五十嵐太郎
発表者（参加出展者）：合計21作品25人（表1参照）。
発表方法：1人につき1端末で発表。発表中は顔出し設定で、発言者以外はミュート（消音）にする。
応募者：106組
募集：20作品[*1]（13作品はSDL2021出展登録STEP2〈2021年1月12日〜2月5日〉での申込みにより抽選、7作品は講評者により選出）+2作品（当日、飛び入り参加）
発表者から辞退者やファイナリストが出た場合は、原則として、抽選により落選した応募者から繰り上げ。
◇講評者選出10作品（重複あり）：講評者3人（市川紘司、手島浩之、岩瀬諒子）が応募作品の中から候補作品を事前に定員の数より多めに選出し、上位から順に連絡して了解を得た作品を発表者に決定（今年は7作品、表1参照）。
◇一般視聴者：各種SNSにより募集し、SDL2021公式ホームページ内のGoogleフォームにて登録の上、参加。当日はZoomの出入りを自由としていたため、閲覧人数は不明。
◇飛び入り参加制度：質疑応答時間を最大30分間設けていたため、時間が余ることを見越して、当日、Zoomのチャット機能で五十嵐サポーターが参加を募り、今回は2作品（ID002、082）の飛び入り参加があった。4グループを終えた後に、講評。
講評会：［プレゼンテーション（1作品3分間×5組=15分間）+質疑応答最大30分間］×4グループ。その後、飛び入り作品［プレゼンテーション（1作品3分間×2組=6分間）+質疑応答最大30分間］。
原則として出展ID番号順に発表者5組（5作品）を1単位とする5グループに分け、グループ順に進行。講評会は市川紘司講評者の進行で、学生会議スタッフがタイムキーパーを務めた。参加出展者が順にスライドで自作を説明した後、1グループごとに講評者による質疑応答を行なう。一般視聴者から講評者への質疑は受け付けない（チャットによる質疑には五十嵐太郎が対応）。全作品の発表終了後、講評者全員より総評（15分間程度）。
講評用資料：参加作品のパネル、ポートフォリオの出力紙を来場の講評者に配布、電子データをインターネットのクラウド・サービスを介してオンライン参加の講評者に提供。また、学生会議スタッフがグループごとに順次、展覧会会場に展示されていた100選のパネル、ポートフォリオをエスキス塾の会場に移動して展示し、来場の講評者が参照できるようにした。講評会の様子と、パネルを展示した会場に来場の講評者の並ぶ風景の映像をZoomを介して全参加者に同時配信。後日、YouTubeを介してインターネット上に配信した[*2]。

Photos by Izuru Echigoya.

表1　SDL2021オンライン「エスキス塾」参加者一覧

グループ	ID	作品名	氏名	参加枠	学校名	パネル実物	受賞
1	018	古都工園	楊 頌南	○	芝浦工業大学		
	031	編戸	山下 裕子	○◇	慶應義塾大学	◎	市川賞
	051	境界から考える	今野 琢音	○	東北工業大学		
	133	階段の詩学	波多 剛広	◆◇	芝浦工業大学	◎	
	488	仕掛ける躯体	野田 夢乃、田名部 滉人、田村 祐太朗	○	早稲田大学		
2	147	記憶の欠片をそっとすくう	磯永 涼香	◆	東洋大学	◎	
	186	Horsepice	古内 一成	○	東北工業大学	◎	
	215	天皇ハ神聖ニシテ侵スヘカラス	力安 一樹	◇	近畿大学	◎	
	236	渋谷建築・都市文化アーカイブ	和賀 一弥	○	日本工業大学		
	253	イサリビ継承	立花 恵大	○	北海道大学		
3	260	共庭都市	篠原 敬佑	●	神戸大学	◎	
	265	都市菜園と台所	安原 樹	●	芝浦工業大学		手島賞
	331	第○.五番札所	井川 美星	○	近畿大学	◎	
	349	住みツグ	井上 玉貴	○	愛知工業大学	◎	
	381	VICISSITUDE	星野 創	○	東京都立大学		
4	405	オリンピック島	兵頭 璃季、二上 匠太郎、松尾 和弥	○	早稲田大学	◎	岩瀬賞
	427	蘇る器	藤田 大輝	◆●	日本大学	◎	
	429	ほころぶまちの隙間	戎谷 貴仁*1	○	東北大学		
	471	The Power Plant Odyssey	山本 知佳	○	近畿大学		
	484	Architecture Is More	福田 晃平	○	日本大学	◎	
5	002	ミチへの補助線	箭内 一輝	□	芝浦工業大学		
	082	もぬけの国	塚本 貴文	□	明治大学	◎	

＊表中の作品名はサブタイトルを省略。
＊1：体調不良により辞退。
＊ID：SDL2021応募登録時に発行された出展ID番号。下3桁表示。
＊出展作品の詳細は本書104〜144ページ「出展者・作品一覧」参照。

凡例：
○は一般応募による抽選枠
◆は市川紘司推薦枠
◇は岩瀬諒子推薦枠
●は手島浩之推薦枠
□は当日の飛び入り参加枠
◎は100選で、当日、展覧会場に実物のパネルとポートフォリオが展示されていた作品

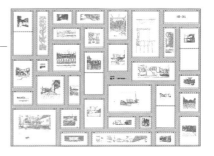

「SDL2021」をもっと楽しむ──仙台建築都市学生会議とは

先の見えない新型コロナウイルス感染症(COVID-19)の拡大という障壁が立ちはだかる中、インターネット回線を利用した
オンライン方式と来場によるオフライン方式を織り交ぜ、これまでにないハイブリッド型の審査方式で大会を成功させた。
ここでは、その背景とオンラインでも楽しめる関連企画について紹介する。周辺情報を知ることで、SDLをもっと楽しんでいただきたい。

*smt＝せんだいメディアテーク
*SDL＝せんだいデザインリーグ　卒業設計日本一決定戦
*学生会議＝仙台建築都市学生会議
*アドバイザリーボード＝仙台建築都市アドバイザリーボード

コロナ禍対策：
SDL2021開催までの経緯とCOVID-19感染予防対策

●開催までのタイムライン

2020年 6月	完全オンライン方式による大会開催を模索
7〜8月	A：会場案、A'：ハイブリット案、B：完全オンライン案の3つを想定して動く
9月	模型の展示と来場者について検討
10月	審査方法を検討
11月	展覧会会場に50作品分の模型を展示する方向で検討、審査方法を検討
12月	smtと調整の結果、展覧会会場に100作品分の模型を展示できることになる
2021年 2月	大会の開催形式を、参加者が選択できる「A'：ハイブリット案」に確定

●会場内の対策

各所に手指消毒用のアルコールの設置。会場内の消毒。

飛沫防止パーティションの設置(ファイナルの審査員間、展覧会場の出入口、協賛ブース)。

ソーシャルディスタンスを常に確保。

開催2週間前から毎日およびsmt入場時の体温測定を義務づけるなど、スタッフの体調管理の徹底(37℃以上の場合は入場不可)。

少人数(1日30人以内)での運営。

●SDL2021審査会場

SDL2021審査会場

マスクの着用
↓
審査員
ファイナリスト(100選)
外部スタッフ

緊急事態宣言の地域在住者：PCR(Polymerase Chain Reaction)検査の実施(大会開催72時間前、陽性の場合は来場不可)、検温(大会開催までの2週間、37℃以上が数日続く場合は来場不可)と結果の事前提出
入場時の検温(37℃以上の場合は入場不可)

展覧会会場

会場内飲食禁止
マスクの着用
来場者、スタッフの緊急連絡先の記入
展示物への接触禁止
来場者は1回50人以内、スタッフは同時に6人以内
ポートフォリオをQRコードの読込みで閲覧可能に

学生会議スタッフ

不織布マスクの着用
感染対策グッズ入れ「サコッシュ」を各学生が常備
(消毒液とキッチンペーパー〈不織布〉を常備)
smt入場時の検温(37℃以上の場合は入場不可)

SDL2021実行委員長より
コロナ禍で出した私たちの答え

「せんだいデザインリーグ2021　卒業設計日本一決定戦」は、新型コロナウイルス感染症(COVID-19)の拡大と1年間ただひたすら向き合い続けて実現した大会でした。
まず、このウイルスが猛威をふるい始めた2020年3月、開催予定日の直前、約10日前に「SDL2020」の開催を断念。代替企画として、インターネット回線を利用し、ビデオ会議アプリ「Whereby」を使ったオンライン方式の大会「SDL: Re-2020」を実施し、ひとまず成功を収めます。しかし、その後も新型コロナウイルス感染症の猛威はとどまるところを知らず、社会の恐怖が冷めやらぬまま、バトンは「SDL2021」へと引き継がれました。「絶対に新型コロナウイルスの感染者を出してはいけない、けれども建築文化を盛り下げてもいけない」。私たちが直面したのは、大会としてコロナと共生し、いかに逆境を強みとして生かせるのか、という大きな課題でした。
パンデミックの中での積極的なイベント開催は前例がほとんどなく、今までのテンプレート(ひな形)が通用しない中での企画構想は苦難の連続でした。はじめは、コロナ禍が収束したと仮定した会場型、完全オンライン型、その中間型という3パターンで開催できるよう準備することとし、例年の3倍の思考量と作業量で各種の企画を並走させました。一方、ミーティングはオンラインが当たり前で、実際に集まって話せばすぐに終わる話も、オンラインだと進まないことが多く、週に4〜5回、オンライン・ミーティングを開くこともありました。アドバイザリーボードやせんだいメディアテーク(smt)のスタッフを幾度となくオンライン・ミーティングに迎え、そのおかげで2021年を迎える頃には、3パター

ンあった可能性は1つに絞られました。
最終的に、私たちが出した答えは、会場型でもオンライン型でもない「ハイブリッド型」でした。コロナ禍で生まれた、「人によっては自宅からのほうがプレゼンテーションしやすい」「模型がなくても闘える」などといった新しい発見をプラスにとらえ、各ファイナリストが参加形式を選べるようにしました。
さらに、模型を展示する展覧会の実施も諦めることなく、上位100選のみと数を絞った展示によって、会場の特別感を演出しつつ、感染対策のしやすさを損なわない工夫をしました。ファイナル当日は多くの人がインターネット上でライブ配信を視聴。展覧会場での模型展示も好評でした。新型コロナウイルスに苦しめられた1年間でしたが、各関係者からの「本当にいい大会だった、お疲れさま」という言葉で、すべての苦労が報われたという気持ちになりました。
新型コロナウイルスの脅威は、まだまだ続くかもしれません。しかしコロナ＝ネガティブ(悲観的)に考えるだけでなく、「この時世だからこそできることがたくさんある」と思えたことは、この大会で得た一番大きい宝物だったと感じます。
（SDL2021実行委員長　岩見 夏希）

ファイナリスト──栄光のその先　第7回

SDLは今年で19年めを迎え、これまでに数多くのファイナリスト（上位10選）が誕生してきた。ファイナリストは公開審査において一流の建築家（審査員）の前でプレゼンテーションを許された存在である。今回の取材企画では、「地域・観光」というテーマにスポットを当て、初の試みであるリモート形式による取材で過去のファイナリスト2人の現在に迫った。

1人めは、SDL: Re-2020で日本一を受賞した岡野元哉氏（島根大学）。卒業設計『出雲に海苔あり塩あり──岩海苔と神塩の生産観光建築』は、島根県にある出雲大社の横に位置する大社港を敷地に、その地でしか成立しない建築として、出雲の食文化である岩海苔と神塩の生産加工に着目した観光施設。冬は海苔、夏は塩という2つに分類し、1年を通して多様な風景を見せられる施設をめざした。地方の建築や観光施設の抱える脆弱性に対する提案である。

2人めは、SDL2018で特別賞を受賞した柳沼明日香氏（日本大学）。卒業設計『モヤイの航海──塩から始まる島の未来』では、東京都の伊豆諸島で3つの港を選定し、塩業を介して島の伝統文化の継承や観光誘客を促す複合施設を提案した。現在、日本では島と本土とのつながりが希薄化しており、島の営みや文化の維持が困難な状況の中で、島を再生することを目的とした建築の提案である。

塩を作る建築である点が2作品に共通しており、その他の用途の違いを見比べるのもおもしろいだろう。映像では、取材を通して、SDLに出展したきっかけをはじめ、卒業設計が彼らに与えた影響、コロナ禍での観光や建築のあり方についての見解、今後の自らの建築に対する課題や変化についてなど、詳しく紹介しているので、ぜひ視聴してほしい。

彼らの言葉から何かを感じ、地方の観光施設について、また新たな考え方が生まれるのではないだろうか。

（丹野 未裕）

SDL: Re-2020 日本一の岡野元哉氏

SDL2018 特別賞の柳沼明日香氏

◆本編および過去の「ファイナリスト──栄光のその先」映像
時間：本編14分57秒
＊YouTubeの仙台建築都市学生会議公式チャンネルで視聴できる。
URL = https://youtu.be/FivwSG8gDlo

せんだいデザインリーグ
卒業設計日本一決定戦
共同開催

🏛 仙台建築都市学生会議

SDLを共催、運営する
仙台建築都市学生会議とは

smt せんだいメディアテーク

建築を学ぶ有志学生
東北大学
東北学院大学
東北工業大学
東北芸術工科大学
宮城大学
宮城学院女子大学
山形大学
仙台高等専門学校
東北電子専門学校
（2020年度：105人）

定期的な情報の受け渡しと
アドバイスの享受

アドバイザリーボード

阿部 仁史／五十嵐 太郎／石田 壽一／小野田 泰明／
小杉 栄次郎／斎藤 和哉／櫻井 一弥／竹内 昌義／
槻橋 修／佃 悠／恒松 良純／友渕 貴之／中田 千彦／
西澤 高男／馬場 正尊／濱 定史／福屋 粧子／堀口 徹／
本江 正茂／厳 爽　　　　　＊氏名は50音順

仙台建築都市学生会議とは、大学という枠を超え仙台のさまざまな大学の建築に興味、関心がある有志の学生たちが集まり、せんだいメディアテーク（以下、smt）を拠点として活動する建築学生団体である。2001年のsmt開館を機に設立された。

私たち仙台建築都市学生会議は、建築やそれを取り巻くデザインに関する多様な活動を行なっている。主な活動として、週1回の通常会議、模型ワークショップ、各大学の設計課題を用いた合同エスキス会、建築見学ツアー、台湾IEAGD（International Exhibition of Architecture Graduation Design）見学ツアーなどが挙げられる。

従来は建築以外の活動として、花見会、芋煮会、スポーツ大会、キャンプ合宿などの企画も実施してきた。

そして毎年3月には、SDLをsmtと共同開催している。

（大柳 亮太）

団体名：仙台建築都市学生会議
設立年度：2001年
活動拠点：せんだいメディアテーク
毎週水曜日に通常会議を開催
2020年度代表　吉岡 昇一（東北工業大学3年）
SDL2021実行委員長　岩見 夏希（東北工業大学3年）
　　副実行委員長　今井 次元（東北工業大学2年）
https://gakuseikaigi.com
✉ ssannu.info@gakuseikaigi.com

2003
日本一　庵原義隆　東京大学　『千住百面町』
日本二　井上慎也　大阪大学　『hedora』
日本三　秋山隆浩　芝浦工業大学　『SATO』
特別賞　小山雅由　立命館大学　『軍艦島古墳』
　　　　納見健悟　神戸大学　『Ray Trace...』
審査員長　伊東豊雄
審査員　塚本由晴／阿部仁史／小野田泰明／仲隆介／槻橋修／本江正茂
登録作品数232　出展作品数152
展示3/7-9・公開審査3/9
会場　せんだいメディアテーク 1階オープンスクエア

2004
日本一　宮内義孝　東京大学　『都市は輝いているか』
日本二　永尾達也　東京大学　『ヤマギハ／ヤマノハ』
日本三　岡田朋子　早稲田大学　『アンブレラ』
特別賞　稲垣淳哉　早稲田大学　『学校錦繍』
　　　　南俊允　東京理科大学　『OVER SIZE BUILDING──おおきいということ。
　　　　その質』
審査員長　伊東豊雄
審査員　阿部仁史／乾久美子／小野田泰明／竹山聖
登録作品数307　出展作品数207
展示3/10-16・公開審査3/14
会場　せんだいメディアテーク 6階ギャラリー4200

2005
日本一　大室佑介　多摩美術大学　『gernika "GUERNIKA" museum』
日本二　須藤直子　工学院大学　『都市の原風景』
日本三　佐藤桂火　東京大学　『見上げた空』
特別賞　石沢英之　東京理科大学　『ダイナミックな建築』
　　　　藤原洋平　武蔵工業大学　『地上一層高密度日当たり良好(庭付き)住戸群』
審査員長　石山修武
審査員　青木淳／宮本佳明／竹内昌義／本江正茂
登録作品数523　出展作品数317
展示3/11-15・公開審査3/13
会場　せんだいメディアテーク 6階ギャラリー4200

2006
日本一　中田裕一　武蔵工業大学　『積層の小学校は動く』
日本二　瀬川幸太　工学院大学　『そこで人は暮らせるか』
日本三　大西麻貴　京都大学　『図書×住宅』
特別賞　三好礼益　日本大学　『KiRin Stitch──集合住宅再開発における森林共生
　　　　建築群の提案』
　　　　戸井田雄　武蔵野美術大学　『断面』
審査員長　藤森照信
審査員　小川晋一／曽我部昌史／小野田泰明／五十嵐太郎
登録作品数578　出展作品数374
展示3/12-16・公開審査3/12
会場　せんだいメディアテーク 6階ギャラリー4200

2007
日本一　藤田桃子　京都大学　『kyabetsu』
日本二　有原寿典　筑波大学　『おどる住宅地──A new suburbia』
日本三　桔川卓也　日本大学　『余白密集体』
特別賞　降矢宜幸　明治大学　『overdrive function』
　　　　木村友彦　明治大学　『都市のvisual image』
審査員長　山本理顕
審査員　古谷誠章／永山祐子／竹内昌義／中田千彦
登録作品数708　出展作品数477

展示3/11-15　会場　せんだいメディアテーク 6階ギャラリー4200
公開審査3/11　会場　せんだいメディアテーク 1階オープンスクエア

2008
日本一　橋本尚樹　京都大学　『神楽岡保育園』
日本二　斧澤未知子　大阪大学　『私、私の家、教会、または牢獄』
日本三　平野利樹　京都大学　『祝祭都市』
特別賞　荒木聡、熊谷祥吾、平須賀信洋　早稲田大学　『余床解放──消せないイン
　　　　フラ』
　　　　植村康平　愛知淑徳大学　『Hoc・The Market──ベトナムが目指す新しい
　　　　国のスタイル』
　　　　花野明奈　東北芸術工科大学　『踊る身体』
審査員長　伊東豊雄
審査員　新谷眞人／五十嵐太郎／遠藤秀平／貝島桃代
登録作品数631　出展作品数498
展示3/9-15　会場　せんだいメディアテーク 6階ギャラリー4200／7階スタジオ
公開審査3/9　会場　仙台国際センター 大ホール

2009
日本一　石黒卓　北海道大学　『Re: edit... Characteristic Puzzle』
日本二　千葉美幸　京都大学　『触れたい都市』
日本三　卯月裕貴　東京理科大学　『THICKNESS WALL』
特別賞　池田隆志　京都大学　『下宿都市』
　　　　大明麻衣　法政大学　『キラキラ──わたしにとっての自然』
審査員長　難波和彦
審査員　妹島和世／梅林克／平田晃久／五十嵐太郎
登録作品数715　出展作品数527
展示3/8-15　会場　せんだいメディアテーク 6階ギャラリー4200／5階ギャラリー3300
公開審査3/8　会場　東北大学百周年記念会館 川内萩ホール

2010
日本一　松下晃士　東京理科大学　『geographic node』
日本二　佐々木慧　九州大学　『密度の箱』
日本三　西島要　東京電機大学　『自由に延びる建築は群れを成す』
特別賞　木藤美和子　東京藝術大学　『歌潮浮月──尾道活性化計画』
　　　　齊藤誠　東京電機大学　『つなぐかべ小学校』
審査員長　隈研吾
審査員　ヨコミゾマコト／アストリッド・クライン／石上純也／小野田泰明
登録作品数692　出展作品数554
展示3/7-14　会場　せんだいメディアテーク 6階ギャラリー4200／5階ギャラリー3300
公開審査3/7　会場　東北大学百周年記念会館 川内萩ホール

2011
日本一　冨永美保　芝浦工業大学　『パレードの余白』
日本二　蛯原弘貴　日本大学　『工業化住宅というHENTAI住宅』
日本三　中川沙織　明治大学　『思考回路factory』
特別賞　南雅博　日本大学　『実の線／虚の面』
　　　　大和田卓　東京理科大学　『住華街』
審査員長　小嶋一浩
審査員　西沢大良／乾久美子／藤村龍至／五十嵐太郎
登録作品数713　出展作品数531
展示3/6-11　会場　せんだいメディアテーク 6階ギャラリー4200／5階ギャラリー3300
公開審査3/6　会場　東北大学百周年記念会館 川内萩ホール

2012
日本一　今泉絵里花　東北大学　『神々の遊舞』
日本二　松井一哲　東北大学　『記憶の器』
日本三　海野玄храм、坂本和繁、吉川由　早稲田大学　『技つなぐ森』
特別賞　西倉美祝　東京大学　『明日の世界企業』

2003　千住百面町

2005
gernika "GUERNIKA" museum

2006　積層の小学校は動く

2008　神楽岡保育園

2010　geographic node

2004　都市は輝いているか

2007　kyabetsu

2009　Re: edit... Characteristic Puzzle

2011　パレードの余白

2012　神々の遊舞

塩原裕樹　大阪市立大学　『VITA-LEVEE』
張昊　筑波大学　『インサイドスペース オブ キャッスルシティ』
審査員長　伊東豊雄
審査員　塚本由晴／重松象平／大西麻貴／櫻井一弥
登録作品数570　出展作品数450
展示3/5-10　会場　せんだいメディアテーク 6階ギャラリー4200／5階ギャラリー3300
公開審査3/5　会場　東北大学百周年記念会館 川内萩ホール

2013

日本一　高砂充希子　東京藝術大学　『工業の童話──パブりんとファクタロウ』
日本二　渡辺育　京都大学　『世界の終りとハードボイルド・ワンダーランド』
日本三　柳田里穂子　多摩美術大学　『遺言の家』
特別賞　田中良典　武蔵野大学　『漂築寄（ひょうちくき）──旅する建築　四国八十八箇所編』
　　　　落合萌史　東京都市大学　『落合米店』
審査員長　高松伸
審査員　内藤廣／宮本佳明／手塚由比／五十嵐太郎
登録作品数777　出展作品数415
展示3/10-17　会場　せんだいメディアテーク 6階ギャラリー4200／5階ギャラリー3300
公開審査3/10　会場　東北大学百周年記念会館 川内萩ホール

2014

日本一　岡田翔太郎　九州大学　『でか山』
日本二　安田大顕　東京理科大学　『22世紀型ハイブリッドハイパー管理社会──失敗した郊外千葉ニュータウンと闇から展開した立石への建築的転写』
日本三　市古慧　九州大学　『界隈をたどるトンネル駅』
特別賞　齋藤弦　千葉大学　『故郷を歩く』
　　　　城代晃成　芝浦工業大学　『地景の未来──長崎と建築土木（ふうけい）の編集』
審査員長　北山恒
審査員　新居千秋／藤本壮介／貝島桃代／五十嵐太郎
登録作品数555　出展作品数411
展示3/9-16　会場　せんだいメディアテーク 6階ギャラリー4200／5階ギャラリー3300
公開審査3/9　会場　東北大学百周年記念会館 川内萩ホール

2015

日本一　幸田進之介　立命館大学　『都市の瘡蓋（かさぶた）と命の記憶──広島市営基町高層アパート減築計画』
日本二　鈴木翔之亮　東京理科大学　『彩づく連鎖──都市に棲むミツバチ』
日本三　吹野晃平　近畿大学　『Black Market Decipher』
特別賞　清水襟子　千葉大学　『未亡人の家』
　　　　飯田貴大　東京電機大学　『杣（そま）ノ郷閣（きょうかく）──林業を再興するための拠点とシンボル』
審査員長　阿部仁史
審査員　山梨知彦／中山英之／松岡恭子／五十嵐太郎
登録作品数461　出展作品数350
展示3/1-6　会場　せんだいメディアテーク 6階ギャラリー4200／5階ギャラリー3300
公開審査3/1　会場　東北大学百周年記念会館 川内萩ホール

2016

日本一　小黒日香理　日本女子大学　『初音こども園』
日本二　元村文春　九州産業大学　『金魚の水荘──街を彩る金魚屋さん』
日本三　倉員香織　九州大学　『壁の在る小景』
特別賞　國清尚之　九州大学　『micro Re: construction』
　　　　平木かおる　東京都市大学　『まなざしの在る場所──《写真のこころ》から読み解く視空間』
審査員長　西沢立衛
審査員　手塚貴晴／田根剛／成瀬友梨／倉方俊輔／小野田泰明／福屋粧子
登録作品数545　出展作品数385
展示3/6-13　会場　せんだいメディアテーク 6階ギャラリー4200／5階ギャラリー3300
公開審査3/6　会場　せんだいメディアテーク 1階オープンスクエア

2017

日本一　何競飛　東京大学　『剥キ出シノ生　軟禁都市』
日本二　加藤有里　慶應義塾大学　『Phantom──ミュージカル《オペラの座の怪人》の多解釈を誘発する仮設移動型劇場』
日本三　小澤巧太郎　名古屋大学　『COWTOPIA──街型牛舎の再興』
特別賞　大内渉　東京電機大学　『合縁建縁（アイエンケンエン）──海と共生する千人家族』
　　　　森紗月　関東学院大学　『あたりまえの中で──このまちに合った、形式を持つ集落』
審査員長　千葉学
審査員　木下庸子／谷尻誠／豊田啓介／川島範久／浅子佳英／中田千彦
登録作品数511　出展作品数352
展示3/5-12　会場　せんだいメディアテーク 6階ギャラリー4200／5階ギャラリー3300
公開審査3/5　会場　せんだいメディアテーク 1階オープンスクエア

2018

日本一　渡辺顕人　工学院大学　『建築の生命化』
日本二　髙橋万里江　東京都市大学　『建物語──物語の空間化』
日本三　谷繁玲央　東京大学　『住宅構法の詩学──The Poetics of Construction for industrialized houses made in 1970s』
特別賞　平井未来　日本女子大学　『縁の下のまち──基礎から導く私有公用』
　　　　柳沼明日香　日本大学　『モヤイの航海──塩から始まる島の未来』
審査員長　青木淳
審査員　赤松佳珠子／磯達雄／五十嵐淳／門脇耕三／辻琢磨／中田千彦
登録作品数458　出展作品数332
展示3/4-11　会場　せんだいメディアテーク 6階ギャラリー4200／5階ギャラリー3300
公開審査3/4　会場　せんだいメディアテーク 1階オープンスクエア

2019

日本一　富樫遼太＋田淵ひとみ＋秋山幸穂　早稲田大学
『大地の萌芽更新──「土地あまり時代」におけるブラウンフィールドのRenovation計画』
日本二　十文字萌　明治大学　『渋谷受肉計画──商業廃棄物を用いた無用地の再資源化』
日本三　中家優　愛知工業大学　『輪中建築──輪中地帯の排水機場コンバージョンによる水との暮らし　　　の提案』
特別賞　長谷川峻　京都大学　『都市的故郷──公と私の狭間に住まう』
　　　　坂井健太郎　島根大学　『海女島──荒充栽培から始まるこれからの海女文化』
審査員長　平田晃久
審査員　トム・ヘネガン／西澤徹夫／武井誠／栃澤麻利／家成俊勝／中川エリカ
登録作品数491　出展作品数333（内2作品は失格）
展示3/3-10　会場　せんだいメディアテーク 6階ギャラリー4200／5階ギャラリー3300
公開審査3/3　会場　せんだいメディアテーク 1階オープンスクエア

2020（SDL: Re-2020）

日本一／野老朝雄賞　岡野元哉　島根大学　『出雲に海苔あり塩あり──岩海苔と神塩の生産観光建築』
日本二／冨永美保賞　丹羽達也　東京大学　『TOKIWA計画──都市変化の建築化』
日本三　関口大樹　慶應義塾大学　『建築と遊具のあいだ』
永山祐子賞　服部秀生　愛知工業大学　『Omote-ura・表裏一体都市──都市分散型宿泊施設を介したウラから始まる「私たちの」再開発計画』
金田充弘賞　和出好華＋稲坂まりな＋内田鞠乃　早稲田大学　『嗅（にお）い──記憶の紡ぎ方を再起させる特別な感覚』
審査員長　重松象平（当日不参加）
審査員長代理　永山祐子
審査員　金田充弘／野老朝雄／冨永美保
登録作品数425　出展作品数242
展示　なし
公開審査（審査員来場、学生は来場不可のオンライン方式）3/8　会場　せんだいメディアテーク 5階ギャラリー3300（非公開／審査経過をインターネット上にライブ配信）

Photos(2003-2005, 2017, 2018, 2020) by the winners of the year.
Photos(2006-2011) by Nobuaki Nakagawa.
Photos(2012-2016, 2019) by Toru Ito.

2013　工業の童話
──パブりんとファクタロウ

2015
都市の瘡蓋（かさぶた）と命の記憶
──広島市営基町高層アパート減築計画

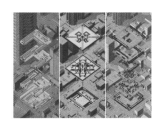

2017　剥キ出シノ生　軟禁都市

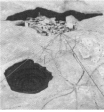

2019　大地の萌芽更新──「土地あまり時代」におけるブラウンフィールドのRenovation計画

2014　でか山

2016　初音こども園

2018　建築の生命化

2020　出雲に海苔あり塩あり
──岩海苔と神塩の生産観光建築

せんだいデザインリーグ2021
卒業設計日本一決定戦
Official Book

Credits and Acknowledgments
[仙台建築都市学生会議アドバイザリーボード]
阿部 仁史(UCLA)／小杉 栄次郎(秋田公立美術大学)／堀口 徹(近畿大学)／
槻橋 修(神戸大学大学院)／五十嵐 太郎、石田 壽一、小野田 泰明、佃 悠(東北大学大学院)／本江 正茂(東北大学大学院、宮城大学)／
櫻井 一弥、恒松 良純(東北学院大学)／竹内 昌義、西澤 高男、馬場 正尊(東北芸術工科大学)／
福屋 粧子(東北工業大学)／中田 千彦、友渕 貴之(宮城大学)／
厳 爽(宮城学院女子大学)／濱 定史(山形大学)／齋藤 和哉(建築家)

[仙台建築都市学生会議]
伊藤 京佑、今井 次元、岩見 夏希、大柳 亮太、鎌田 勝太、西城 瑞樹、
佐藤 望有、竹田 花梨、三浦 大器、武藤 堅音、本山 大瑚、吉田 人志(東北工業大学)／
小野寺 花、檜山 千春、丹野 未裕(宮城大学)／
木村 淳乃、瀧澤 実樹、米田 樹雨(宮城学院女子大学)／大沢 季代(山形大学)

[せんだいメディアテーク]
清水 有(企画・活動支援室)

With sincere thanks to:
伊東豊雄建築設計事務所

Editorial Director
鶴田 真秀子(あとりえP)

Co-Director
藤田 知史

Art Director & Designer
大坂 智(PAIGE)

Photographer
越後谷 出

Editorial Associates
髙橋 美樹／長友 浩昭／宮城 尚子／山内 周孝

Producer
種橋 恒夫、山上 誠(建築資料研究社／日建学院)

Publisher
馬場 圭一(建築資料研究社／日建学院)

Special thanks go to the persons concerned

せんだいデザインリーグ2021
卒業設計日本一決定戦 オフィシャルブック
仙台建築都市学生会議 + せんだいメディアテーク 編

2021年9月1日 初版第1刷発行

発行所：株式会社建築資料研究社
〒171-0014 東京都豊島区池袋2-10-7 ビルディングK 6F
Tel.03-3986-3239　Fax.03-3987-3256
http://www.ksknet.co.jp

印刷・製本：シナノ印刷株式会社

ISBN978-4-86358-765-6
©仙台建築都市学生会議 + せんだいメディアテーク　2021　Printed in Japan
本書の無断複写・複製・転載を禁じます。